KB146231

조선의 포도대장

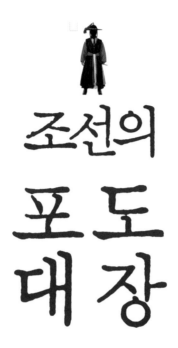

# 조선의 포도대장

이수광 지음

한일미디어

포도청은 오늘날로 말하면 경찰청이다. 경찰청은 범죄를 예방하고 범죄자를 검거하는 사법 집행기관이다. 조선시대 사법기관은 의금부, 사헌부, 한성부, 형조, 포도청 등이다. 지방에서는 각 도의 감영과 관아가 사법기관 역할을 한다.

포도捕盜라는 이름에서 알 수 있듯이 포도청 및 포도대장의 중요한 임무는 도적을 예방하고 검거하는 일이다. 범죄자를 검거한 후 형조에서 판결이 내려오면 형을 집행한다. 원칙적으로 도성의 치안을 맡고 있었으나 중대한 범죄자의 경우 포교들을 지방으로 파견하여 범죄자를 검거하기도 한다. 이를 도성의 포교라고 하여 경포京捕라고 부른다. 순조 초기와 고종 초기에 사학죄인邪學罪人들을 검거하기 위해 지방으로 많은 경포를 파견한 일이 있다.

포도대장은 도성에서 막강한 군사력을 거느리고 있기 때문에 왕의 측근이 임명되고, 왕의 심복으로서 왕실을 경호하거나 정치적인 사건을 조작하고, 왕의 적들을 검거하여 숙청하기도 한다. 그러다 보니 탐욕에 물들어 부패한 관리가 되기도 한다.

"탐욕은 불처럼 데이기 쉽고 물처럼 빠지기 쉽다. 탐욕의 탐貪은 이제 금今 자와 조개 패貝 자를 쓴다. 부정한 방법으로 얻은 돈은 지금 잠시 머물러 있을 뿐 곧 사라진다는 뜻이다."

성종 때의 포도장 이양생이 탐욕에 빠지지 않기 위해 스스로 자신을 경계하여 한 말이다.

"모이면 도적이고 흩어지면 백성이다."

명종 때 임꺽정이 황해도 일대에서 횡행하자 《조선왕조실록》의 사관이 갈파한 말이다. 조선은 제도적으로 일부의 양반층과 벼슬아치들만 부를 누릴 수 있었다. 대부분의 농지가 양반층의 소유였고 자작농은 거의 없었다. 소작농들은 양반가에 소작료를 내고 세금과 군역, 그리고 부역까지 감당해야 했다. 흉년이 들거나 전염병이 창궐하면 영양실조에 걸린 사람들이 낙엽처럼 쓰러져 뒹굴었다. 거기에 수령들의 수탈이 시작되면 농민들이 도적이 되는 것은 필연이었다.

포도청은 백성들의 삶과 밀접해 있다. 포도대장이 어떤 사람이냐에 따라 포도청의 위상도 달라진다. 범죄자가 석방되기도 하고 피해자가 가해자로 둔갑하는가 하면 권력에 맞서다가 억울하게 유배를 가기도 한다. 선조 때의 포도대장 변양걸은 최고 권력자인 왕과 맞서다가 귀양을 갔다. 인조 때의 포도대장 이괄은 인조반정 후의 어지러운 한양 치안을 맡아 맹활약을 하다가 권력투쟁에 밀려 변방으로 쫓겨난 후 역모로 몰리게 되자 '이괄의 난'을 일으키기도 한다.

포도청은 부패의 온상이기도 했다. 광해군 때의 포도대장 한희길은 권력자의 시녀가 되어 역모사건의 연루자들을 검거하면서 죄 없는 백성들을 마구 잡아들여 뇌물을 바치면 풀어주고 뇌물을 바치지 않으면 가혹하게 고문했다.

"포도대장 한희길이 공적을 믿고 자기 뜻대로 행하면서 역당을 잡는다는 명분으로 민간에 해를 끼쳤는데 자기가 풀어주고 자기가 잡아들이면서 문을 열어놓고 뇌물을 받아들여 마침내 큰 부자가 되었다."

실록의 기록이다. 대체 뇌물을 얼마나 많이 거두어들였으면 큰 부자가 된 것일까. 한희길은 광해군의 엄명이 내렸는데도 비리를 계속 저질렀다. 그 바람에 수많은 백성들이 포도청에 끌려들어가 옥고를 치러 원성이 높았다.

"삼가 살피건대, 이완은 쇠퇴한 세상에 불쑥 솟아오른 하나의 인재였다. 인조 때부터 군사를 잘 처리한다고 이름이 났다. 효종이 일찍이 송시열과 함께 이러이러하게 계획을 세우고 송시열을 보내 뜻을 알렸더니 이완은 '결코 그렇게 해서는 안 된다'고 대답하였다. 효종이 듣고 좋아하지 않았으나 이완 역시 자신의 견해를 바꾸지 않았으니 어질지 않고서야 이렇게 할 수 있겠는가."

효종 때 북벌을 추진하여 명성을 떨친 이완 장군에 대해《조선왕조실록》의 사관이 내린 평가다. 그는 임금의 지시도 따르지 않았다. 이완과 같은 강직한 포도대장이 있는가 하면 조선시대의 대도大盜 임꺽정을 잡고도 체포 과정에서 민폐를 끼쳤다고 탄핵을 받은 남치근 같은 인물도 있다.

백성들에게 폐해를 끼치는 것은 부패한 포도대장뿐만 아니라 검계라고 불리는 조직폭력배들도 마찬가지였다. 조직폭력은 사회가 불안하고 치안이 어지러울 때 활개를 친다. 조선 후기에 이르면 이들은 사회악이 된다.

"좌우 포도청에서 7, 8명을 체포하여 그 계의 책자를 얻었는데 약조에, '양반을 살육할 것, 부녀자를 겁탈할 것, 재물을 약탈할 것' 등이 있었고, 또 그 무리들이 모두 창포검菖蒲劍을 차고 있었다."

이긍익이《연려실기술》에 쓴 기록이다. 검계는 양반들을 공격하는 것을 강령에 넣었으나 실제로는 닥치는 대로 백성들을 죽이고 재물을 약탈했다. 그들이 포악한 양반에 대해 증오심을 보이는 것은 당연한 일이나 힘없는 백성들이 더 많은 피해를 당했다. 이에 숙종과 영조는 포도대장들을 동원하여 범죄와의 전쟁을 선포한다. 숙종 때의 포도대장 이인하가 가혹하게 처벌하자 그들은 더욱 반발했다.

"만약 우리를 모두 죽이지 못하면 종말에는 너희들 배에다 칼을 꽂고 말 것이다."

대신의 집 대문에 검계들이 붙인 무시무시한 협박문이었다. 사회가 어지러워 이러한 검계들은 단속을 해도 줄기차게 되살아났다. 영조 때의 포도대장 장붕익은 검계와의 전쟁을 선포하고 이들을 잡아들여 월족형을 가한다. 월족형은 아킬레스건을 끊는 것으로 힘을 쓰지 못하게 만든다. 박지원의〈광문자전〉에 등장하는 표철주도 장붕익을 두려워했다.

"나는 죽을 수가 없는데 그것은 장 사또를 지하에서 만날까 봐 두렵기 때문이다."

장붕익은 이처럼 검계들이 벌벌 떨 정도로 무서워하던 포도대장이었다.

어떻게 보면 의적은 존재하지 않는다. 의적으로 널리 알려진 임꺽정도 실제로는 첩을 여럿 거느리고 죄 없는 나무꾼의 배를 가르는 등 포학한 짓을 저질렀다. 의적 임꺽정은 양반이나 부호, 권력층에 시달리던 민중의 꿈이었을 뿐이다.

《조선의 포도대장》은 조선시대 경찰의 이야기다. 그들은 강직한 영웅이거나 부패한 공무원이다. 조선시대 포도대장들을 통해 조선의 살인, 역모, 강도, 성폭행, 조직폭력 등 조선의 범죄를 살피고, 조선의 범죄를 통해 땀 냄새가 가득한 조선의 사회사를 살피는 것도 유익한 일이다.

오늘의 경찰은 조선시대 포도대장에서 사표師表를 찾을 수 있을 것이다. 또한 독자들은 이 책을 통해 조선의 포도대장을 만나 인간적이고 역동적인 조선의 생생한 사회사를 체험할 수 있을 것이다.

# 차 례

捕盜
大將

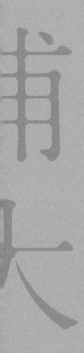

# 1장

조선의 체포왕 포도대장

# 이양생

"추위와 굶주림이 절박하여 하루도 살기가 어려워
잠시라도 연명하려고 도적이 되었다면,
도적이 된 원인은 정치를 잘못하였기 때문이요,
그들의 죄가 아니다.
어찌 불쌍하지 않은가."

포도대장은 도적을 검거하는 포도청의 대장이다. 포도捕盜는 도적을 잡는다는 뜻이다. 그러므로 조선에 포도청이 설치된 것은 도적을 잡기 위함이다. 그러나 포도청은 절도범이나 살인범을 검거하는 데 그치지 않고, 범죄를 예방하고 나아가 왕실을 경호하거나 기찰하고, 떼를 지어 몰려다니는 떼도적, 이른바 군도群盜를 검거한다. 그렇다면 떼도둑은 어떻게 생기는 것일까?

　　국가에 선정善政이 없고 교화가 밝혀지지 않아 재상들의 횡포와 수령들의 포학이 백성들의 살과 뼈를 깎고 기름과 피를 말려 손발을 둘 곳이 없고 호소할 곳도 없으며 추위와 굶주림이 절박하여 하루도 살기가 어려워 잠시라도 연명하려고 도적이 되었다면, 도적이 된 원인은 정치를 잘못하였기 때문이요, 그들의 죄가 아니다. 어찌 불쌍하지 않은가. 근본을 생각해보면 해결하기 어려운 것이 아닌데, 이준경은 외람되이 재상 지위에 앉아서 인仁을 행하는 방도를 연구하여 힘써 교화의 정치를 거행하지는 아니하고 도리어 조그마한 새앙쥐 때문에 천균千鈞(매우 무거운 무게 또는 그러한 물건)의 쇠뇌를 쏘려고 하니, 어쩌면 그리 오판하는가.

황해도의 도적이 비록 방자하다고 하지만 그들의 무리는 8~9명에 지나지 않으며, 모이면 도적이고 흩어지면 백성이다. 깊은 산골에 나누어 숨어 붙잡을 만한 자취도 없고, 외적이 침입하여 진을 치고 교전하는 것과도 다르니, 비록 네 도의 병력을 합하여 일시에 대응하려고 하지만 어디서부터 착수하겠는가. 흉년과 세금으로 백성들이 지쳐 스스로 무너지려고 하는 형편인데, 또 군대를 일으켜 변방에 오래 머무르게 하여 재물을 많이 허비해서 공사公私의 재정이 모두 고갈되게 하고 게다가 장수의 횡포와 군졸의 침탈을 더한다면, 백성이 어떻게 살겠는가. 이는 네 도의 백성을 모두 도적으로 만드는 것이다. 임꺽정을 비록 잡더라도 종기가 안에서 곪아 혼란이 생길 것인데, 더구나 임꺽정을 꼭 잡는다고 단정할 수도 없지 않은가. 나랏일이 날마다 그르게 되어 가는데도 구원하는 자가 없으니, 탄식하며 눈물을 흘릴 뿐이다.

《조선왕조실록》의 사관은 도적이 창궐하는 이유를 국가에 선정이 없기 때문이라고 신랄하게 비난하고, 모이면 도적이고 흩어지면 백성이라고 꼬집었다. 조선은 전국에서 일어나는 도적을 소탕하기 위해 처음에 겸사복兼司僕을 파견했다. 겸사복은 임금을 호위하는 왕실경호대로 정3품까지 있었다.

도성 밖에 도적이 몰래 일어나는 일이 많았으므로, 겸사복 이양생에게 명하여 군사 30여 명을 거느리고 가서 이를 정찰하여 잡도록 하였다.

성종 1년(1470)의 기록으로 포도장捕盜將 제도가 실시되기 직전의 일이

18

다. 곧이어 몇 달 후 포도장 제도를 신설하고 이양생(1423~1488) 등을 포도장에 임명했다.

"도적 30여 명이 적성현의 현아縣衙(지금의 군청)에 쳐들어와서 재물을 약탈하고 드디어 황해도를 향해 갔습니다."

포도장 이양생이 보고했다. 이양생의 보고를 살펴보면 도적이 30여 명이나 되고 적성현의 현아를 습격했다는 사실을 알 수가 있다. 도적이 현아를 습격할 정도라면 이들의 기세가 얼마나 사나웠는지 짐작할 수 있을 것이다. 지방 관청이 도적을 감당하지 못하게 되자 성종은 포도장 제도를 신설하여 이들을 토벌하려고 한 것이다. 성종은 홍순로, 이양생, 김계정에게 명하여 각각 경군사京軍士 50명을 거느리고, 또 발병부發兵符를 주어 홍순로는 양주, 포천, 영평, 철원, 평강의 군사를 징발하게 하고, 이양생은 파주, 적성, 마전, 장단, 연천, 삭녕, 우봉, 토산의 군사를 징발하게 하고, 김계정은 개성, 풍덕, 강음, 평산, 서흥, 신계, 곡산의 군사를 징발하여 도적들을 잡게 했다.

조선은 건국 초기 순군만호부巡軍萬戶府에서 도적 체포를 전담했고, 이어 도부외都府外에서 기찰과 도적 체포를 맡았다. 도적 검거기관인 포도청이 설치되기 전 과도기적 형태로 포도장이라는 제도가 있었다.

포도장은 상설 기관이 아니었기 때문에 오로지 도적 잡는 일에 주력했다. 포도장은 무예에 능한 자를 뽑아 임명하는데 기관이 아니라 사람이었다. 포도장은 도적이 출몰하는 해당 지역에 가서 전권을 가지고 도적을 추포했다.

성종 때 선포된 포도장 사목事目(공적인 일에 관하여 정해진 규칙)을 보면 권한과 임무를 알 수 있다. 성종 2년(1471) 5월 25일 위장 조한신은 황해도포도장으로, 홍이로를 경기도포도장으로 삼고, 각각 기병과 보병 40명씩을 주어 보냈다.

1. 개성부유수, 경기관찰사, 황해도관찰사는 다 지휘를 받도록 하라.
1. 군민으로서 능히 포획한 자는, 상직賞職을 3자급 뛰어 올려주고, 상포賞布로 받기를 원하는 자는 면포 1백 필을 주되, 천민은 면천하고, 향리, 역자驛子는 면역免役하며, 논공의 등제等第는 모두 적을 포획한 것과 같이 하라.
1. 만일 능히 자기네들 가운데에서 고발하여 포획하게 한 자는 죄를 면해주고, 상은 보통 사람과 같게 하라.
1. 적당이 만약 섬에 도망하여 들어갔다면, 수군절도사와 만호는 아울러 포도장의 지휘를 받도록 하라.

성종은 포도장들에게 관찰사를 지휘할 수 있는 절대적인 권한까지 주고 군사를 움직일 수 있는 발병부도 주었다. 그러나 이들에게 막강한 권한을 주었기에 도적 체포가 끝나면 바로 한양으로 소환했다. 군사를 움직일 수 있는 발병부는 권한이 엄청났다. 이들이 반란을 일으키면 중앙에서는 감당하기 어려워진다. 그럼에도 포도장을 전국에 파견할 수밖에 없었던 것은 조선왕조 5백 년 내내 전국에 도적이 들끓었기 때문이다. 도적은 황해도, 경기도, 충청도, 전라도 지역에서 맹위를 떨쳤다. 조선의 각 도에는 관찰사가 있고 지방에는 수령들이 있었으나 이들로는 도적을 감당할 수 없었다.

## 천민이 공신으로

이양생은 조선 최초의 포도대장이다. 공식 명칭은 포도장이지만 임무는 크게 다르지 않았다. 그는 경주 이씨로 군수를 지낸 이종직의 서자였다. 이종직은 가난한 선비로 이양생을 돌보지 않았다. 서자라는 이유로 아버지가 돌보지 않아 이양생은 어릴 때부터 짚신을 만들어 시장에 팔면서 생계를 연명했다. 시간이 있을 때는 검술과 활쏘기, 말타기 등을 연마했다. 기록에는 글을 모른다고 되어 있다. 그러나 글을 모른다는 것은 학문이 높지 않다는 뜻이고 글자까지 모른다는 뜻은 아닌 것으로 추정된다.

이양생은 장성하자 장용위壯勇衛(조선 전기 중앙군에 속한 군대)의 군사가 되었다. 그는 무예가 뛰어나고 성실했기 때문에 장용위 영장의 총애를 받았다. 그 무렵 이시애의 반란(1467)이 일어났다. 이시애는 길주 출신으로 함길도(함경도의 옛 이름) 첨절제사를 지낸 이인화의 아들이었다. 문종 때 호군이 되고 세조가 즉위한 뒤에 회령부사를 역임했다.

세조는 단종을 몰아내고 왕권을 찬탈하자 중앙집권체제를 강화하고 호패제를 실시하는 한편 지방의 호족들에게도 균역을 부과하는 개혁정책을 실시했다. 이시애는 세조의 이러한 개혁에 반발해 동생 이시합과 함께 반란을 일으킨 것이다.

"조정에서 남도 군인들을 동원해 북도 사람들을 모두 죽이려고 한다. 북도인들은 씨도 남지 못하게 되었다."

이시애는 북도인들을 선동해 대군을 모았다. 세조는 즉시 토벌군을 편성해 이시애의 반란과 맞섰다. 조정은 귀성군 이준을 4도병마도

포도대장(왼쪽)과 포졸의 복장(오른쪽).
포졸은 조선시대 포도청에 속하여 관할
구역의 순찰과 죄인을 잡아들이는 일을
맡았다.

총사, 호조판서 조석문을 부총사, 허종을 함길도절도사로 삼고, 강순,

어유소, 남이 등을 대장으로 삼아 3만의 관군을 동원하여 토벌군을 편

성했다.

'나에게 기회가 왔구나.'

이양생은 토벌군에 편성되자 피가 끓는 것을 느꼈다. 천민이나 서자

가 출세를 하는 것은 나라가 위태로울 때 공을 세우는 것뿐이다. 그는

장용위 군사들과 함께 맹렬하게 반란군과 싸웠다. 그는 전투마다 승

리했고 토벌군 장수들의 눈길을 끌었다. 이양생은 홍원, 북청, 이원 등

지의 전투에서 맹활약을 했다.

도총사인 귀성군 이준은 지략과 용맹이 뛰어난 인물이었다. 그는 세

종의 넷째 아들인 임영대군의 아들로 세조에게는 조카가 되어 총애를

받고 있었다. 불과 27세에 도총사가 되어 이시애의 난을 평정하여 28

세에 영의정에 오르기까지 한다. 반란군과 토벌군은 평포에서 팽팽하게 맞섰다.

"장군, 제가 나가서 적장을 쓰러트리면 그 기세를 몰아 일제히 공격하십시오."

이양생이 이준에게 말했다.

"해낼 수 있겠느냐?"

이준이 눈살을 찌푸리고 물었다.

"무예를 연마한 것은 오로지 나라를 위해 목숨을 버리기 위함입니다."

이양생은 우렁차게 말하고 장창을 움켜쥐고 적진을 향해 달리기 시작했다. 적진에서 일제히 활을 쏘기 시작했다. 화살이 이양생을 향하여 우박처럼 쏟아졌다. 그럼에도 이양생은 장창을 휘두르면서 적진으로 맹렬하게 돌진했다. 적들은 맹수처럼 돌진하는 이양생의 사나운 기세에 놀라 뿔뿔이 흩어져 달아났다.

"이양생의 무예가 뛰어나구나."

귀성군 이준은 이양생이 싸우는 것을 보고 탄복했다. 그때 반란군을 지휘하고 있던 장군 하나가 황급히 달아나려고 했다.

"이놈!"

이양생은 벼락을 치듯이 소리를 지르면서 적장의 등을 향해 창을 찔렀다. 적장이 비명을 지르면서 말에서 굴러 떨어졌다.

"공격하라!"

적장이 쓰러지는 것을 본 도총사 이준이 칼을 뽑아들고 명령을 내렸다. 토벌군은 일제히 적진을 향해 달려가 대승을 거두었다.

"핫핫! 너의 창법이 참으로 뛰어나구나. 너로 인하여 대승을 거두었으니 아장亞將에 임명하리라."

이준은 이양생을 발탁하여 장군으로 임명했다. 북청 앞의 평포에서 대승을 거둔 토벌군은 연전연승을 거두었다. 이양생은 이원 전투에서 선봉장으로 나섰다. 이양생은 적과 전투가 벌어지자 150보 밖에서 활을 쏘아 적군을 쓰러뜨렸다. 그의 화살은 백발백중이어서 적들은 신장神將을 만난 듯이 두려워했다.

"또 맞았다."

병사들은 그럴 때마다 환호성을 질렀다.

"돌격하라."

도총사 이준은 군사를 휘몰아 반란군을 토벌했다. 이시애의 반란군은 퇴각하여 북쪽으로 올라가 진을 쳤다. 이양생은 자원하여 이시애의 진영을 염탐하기로 했다. 이준과 남이 장군이 목숨이 위태롭다고 만류했으나 그는 천민으로 변장을 하고 이시애의 반란군을 찾아갔다. 이시애는 몇 차례 반군과 맞서 패하여 퇴각했으나 아직도 많은 군사를 거느리고 있었다. 이양생은 이시애에게 불만을 품고 있던 길주 출신 허유례에게 접근하여 이시애를 사로잡아 투항하라고 설득했다.

"나에게 이시애를 배반하라는 것이오?"

허유례의 안색이 하얗게 변했다.

"대세는 이미 기울었소. 조만간 관군이 에워쌀 것인데 이시애 밑에서 종군하다가 개죽음 당할 필요는 없지 않겠소?"

허유례는 이양생의 설득을 받아들여 부하 이주, 황생 등과 계교를 꾸미며 이시애를 포박하여 투항했다. 이시애가 사로잡히자 반란군은 지리멸렬했다. 이시애는 효수되고 반란군은 완전히 토벌되었다.

"반란군 토벌에 가장 큰 공을 세운 장수는 이양생입니다."

도총사 이준이 개선하여 세조에게 보고했다.

"그가 비록 서자라고 해도 공신으로 책록하고 군호를 내리라."

이양생은 적개공신敵愾功臣 3등에 책록되고 계성군鷄城君에 봉해졌다. 일개 서자 출신이 단숨에 군에 책봉된 것이다.

왕은 이르노라. 적개敵愾(적에게 품는 분노)하여 충성을 바쳐 비상한 공적을 세웠으니, 공을 기록하고 상을 주어 마땅히 막대한 은전恩典을 더해야 한다. 지난번에 적신 이시애가 은혜를 저버리고 기강을 등지고 몰래 불궤不軌(법이나 도리를 지키지 않음)의 모계를 품고서 군사를 일으켜 감히 항거하려는 세력을 떨쳤다. 이에 귀성군 이준에게 명하여 토벌하게 하였는데, 그대가 간담肝膽을 분발하여 정벌에 종군하여 목숨을 내던지고 적을 염탐하여 원흉을 사로잡고 평정하기에 이르고, 첩보捷報를 아뢰고 공훈을 바쳤다. 아아! 공이 있어서 마땅히 상을 주어 내가 이미 그대를 비상한 예로써 대접하였으니 목숨을 버리더라도 변치 않고, 그대는 더욱 나를 도와 변하지 말지어다.

세조가 이양생에게 영을 내렸다. 이양생은 이시애를 토벌한 공로를 인정받아 공신으로 책봉되고 겸사복兼司僕이 되었다. 겸사복은 임금을 호위하는 친위군으로 다른 말로는 대내시위라고 불린다. 훗날 내금위, 금군으로 개편된다.

세조 10년에 조직을 정비하고 국왕의 신변 보호와 왕궁 호위 및 친병 양성 등이 주요 임무였다. 겸사복은 신분을 무시하고 무예가 출중

한 자들을 가려 뽑아 양민, 천민, 향화인向化人(귀화한 만주인), 향왜인向倭人(귀화한 일본인)들까지 포함시켰다.

정원은 약 50여 명이었고 번을 나누어 복무했는데 전원에게 정3품에서 종9품의 체아직遞兒職(교대근무직)을 주어 근무하게 했다. 복무 기간은 대체로 7년이었으나, 향화인이나 향왜인들은 2년에서 3년을 원칙으로 했다.

겸사복은 1년에 두 번 시험을 보아 관직을 올리고 내리고는 했다. 대우는 녹봉을 후하게 주고 직전職田, 급보給保 및 복호復戶의 혜택을 주었다. 겸사복의 근무를 마치면 다른 직책으로 승진하는 길도 열어주었다.


## 몸은 천민이지만 마음은 성인

겸사복에 발탁된 이양생은 어느 정도의 무예 실력을 갖추고 있었을까? 실록에는 이양생의 무예에 대한 기록이 자세히 나오지 않는다. 그러나 백악산에 호랑이가 나타나 잡은 일이 있다.

세조는 호랑이가 나타나 백성들을 물어가자 호랑이를 잡을 방법을 의논했다. 그때 박존수라는 인물이 항상 호랑이를 맨손으로 잡는다고 큰소리친 일이 있어서 그에게 호랑이를 잡으라는 영을 내렸다.

"이제 네가 호랑이를 잡을 때이다."

세조가 박존수에게 영을 내렸다.

"신이 다만 손으로는 능히 할 수 없으나, 만약 장창이나 대검을 가지고 간다면 잡을 수 있습니다. 청컨대 이양생과 함께 가게 하여 주소서."

박존수가 머리를 조아리고 아뢰었다. 세조가 크게 웃고 우인廣人(재인) 한복련에게 박존수를 거느리고 호랑이를 잡게 했다. 그러나 호랑이를 잡지 못하자 중지시키고 이양생 등을 거느리고 백악산으로 올라가 낭떠러지 골짜기에 숨은 것을 발견하여 활로 쏘아서 잡았다.

실록의 이 기록을 보면 이양생은 전설적인 무예 실력을 갖추고 있었던 것으로 추정된다. 박존수는 내시 출신으로 계유정난 때 세조 편에 가담하여 상을 받았으나 죄를 지어 유배를 갔다가 다시 대궐로 돌아온 인물이다.

겸사복 이양생은 활을 잘 쏘았다.

후원에 나아가 관사觀射(임금이 활쏘기를 구경하고 상을 주던 일)하고, 많이 맞힌 자 이양생과 박옹에게 활과 화살을 하사했다.

성종 3년(1472) 실록의 기록이다. 성종은 틈틈이 대궐 후원에서 활쏘기를 하게 하고 활을 잘 쏘는 자에게는 상을 주었다.

활쏘기가 끝나고서, 잘 쏜 이양생 등 11인에게 각각 활 1장張을 내려 주었다.

성종 5년(1474)의 기록이다. 성종은 활쏘기로 무사들을 시험하고 그들을 겸사복으로 발탁했다. 겸사복은 국왕의 친위군이었기 때문에 권력이 막강했다. 그러나 이양생은 항상 겸손하고 성품이 온화했다. 부인이 천민이고 박색이었으나 평생 해로했다. 시장을 지나갈 때는 옛날에 함께 장사를 하던 천민 장사치들과 반갑게 인사를 나누고 땅바닥에 주저앉아 술을 마셨다.

"겸사복이 어찌 천한 장사치들과 시장 바닥에 앉아 이야기를 하는가?"

사람들이 이양생에게 체면을 지키라고 말했다.

"나 역시 그들과 다를 바 없는데 그들을 어찌 무시하나?"

이양생은 겸손하게 말했다.

"자네는 이제 겸사복이야."

"나는 저들과 흉허물 없이 이야기하는 것이 좋을 뿐이야. 저 사람들은 선량하고 소박하다네."

이양생은 직급이 높아진 뒤에도 천민들을 박대하지 않았다. 사람들은 그러한 이양생을 성인이나 다를 바 없다고 칭송했다.

이양생은 겸사복을 하면서 성종의 눈에 들어 포도장이 되었다. 그는 포도장이 되자 많은 도적들을 잡아들였다.

"이양생이 도적을 잡은 공이 있으므로 지금 상 주려고 하니, 그것을 의논하여 아뢰도록 하라."

성종이 영을 내렸다. 이에 이양생은 절충장군折衝將軍에 임명되었다. 이양생은 도적을 잡으면 장물을 모두 주인에게 돌려주고 주인을 찾을 수 없는 나머지 장물은 부하들에게 상으로 나누어주었다.

"형조의 도둑 18인 중에 정상이 명백한 자가 한 사람이고, 의금부의 죄수로서 이양생이 잡은 도둑이 59인인데, 22인은 장물 증거가 없고, 그 나머지 37인은 혹은 형장을 맞은 흔적이 있고 혹은 자자刺字가 있

28

고, 혹은 장물이 나타나고 혹은 유명한 도둑이니, 모두 결장 1백 대를 때리어 전 가족을 바다 가운데에 있는 섬으로 들여보내고, 남소문 밖에서 군사를 겁박하여 활을 쏜 7인 중에 세 사람은 애매하고, 네 사람은 비록 장물은 없으나 유명한 도둑이니, 또한 전 가족을 먼 섬에 들여보내는 것이 어떠하겠습니까?"

대신들이 아뢰었다. 이양생은 도적 59인을 체포했는데 그 중에는 군사들에게 활을 쏜 자도 있었다.

"이 무리의 죄는 마땅히 죽여야 하나, 지금 특별히 사형을 감하여 섬으로 유배를 보낸다. 곤장은 때리지 마라. 뒤에 만일 도망하여 와서 국법을 범하면 내가 너희들을 용서하지 않는다고 말하라."

성종은 도적들을 모두 섬으로 유배를 보냈다. 이양생은 평생 도적 잡는 일에 종사했다. 그는 성종의 신임을 한몸에 받았는데 다른 군직이나 높은 벼슬을 원하지 않았다.

"이양생은 공신일 뿐만 아니라, 또 도적을 체포한 공功이 있으니, 그 아내를 특별히 양인良人이 되도록 허락하라."

성종이 영을 내렸다. 이양생의 아내는 윤보의 계집종이었다. 윤보는 사은사를 지내고 지방의 수령을 지내는 등 나름대로 고위 관직을 지낸 인물이다.

"이는 나의 본 주인이므로, 예에 마땅히 이와 같이 하여야 된다."

이양생은 벼슬이 높아진 뒤에도 윤보의 집에 이르면 문門과 뜰을 비로 쓸었다.

"부富하면 교제를 바꾸고 귀貴하면 아내를 바꾸는 것이니, 버리도록 하라."

서울 강남구 삼성동에 있는 성종의 선릉에 있는 홍살문.

사람들이 이양생에게 천민 아내를 버리라고 말했다.

"조강지처를 버릴 수 없다."

이양생은 사람들의 말을 일축했다. 이양생은 오히려 성종에게 청하여 아내를 면천시키기까지 한 것이다. 이양생의 인품을 엿볼 수 있는 대목이다.


## 안색만 보고도 도적을 알다

이양생은 조선시대 관리의 표본이 될 만하다. 그는 높은 벼슬에 있었으나 서민들을 무시하지 않았고 재물을 탐하지 않았다. 도적들을 잡

성종의 선릉. 조선 제9대 국왕 성종은 포도장 제도를 신설하고 이양생을 포도장에 임명했다.

다보면 많은 재물이 쏟아져 욕심을 부릴 만했으나 주인이 있는 장물은 돌려주고 주인 없는 장물은 도적을 잡느라고 고생한 부하들에게 상으로 나누어주었다. 포도장을 오랫동안 역임하면서 이양생은 거의 탄핵을 받지 않았다.

'탐욕은 불처럼 데이기 쉽고 물처럼 빠지기 쉽다. 탐욕의 탐貪은 이제 금今 자와 조개 패貝 자를 쓴다. 부정한 방법으로 얻은 돈은 지금 잠시 머물러 있을 뿐 곧 사라진다는 뜻이다.'

이양생이 스스로 자신을 경계하여 한 말이다. 그는 성종 때 수많은 도적을 체포하여 포도왕으로 불렸다. 한양의 관악산 일대에도 많은 도적들이 활약했다. 이들은 무리를 지어 관병과 대치했다. 이양생은 무예에 능한 군사들을 별도로 훈련시켜 이들을 모두 죽이거나 검거했다.

　　이양생이 강도인 고도금, 말응귀, 가을마, 수을외를 잡아 왔으므로 즉시 의금부에 [영을] 내려서 관악산에 둔취屯聚하여 관병과 대적한 상황을 국문하게 하고, 또 이덕량, 이흠석에게 명하여 가서 남은 무리를 잡도록 하였다.

　　성종 3년(1472)의 기록이다. 이양생은 도적 체포에 전력을 기울였다. 그가 도적을 어찌나 많이 검거했는지 안색만 보고도 도적을 판단할 수 있었다. 충주와 여주에도 도적들이 많았다. 여주의 강금산剛金山에는 도적들이 갑옷으로 무장까지 하여 활개를 치고 있었다.

　　"여주 강금산에 도적들이 출몰하고 있다고 합니다."

　　무사 임득창이 이양생에게 보고했다.

　　"도적이 얼마나 되는가?"

　　"자세히 알 수 없으나 수십 명이 된다고 합니다."

　　"도적을 추포하러 가자."

　　이양생은 성종에게 보고하고 여주로 달려갔다. 여주의 강금산에는 수많은 도적들이 모여 들어 산채를 짓고 백성들을 약탈하고 있었다.

　　"이놈들, 네놈들이 감히 떼를 지어 도적질을 하느냐?"

　　이양산은 강금산의 도적들을 기습했다.

　　"네가 포도장 이양생이냐? 너로 인해 우리 동료들이 해를 당했으니 오늘 원수를 갚아줄 것이다."

　　도적들이 골짜기에 숨어 있다가 이양생을 일제히 공격했다. 이양생은 그들과 맹렬하게 싸웠다. 그러나 이양생이 거느린 무사는 10여 명 밖에 되지 않았고 도적들은 수십 명이었다. 이양생이 사력을 다해 싸웠으나 중과부적이었다.

"위험합니다."

임득창이 갑자기 소리를 질렀다. 도적 하나가 쓰러진 것처럼 위장하고 있다가 이양생의 등을 창으로 찔러왔다. 이양생이 빠르게 피하려고 했으나 등을 찔리고 말았다. 등이 화끈하면서 피가 주르르 흘러내렸다.

"일단 물러나자."

이양생은 임득창에게 의지하여 겨우 강금산 골짜기에서 내려왔다.

"생포한 도적들을 신문하라."

이양생이 임득창에게 영을 내렸다. 도적을 잡으면서 수많은 위기를 넘겼으나 부상을 당한 것은 이번이 처음이었다.

"우선 치료를 하십시오. 상처가 덧나면 큰일납니다."

임득창이 말했다. 이양생은 치료를 하면서 생포한 도적들을 신문했다. 그들은 뜻밖에 임금의 친척인 권총의 종들이었다. 권총은 조선을 건국하는 데 공을 세운 권근의 손자이고 태종의 셋째 딸 경안공주의 아들이다.

'권총의 종이 도적질을 하다니…….'

이양생은 일단 한양으로 돌아왔다.

"충주, 음죽, 죽산의 경계인 수리산愁里山과 여주의 강금산 둥지는 도둑의 무리들이 둔취屯聚하는 것이 매우 많은데, 신 등이 형세가 약하고 또 갑옷과 병장기가 부족하여 당해낼 수 없으므로, 다만 10인만을 체포하여 충주와 여주의 두 고을에다가 나누어 가두었습니다. 신 등이 수리산과 강금산을 지나면서 도둑이 민가를 불지르고 들어가 활을 쏘아 몇 사람을 상하게 하였다는 것을 듣고, 원주와 지평의 사이를 지나면서 보니, 백성들이 마음 놓고 살아갈 수 없었습니다. 신도 도둑에게 찔리는 바가 되었으나 임득창에게 의지하여 겨우 벗어날 수 있었는데, 이 도둑은 모두 권총의 종입니다."

성종은 이양생의 보고를 받고 탄식했다. 이양생은 하늘처럼 신분이 높은 권총을 탄핵한 것이다.

"경의 종이 간귀奸宄(언짢고 해로움)하는 것이 이와 같거늘, 어찌하여 금하지 못하는가?"

성종이 권총을 불러 영을 내렸다.

"진실로 처음부터 있었던 일이라면 신이 또한 엄히 금할 것이나 도망하여 숨고서 나타나지 않거나, 신의 종이 아닌 자가 또한 신의 종이라고 일컫는 자가 있으니, 만약 다 잡아서 국문한다면 가히 분변할 수 있을 것입니다."

"어찌 그 종을 단속하지 못하겠는가? 모름지기 마음을 다해 은밀히 체포하여 백성의 해害를 없애게 하라."

성종은 권총에게 영을 내리고, 이양생을 불렀다.

"연전에 야인野人이 이산理山을 침구侵寇하였으나, 이 도둑처럼 공격해 죽이지는 아니하였는데, 더군다나 우리 백성으로서 우리 백성을 해치니 더욱 가증스럽다. 수색하여 체포하는 방법에 있어서 어떻게 하면 그 마땅함을 얻겠는가?"

성종이 이양생에게 물었다. 이양생이 떼도둑群盜이 함부로 날뛰는 상황을 낱낱이 진술했다. 그는 도적을 체포하기 위해 재인, 백정, 걸인들을 정보원으로 활용한 사실을 성종에게 아뢰었다. 성종이 무릎을 치면서 탄복했다.

"그 자들을 속히 잡아들여야 한다."

"강금산은 곧 권총의 친묘視墓가 있는 마을로 권총의 종들 중에 그곳에 사는 자가 무려 수백 명인데, 산에 의지하여 장막을 치고는 경작도 하지 않고 길쌈도 하지 않으면서 낮에는 사냥하고 밤에는 떼도둑이 되어, 한 번 수색 체포한다는 소식을 듣게 되면 문득 산중으로 숨어버립니다. 지금 함부로 날뛰는 도둑은 모두가 이 무리들입니다."

"그 종이 도둑질하도록 놓아둔 것은 권총의 잘못이다. 다만 척리戚里(임금의 친척)의 사람이기 때문에 우선 용서하지만, 뒤에 만약 이와 같다면 죄가 실로 용서받기 어려울 것이다. 그에게 이것을 가지고 깨우치도록 하라."

성종이 영을 내렸다. 실록의 기록을 살피다보면 이양생은 성종에게 직접 보고하고 성종은 직접 지시를 내렸다. 이양생이 권력에 휘둘리지 않은 것은 이러한 성종의 배려 때문이었다.

도적을 잡으러 다니다보면 산을 누비는 일이 많다. 성종 10년(1479), 이양생은 도적을 잡으러 다니다가 곰이 갑자기 기습을 하여 목숨이 위태로워졌다. 그때 그의 부하인 향화인 김속시가 활을 쏘았다. 곰은 김속시의 화살을 맞고 달아났다. 성종은 그 이야기를 듣고 김속시를 겸사복에 임명했다.

이양생은 수많은 도적을 검거한 뒤에 66세를 일기로 세상을 떠났다.

## 경찰의 표상으로 삼아야 할 포도대장

이양생은 조선 최초의 포도장이면서 순수하게 도적을 잡는 일에 일생을 바쳤다. 그는 성종의 총애를 받았으나 권세를 부리지 않고 백성들을 수탈하지도 않았다. 수많은 도적을 잡아들여 서자이면서 정3품 당상관에 이르렀다. 어릴 때 짚신을 팔던 때의 장사치들과 시장 바닥에 앉아서 이야기를 나눌 정도로 소탈하고 겸손했다. 천민이고 못생긴 아내를 조강지처라고 부르면서 버리지 않고 오히려 성종에게 아뢰어 양민의 신분이 되게 했다. 아내가 양민이 되었으나 아내의 옛 주인인 윤보의 집을 지날 때는 비로 마당을 쓸어 존경을 표시했다. 나라에서 첫째가는 무인이면서도 세도를 부리지 않은 것은 오늘의 경찰상으로 삼아도 부족함이 없을 것이다.

시호를 양평襄平이라고 했는데 일로 인하여 공이 있는 것을 양襄이라하고 다스려서 잘못이 없는 것을 평平이라고 한다. 그의 시호에서 살필수 있듯이 도적을 잡는 데 큰 공을 세웠고 포도장 일을 하면서 특별한 흠결이 없었다는 사실을 알 수 있다.

이양생은 아들이 없어서, 적형嫡兄인 이길상의 아들 이오로서 후사를 삼았다.

36

# 2장

임꺽정을 효수한 토포사

# 남치근

"하찮은 적들이 오래도록 법망을 피해 다니며 살인과 약탈을
멋대로 자행하여 하나의 적국(敵國)처럼 되었는데도 그 도의 수령은
멀리서 보고 위축되어 감히 어찌하지를 못하니, 그 도의 백성들은
도적이 있는 줄만 알고 나라가 있는 줄은 모릅니다."

포도청은 조선시대 한성부와 경기도 일대의 방범과 치안을 관장하기 위해 설치되었던 관청이다. 좌포도청과 우포도청으로 나뉘어 있었는데 사헌부, 한성부와 함께 삼법사로 불리기도 했다.

조선 전기 성종 때부터 사회 불안이 커지고 도성과 경기도 일대에 도적이 횡행하면서 이를 체포하여 처벌하기 위해 처음으로 포도장을 임명했던 것이 포도청 설치의 효시라고 할 수 있다.

포도청이 설치되기 전에 조선의 치안은 의금부의 전신이라고 불 수 있는 순군만호부에서 맡고 있었다. 고려시대 치안은 야별초가 맡았으나 훗날 방도금란防盜禁亂(도적을 막고 변란을 금함)을 위해 순군만호부가 설치되어 의금부로 바뀔 때까지 치안을 담당했다. 순군부에는 도부외라는 관청이 있어서 전적으로 포도의 직무만 수행했다.

도부외에는 좌령左領, 우령右領 중랑장 각 1명씩 5품이고, 낭장 각 2명씩 6품이고, 별장 각 3명씩 7품이고, 산원散員 각 4명씩 8품이고, 위尉 20명 정9품이고, 정正 40명 종9품이다. 1위衛마다 각기 중령中領, 좌령, 우령, 전령, 후령을 설치하고, 1영領마다 장군 1명 종4품이고, 중랑장 3명 종

5품이고, 낭장 6명 6품이고, 별장 6명 7품이고, 산원 8명 8품이고, 위尉 20명 정9품이고, 정正 40명 종9품이다.

태조 1년(1392) 문무백관의 직제를 정하면서 도적을 잡는 도부외의 인원도 결정되었다. 장수와 군사들이 많이 배치되었기 때문에 도부외는 막강한 권력기관이었다.

도부외는 1394년에는 좌군·중군·우군의 3군 체제로 개편하여 각 군에 사직司直 1명, 부사직 1명, 사정司正 2명, 부사정 3명, 대장隊長 20명, 대부隊副 20명을 배치했다. 병력도 1,000여 명 정도로 늘었는데 의금부가 설치되면서 사라졌다. 단종 때는 약 450명 정도 되었다.

이후 도성 안팎에 도적이 횡행하고 일부 도적은 집단화되는 등 치안 상태가 더욱 악화되었다. 이에 한성부와 5위만으로는 대처하기 어려워, 성종 2년(1471)에 무관 출신을 포도장에 임명하여 도적 체포를 전담하게 되었다. 성종이 즉위하던 해에도 전라도에서 도적이 횡행했는데 박중선을 포도 주장捕盗主將에 임명하여 토벌하게 했다. 그러나 포도 주장의 임무는 한시적이었다.

"도적 잡는 일은 본도의 절도사에게 맡겼으니 경은 빨리 돌아오라."

성종은 도적 체포가 끝나자 곧바로 돌아오게 했다. 표면적으로는 민폐를 끼칠 것을 우려하여 돌아오게 했다고 했으나 장군이 오랫동안 많은 군사를 거느리는 것을 허락하지 않은 것이다.

"도둑 30여 명이 적성현積城縣의 관청과 현감아縣監衙를 쳐들어와서 재물을 약탈하고 드디어 황해도를 향해 갔습니다."

포도장 이양생이 아뢰었다. 이때 포도장이라는 명칭이 처음 등장하는 것을 보면 이미 예종 때에 포도장이 설치되었을 가능성이 높다. 도적들이 관청을 습격할 정도로 집단화 한 것은 조선의 치안이 그만치 어지러웠다는 사실을 의미한다. 포도장은 성종 이후 폐지되었다가 설치되기를 반복했다.

## 조선에 포도청이 설치되다

포도장은 일시적으로 치안을 안정시키는 효과가 있었으나 통치 질서가 어지러워지고, 민생고의 가중 등으로 도적, 강도, 살인 등이 만연하게 되자 중종 35년(1540)에 비로소 포도청을 설치하게 된다. 그러나 포도대장이라는 직책은 중종 초기에 보인다.

승정원에서 "팔도가 같은 날 도둑을 잡도록 한 일은 신 등은 불가하다고 생각합니다. 그 유서諭書(임금이 관찰사 등에게 내리던 명령서)에, '감사가 친히 뜯어보라' 하였으니, 감사도 또한 수령에게 비밀히 조치한다면 사람들이 모두 놀랄 것입니다. 또 만약 함부로 잡아들여 구속한다면 농작에 때를 잃게 될 것이므로, 그 폐단 또한 많을 것입니다" 하고 아뢰었다.

"과연 그만두게 하여야 하겠다. 전림田霖에게 물으라" 하였다.

【그때 전림이 포도대장으로서 이 방략을 아뢰었다時霖爲捕盜大將 啓此方略.】

중종 4년(1509)의 기록이다. 포도대장 전림은 팔도에 만연한 도적을 한날한시에 잡자는 방략을 아뢰었으나 대신들의 반대로 이루어지지 않았다. 포도청이 설치되기 전 포도대장이라는 관직은 이미 존재했고 이는 포도장에서 발전한 것이다. 포도청이 실록에 처음 등장하는 때는 중종 24년(1529)이다.

어떤 사람(이름은 어리금於里金)이 청밀淸蜜 파는 것을 업으로 하는 사람(이름은 계동戒同)을 자기 집에 유숙하기를 청하였습니다. 그 장사치는 청밀을 팔아 무명을 샀고 말까지 가지고 있었습니다. 주인은 그의 물건을 빼앗으려고 계책을 세워 장사하러 간다는 것을 고의로 하루를 더 묵게 해놓고, 대문 밖으로 유인하여 함께 산 속으로 가서 같이 술을 마셨습니다. 날이 저물녘에 이르자 술을 마시지 않는다고 트집 잡아 돌로 치고 칼로 목을 찔러 구학溝壑(땅이 움푹하게 팬 곳)에다 버렸는데, 그 사람은 그래도 생기가 있어 다시 살아났고, 기어서 돌아와 포도장에게 고하니, 포도청에서 잡아다가 형조에 보냈습니다. 그런데 형조가 도리어 모함이라고 하여 형장 심문한다고 으르면서 위협하였습니다. 이에 그 사람은 두려워하여 도망가자, 형조에서는 원고가 없는 사건을 공사公事로 만들기가 곤란하다 하여, 그 사람들을 모두 풀어주었답니다. 이 일은 허실을 알 수 없지만, 외간에 전파된 것이기에 차자에 기록했습니다.

위의 기록에서 알 수 있듯이 포도청은 중종시대에 설립된 것이 확실하고 포도대장은 중종 초기에 처음 등장한다. 포도청의 실제 기능은 좌포도청과 우포도청이 독립적으로 나뉘어 도적을 잡는 등 치안에 관한 일이었으나 왕의 경호 등에도 동원되었다. 조선시대에도 왕이 중태에 빠지면 비상계엄을 실시하는데 포도대장이 중요한 역할을 맡았다. 《포도청등록》을 보면 대개 '정원왈政院曰, 병조왈兵曹曰' 등으로 시작된다. 이는 '승정원에서 지시하기를, 혹은 병조에서 지시하기를……' 이라는 뜻이다. 《포도청등록》은 좌우 포도청의 기록이다. 포도청은 승정원, 병조, 한성부의 지시를 받았다.

포도대장은 치안이 첫 번째 임무였으나 조선 후기에 와서 당쟁과 세도, 외척정치와 관련하여 정적 제거와 천주교 탄압 등에 동원되기도 했다. 도성과 궁궐을 호위하고, 국왕의 능행陵幸을 수행했다. 포도대장은 종2품으로 대장大將 1명, 종6품 종사관 3명(각 1명씩은 도총부·훈련원관 겸임), 부장 4명, 무료부장無料部將 26명, 가설부장加設部將 12명의 지휘부와 분속된 삼강三江·내외금군의 포도군사로 이루어졌다. 포도대장은 종사관 이하를 지휘하면서 임무를 수행했다. 종사관은 대장을 보좌하고 결송에 관한 업무검토 등 행정사무를 주관했다. 부장은 범인을 잡을

우포도청 터. 좌포도청은 서울 중부의 정선방(貞善坊)에 있었고 우포도청은 서부의 서린방(瑞麟坊)에 있었다.

때 제시하는 증명서인 통부通符를 차고, 포도군관과 군사(포졸)를 거느리고 도성 안팎의 순찰 및 포도에 관한 업무를 담당했다. 포도군사는 허리에 육모방망이와 붉은 오라를 차고 다니다가 그것으로 붙잡힌 도둑을 결박했다.

포도대장은 처음에 절충장군인 무관을 임명했으나 6조 당상관직을 역임한 종2품 재상 급으로 격상했고, 왕실경호대인 금군별장에서 의망擬望(관원을 임명할 때 이조와 병조에서 후보자 세 사람을 추천하는 일을 이름)했다.

좌포도청은 서울 중부의 정선방貞善坊(서울 종로구 수은동 56번지 일대)에 있었고, 우포도청은 서부의 서린방瑞麟坊(서울 종로구 종로1가 89번지 일대)에 있었다. 고종 31년(1894)에 갑오경장이 실시되면서 경무청으로 개편되었다.


## 임꺽정은 의적인가 도적인가

조선시대 최대의 도적은 홍길동, 임꺽정, 장길산 등이다. 이들은 모두 소설로 널리 알려졌으나 조선 후기 수적 김수온은 그다지 알려지지 않았다. 3대 의적으로 불리는 홍길동, 임꺽정, 장길산이 유명한 것은 이들이 민중의 염원으로 영웅화되었기 때문이다.

오늘날의 경찰이나 조선시대 포도청의 중요한 임무는 두말할 나위도 없이 도적을 예방하고 잡는 일이다. 이른바 민생치안이다. 조선시대에도 도처에서 살인, 방화, 절도 등의 강력 범죄가 자주 발생했다. 특히 명종시대에는 대도 임꺽정이 경기, 황해, 강원 등 여러 도에 출몰하

육모방망이. 포졸들이 범인을 제압하는 용도로 사용하였으며, 포졸임을 표시하는 상징물로서의 의미도 컸다. 재질이 단단한 박달나무를 사용하여 육각으로 만든 것은 타격력을 높일 목적도 있었으나 우리 민족은 6이라는 수를 행운의 수로 신성하게 여겨 삼국시대 신라의 6두품과 6부, 고려시대 6위를 거쳐 조선시대 6방에 이르기까지 행정부서나 구역을 여섯으로 나누곤 했다. 법을 집행하던 포졸들의 방망이가 육각인 것도 여기에서 유래한 것으로 추정된다.

면서 민심을 흉흉하게 만들었다. 명종 때는 문정왕후가 권력을 휘두르던 시기였고 윤임과 윤원형이 척족의 세도를 휘둘러 조정마저 어지러웠다. 뇌물로 탐관오리가 기승을 부리고, 세금은 가혹하고 부역이 심해졌다.

"도적이 성행하는 것은 수령의 가렴주구 탓이며, 수령의 가렴주구는 재상이 청렴하지 못한 탓이다. 지금 재상들의 탐오가 풍습을 이루어 한이 없기 때문에 수령은 백성의 고혈膏血을 짜내어 권요權要(권세 있는 자리나 사람)를 섬기고 돼지와 닭을 마구 잡는 등 못하는 짓이 없다. 그런데도 곤궁한 백성들은 하소연할 곳이 없으니, 도적이 되지 않으면 살아갈 길이 없는 형편이다."

오랏줄. 조선시대 죄인들을 포박할 때 사용하던 것으로 견고한 실을 여러 번 꼬아 겹쳐 만들어서 쉽게 끊어지지 않도록 제작되었다.

《명종실록》은 재상과 수령들을 신랄하게 비난하고 있다. 도적들이 성행하는 이유는 지도자가 청렴하지 않기 때문이라고 기록하고 있다. 명종시대는 도처에서 도적이 출몰했는데 이때 황해도 일대에서 맹활약한 임꺽정은 조정 대신들까지 벌벌 떨게 만들었다.

그렇다면 임꺽정은 의적인가 대도인가. 홍명희의 소설 《임꺽정》이 의적으로 내세웠기 때문에 많은 사람들이 그를 의적으로 보고 있다. 그러나 의적은 존재하지 않는다. 역사와 소설은 엄연히 다르다.

> 꺽정은 양주 백정이다. 성품이 교활하고 또 날래고 용맹스러우며, 그 무리 수십 명과 함께 다 날래고 빨랐는데, 도적이 되어 민가를 불사르고 소와 말을 빼앗고, 만약 항거하면 살을 베고 사지를 찢어 죽여 몹시 잔혹하였다.

이긍익의 《연려실기술》에 있는 한 대목이다. 이 기록으로 보면 임꺽정은 포악한 도적의 무리에 지나지 않는다. 《연려실기술》이 임꺽정의 행적을 왜곡하지 않았을까. 문집을 남긴 선비들이 양반이라 임꺽정을 바르게 평가하지 않을 수는 있다. 그러나 문집이라고 해서 진실을 외면하지는 않는다.

> 한 백성이 적당賊黨을 고발한 일이 있었는데, 하루는 들에 나가 나무를 하다가 도적들에게 붙잡히어 적들이 살해하려 하였습니다. 그 아들이 산 위에 있다가 바라보고는 달려와서 적들에게 말하기를 '너희들을 고발한 것은 나이고 아버지가 아니니, 아버지를 대신하여 죽기를 바란

다' 하였습니다. 적들이 곧 그 아비를 놓아주고 그 아들을 결박하여 촌가에 도착하여 밥을 짓게 하고는 둥그렇게 둘러앉아 배를 갈라 죽이고 갔다고 합니다.

실록의 기록으로 임꺽정이 잔인한 도적이라는 것을 보여주며 임꺽정 무리가 부자들의 재물을 빼앗아 백성들에게 나누어주었다는 기록도 없다. 오히려 그들이 지나는 곳에 살던 백성들이 살육을 당하고 약탈을 당한 기록이 남아 있다. 또 임꺽정은 처가 3명이나 되어 그를 의적으로 알고 있는 우리를 어리둥절하게 한다.

장통방에서 엄습하여 잡으려 할 때 임꺽정은 달아나고 그의 처 3인만 잡았다.

이 역시 실록의 기록이다. 그런데 왜 임꺽정을 의적으로 보는 것일까.
이는 민중들의 염원이다. 민중들은 가렴주구를 일삼는 수령들에게 저항할 방법이 전혀 없었다. 그러나 임꺽정은 황해도와 경기도, 강원도 일대를 누비면서 관청을 습격하고 관리들을 베어 죽였다. 수령에게 가혹하게 수탈을 당하던 민중들로서는 통쾌한 일이었고 대리만족을 시켜주는 일이었다. 백성들은 임꺽정의 도적질에 박수갈채를 보냈다.
관군이 토벌하러 오면 정보를 알려주고 도적들에게 숨을 곳을 마련해주었다. 임꺽정은 민중들이 염원하는 영웅이 된 것이다.
도적이 창궐하는 것은 백성들이 수탈을 당하기 때문이다. 조선시대 속담에 '이래도 곤장 80대 저래도 곤장 80대'라는 게 있다. 이래도 죽고 저래도 죽을 바에야 도적이 되는 것이다. 임꺽정은 의적이라기보다 어쩔 수 없이 도적으로 내몰린 것이다.


## 대도 임꺽정의 활약

임꺽정은 경기도 양주의 백정 출신이다. 백정은 소와 돼지를 도살하는 도축업자로 조선시대에 천민으로조차 취급하지 않았다. 우리가 어릴 때 기질이 사납고 우락부락하게 생긴 사람을 일컬어 '백정 같은 놈'이라는 욕을 흔하게 하곤 했다.

임꺽정의 아버지는 갓을 만드는 갖바치였으나 가난했기 때문에 백정 일을 하게 된 것으로 보인다. 임꺽정은 힘이 장사였으나 무뚝뚝했다. 백정 일을 하면서 사람들이 멸시를 하자 성격이 더욱 난폭해졌다.

임꺽정은 성인이 되자 군역을 나가게 되었다. 그가 군역에 나섰을 때 왜구가 전라도 지역에 침입하여 대대적으로 노략질을 했다. 명종은 이준경과 남치근 등을 보내 노략질을 하는 왜구를 토벌하게 했다.

'이준경은 문신이고 전라도에 와보지도 못했는데 도순찰사라는 말인가? 나는 천하장사지만 백정이라 일개 군사로밖에 쓰이지 못한다.'

임꺽정은 군사로 출전을 하면서도 불만스러웠다. 왜구는 달량에 상륙하여 노략질을 하고 있다고 했다. 임꺽정은 왜구 토벌군이 되어 전라도 나주로 내려왔으나 조선군은 우왕좌왕하고 있었다.

'조선의 군사들이 군량이 없어서 모두 굶주리고 있다고 한다. 굶주린 군사로 어떻게 싸운다는 말인가?'

임꺽정은 홍명희의 대하소설 《임꺽정》을 통해 널리 알려졌다. 조선일보 1928년 11월 21일자에 실린 연재소설 '임꺽정' 1회.

임꺽정은 남치근(?~1570)이 왜구를 토벌하러 온 것도 마땅치 않았다. 남치근은 탐욕스럽고 부패한 관리라는 소문이 파다했다. 조선의 군사들은 기율이 없고 장군들의 명령이 제대로 통하지 않았다. 그러나 그것은 임꺽정이 남치근을 잘못 판단한 것이다.

"군령이 서지 않으면 어떻게 적과 싸우겠는가? 군령을 위배하면 참수형으로 다스릴 것이니 그렇게 알라."

남치근이 칼을 뽑아들고 군사들에게 명령을 내렸다. 이준경은 전라도순찰사였고 남치근은 전라좌도방어사였다. 군사들은 그때서야 느릿느릿 움직였다. 남치근은 이런 군사로 왜구를 격파할 수 없다고 생각했다. 남치근은 부임하자마자 군사들을 사열했다. 나주목사 최환은 사열에 참석하지 않았다.

최환은 밀양 사람인데 청렴하고 부지런하며 독실한 인물로 평이 나 있었다. 일찍이 서장관으로 중국에 갔을 때에도 가져온 물건이 하나도 없어서 조정에서도 그가 청백하다는 사실을 인정했다. 남치근과 최환은 사이가 좋지 않았다. 남치근이 제주목사로 있을 때에 좋은 말을 구해 명사들에게 두루 선물을 보냈는데, 최환은 그것을 물리쳤다. 이 일로 남치근은 최환에게 앙심을 품게 되었다.

남치근이 전라좌도방어사가 되어 나주에 도착했으나 최환이 갑자기 흉복통胸腹痛을 앓게 되어 직접 나가 맞이할 수 없었다. 남치근의 종 소막蘇邈이 소주燒酒를 마시고 싶어 했는데 하인들이 즉시 갖다 주지 않자, 최환이 꾀병을 앓고 있다고 남치근에게 고해 바쳤다.

"방어사가 사열을 하는데 목사가 병을 핑계로 나오지 않아? 그놈을 끌어내라."

남치근이 소막을 시켜 최환의 머리카락을 끌고 나오게 했다. 소막이 최환의 관아로 달려 들어가자 처자들이 놀라서 울부짖었다. 소막이 뾰족한 신발 끝으로 최환에게 발길질을 하면서 남치근 앞으로 끌고 나왔다.

"내가 무슨 죄가 있다고 이런 모욕을 주는가?"

최환이 남치근에게 항의했다.

"이런 교만하고 사나운 문관은 이번 기회에 제거하는 것이 옳다."

남치근은 최환을 군법으로 참수하려고 했다. 그러자 사인舍人 이언경이 황급히 만류했다.

"영공께서 죄 없는 문사를 죽인다면 조정에 뭐라고 보고하겠습니까? 이 사람은 더욱이 명망이 있는 선비이고 또 나주 백성들에게 사랑을 받고 있으니 영공께서 만약 그를 죽인다면 삼군의 마음이 해이해질 것입니다."

이언경의 말에 남치근은 최환을 참수하지 못하고 군관에게 영을 내려 곤장을 때리게 했다. 최환은 장살을 당했다. 이 사건은 선비들의 분노를 사서 남치근은 격렬한 비난을 받게 되었다. 조선시대에 무관이 문관에게 곤장을 때려 죽게 한 일은 전례가 없었다.

남치근은 사헌부의 탄핵을 받았다.

"지금 군령이 해이해졌으니 장수된 자가 위엄을 세우지 않는다면 어떻게 일을 이룰 수 있겠는가. 비록 무리한 실수가 있었다고 할지라도 그의 공이 허물을 덮을 만하니 윤허하지 않는다."

명종은 남치근을 파직하지 않았다.

'남치근은 잔인한 놈이구나.'

임꺽정은 그렇게 생각했다. 남치근은 군사를 휘몰아 왜구와 격전을 치렀다. 임꺽정은 남치근의 군사에 소속되어 왜구와 싸웠다. 왜구는 가까스로 섬멸했으나 상은 벼슬이 높은 자들이 받을 뿐이었다. 임꺽정은 고향으로 돌아왔다. 그러나 온갖 고생을 하면서 왜구와 싸우다가 돌아왔는데 고향은 파탄이 나 있었다. 흉년과 질병으로 아버지가 죽고 가족들은 뿔뿔이 흩어져 있었다.

'세상이 공평치 않다.'

임꺽정은 백정의 무리를 규합하여 도적이 되었다. 그는 무리들을 이끌고 민가를 약탈하고 관아를 습격했다. 그가 황해도 일대에서 명성을 떨치자 죄를 짓고 도망을 다니는 자들이 찾아왔다. 임꺽정은 청석골에 본거지를 두고 맹활약을 펼쳤다. 황해도와 경기도 북부 일대는 임꺽정의 세상으로 변했다.

## 황해도는 임꺽정의 나라

임꺽정이 거느린 도적들은 관아를 두려워하지 않았다. 임꺽정의 무리가 양반을 약탈하고 관아를 기습했기 때문에 오히려 관리들이 벌벌 떨었다.

"우리에게 협조하지 않으면 죽인다."

임꺽정은 관청의 아전들을 위협했다. 그들의 보복을 두려워한 아전들은 임꺽정 무리에게 관군의 동정을 일일이 보고했다.

"도적의 가족들을 잡아 옥에 가두라."

서흥부사 신보상은 도적들의 처자를 체포하여 부옥府獄에 가두었다. 그러자 아전들이 이 사실을 임꺽정 무리에게 알렸다. 도적들이 말을 타기도 하고 걷기도 해서 대낮에 와서 관사를 포위하고는 한패가 곧장 옥으로 달려가서 자물통을 부수고 그 처자를 데리고 가버렸다.

"놈들을 추적하라."

신보상이 부랴부랴 군사들을 동원하여 뒤를 추적했으나 초목이 무성한 숲으로 달아나 놓치고 말았다. 이 사실이 조정에 보고되자 조정은 발칵 뒤집혔다. 조정은 연일 대책회의를 열었다.

"병조로 하여금 종2품 무신 두 명을 가려서 순경사巡警使라고 이름하여 황해도와 강원도 두 도에 내려 보내게 하소서."

대신들이 명종에게 아뢰었다.

"모이면 도적이 되고 흩어지면 백성이 되어 출몰이 무상無常하므로 몰아붙여서 잡을 수 있는 일이 아닙니다. 특별히 순경사를 보내서 한갓 민폐만 만들려고 하십니까. 만일 수령을 시켜 기회를 틈타서 힘을 다하게 할 것 같으면 도모하여 잡을 수도 있습니다. 순경사는 도적을 잡는 데는 도움이 없고 폐단만 크게 끼칠 것입니다. 보내지 마소서."

사헌부에서 반대했다.

"황해도의 도적은 매우 놀라운 일이니 장수를 보내 토벌하되 섬멸할 것을 기해야 한다. 그러므로 어제 모여 의논하였는데 순경사를 보내기로 한 것은 부득이하여 결정한 것이다."

명종은 순경사를 파견했다.

"서해의 도적은 점점 불어나서 도모하기 어렵습니다. 심지어 쫓아가 잡을 때에 부장을 살해하기까지 하니 나라를 욕되게 한 것이 심합니다. 그러나 순경사가 간 지 여러 날이 되었는데 도적을 잡았다는 보고는 없고 농사에 폐를 끼칠 우려가 있으니 순경사를 돌아오게 하소서."

사간원에서 아뢰었다. 사간원의 주장은, 도적을 황해도관찰사에게 잡게 하고 순경사는 농사짓는 데 방해가 될 우려가 있으니 돌아오게 하라는 것이다. 그러나 12월은 농한기인데 농사에 방해가 된다는 것은 황당한 일이다.

임꺽정은 경기 북부와 황해도 일대를 완전히 장악했다. 그들은 해주 일대에서 부호들의 재물을 약탈하고 평산 지방으로 이동했다. 평산 지방에서는 민가 30여 곳을 불태우고 양민들을 살해했다.

"도적이 이와 같이 날뛰니 속히 조정에서 대책을 세워주소서."

황해도관찰사 김주가 다급하게 파발을 올렸다. 명종은 즉시 삼정승, 병조와 형조의 당상관, 포도대장 등을 불러들였다. 남치근은 이때 포도대장으로 있었다.

"적변이 이와 같으니, 매우 놀라운 일이다. 지난해 순경사가 갔을 때 만약 오래 머물렀으면 적을 거의 섬멸하였을 것인데, 잠깐 갔다가 즉시 돌아와 다만 도적에게 비웃음만 당했으니, 조정에서 잘 조처하지 못한 듯하다. 경들은 대책을 의논하여 아뢰라."

명종이 대신들에게 영을 내렸다.

"하찮은 적들이 오래도록 법망을 피해 다니며 살인과 약탈을 멋대로 자행하여 하나의 적국敵國처럼 되었는데도 그 도의 수령은 멀리서 보고 위축되어 감히 어찌하지를 못하니, 그 도의 백성들은 도적이 있는 줄만 알고 나라가 있는 줄은 모릅니다. 기강이 이 지경에 이르렀으니, 몹시 통분스럽습니다. 생각건대 황해도에는 본래 주장主將이 없습니다. 비록 감사가 있지만 으레 모두 유신儒臣(유학에 조예가 깊은 신하)이라서 조치가 잘못되고, 백성을 통솔하는 자가 없어 도적들이 횡행하게 되었으니, 부득이 경장京將 중에서 위망威望과 지략이 있는 자를 가려 보내고 굳세고 용맹스러운 자들을 뽑아 거느리게 해야 합니다."

이준경이 아뢰었다. 이준경은 황해도가 도적의 나라가 되었다고 주장했다. 임꺽정은 신출귀몰할 정도로 황해도 일대를 누비고 있었다.

"지금 도적의 세력이 성하여 적국과 같으니 힘을 다하여 엄히 다스리지 않으면 이는 몇 도의 백성들을 모두 도적의 손에 주는 것이다. 특별히 조치하여 기필코 모두 잡으라."

명종이 영을 내렸다. 이에 이준경이 남치근과 김세한을 토포사로 임명해줄 것을 청했다. 명종은 두 사람을 토포사에 임명하고 황해도와 강원도로 가서 임꺽정을 토벌하라는 영을 내렸다.

'임꺽정은 여타의 도적과 다르다. 흉악하고 잔인한 자이니 보통의 방법으로는 잡을 수 없다.'

남치근은 황해도 토포사에 임명되자 비장한 각오로 출정했다.

"흉년과 세금으로 백성들이 지쳐 스스로 무너지려고 하는 형편인데, 또 군대를 일으켜 변방에 오래 머무르게 하여 재물을 많이 허비해서 공사의 재정이 모두 고갈되게 하고 거기다가 주장主將의 횡포와 군졸의 침탈을 더한다면, 백성이 어떻게 살겠는가. 이는 네 도의 백성을 모두 도적으로 만드는 것이다. 임꺽정을 비록 잡더라도 종기가 안에서 곪아 혼란이 생길 것인데, 더구나 임꺽정을 꼭 잡는다고 단정할 수도 없지 않은가. 전일의 군대가 공적을 이루지 못한 것이 이미 본보기가 되는데도, 이준경은 임금의 뜻만 따르고 상진尙震 등은 구차히 동조하며 간관들은 입을 다물고만 있다. 나랏일이 날마다 그르게 되어 가는데도 구원하는 자가 없으니, 탄식하며 눈물을 흘릴 뿐이다."

실록은 당시의 재상들인 이준경과 상진을 비난하고 있다. 실록을 기록한 사관들이 이해할 수 없는 비판을 하고 있는 것이다.


## 한양까지 출몰한 도적

남치근은 명종 15년 좌포도대장으로 활동하고 있었다. 이때 황해도와 경기도 일대에서 활약하던 임꺽정 일당이 장통방에 나타났다는 첩보가 입수되었다.

"임꺽정이 한양에 나타났다고?"

남치근은 자신의 귀를 의심했다.

"도적들이 서울에 근거지를 두고 있는 것 같습니다. 도적의 괴수 임꺽정은 장통방에 집이 있고 임꺽정의 책사라고 불리는 서림은 숭례문 밖에 집이 있다고 합니다."

종사관이 말했다.

"잘못된 첩보가 아닌가? 도적이 한양에 있을 턱이 없지 않은가?"

"이 첩보를 알려준 자는 임꺽정의 밑에 있는 졸개입니다."

남치근은 즉시 포졸들을 이끌고 장통방으로 달려갔다.

"대문을 열고 들어가라."

남치근이 영을 내렸다. 포졸들이 대문을 두드리다가 발로 찼다. 그때 대문이 벌컥 열리면서 도적들이 쏟아져 나왔다.

"도적이다."

남치근이 칼을 뽑아들고 소리를 질렀다.

"놈들을 죽여라."

도적들이 일제히 칼을 들고 대항해 왔다. 포도청 포졸들과 임꺽정의 무리들은 장통방 골목에서 맹렬하게 전투를 벌였다. 그때 도적들이 활을 쏘기 시작했다. 남치근은 재빨리 담벼락으로 붙어 섰다.

"앗!"

그때 포교부장 하나가 화살을 맞고 쓰러졌다.

"핫핫핫! 너희들이 나를 잡을 수 있을 것 같으냐? 내 가족과 부하들을 죽이면 너희들 집에 찾아가서 도륙할 것이다."

임꺽정은 호탕한 웃음을 터트리고 달아났다. 도적의 부하들이 임꺽정을 달아나게 하기 위해 활을 쏘아댔다.

'분하다. 도적의 괴수를 놓치다니……'

남치근은 활을 가지고 오지 않은 것을 후회했다. 그러나 남치근은 임꺽정을 놓쳤으나 임꺽정의 처 3인과 졸개들을 잡을 수 있었다. 남치근은 임꺽정의 처들을 심문하여 그들을 추적하려고 했다. 그러나 심문도 하기 전에 사간원으로부터 탄핵을 받았다.

국가가 포도청을 설치하여 좌우 대장을 두었으니 그 관속簪屬된 것이 많지 않은 것이 아니며 절목도 매우 상세한데 지금 대장의 책임을 맡은 자는 철저하게 찾아서 포획하는 일에 대해 게을리하여 무슨 일인지 전혀 알지 못하고 있습니다. 지난번 장통방에 흉포한 도적들이 모였을 적에 대장인 자가 마땅히 계책을 꾸며 다 잡아야 했는데, 큰 도회지 넓은 거리에서 도적이 관군에게 대항하여 부장을 쏘아 맞히기까지 하였으니 이는 근고近古에 없던 변입니다. 적의 화살이 한번 날아오자 군졸들이 사방으로 흩어져 큰 괴수를 탈주하게 하고는 겨우 그 처자와 협종脅從 몇 사람을 잡았을 뿐이니 매우 놀랍습니다. 좌변 대장 남치근을 먼저 파직하고 뒤에 추고追考하소서. 그리고 포획하는 데 실수한 부장, 군관 등을 모두 금부에 내려 중하게 다스리소서. 우포도대장 이몽린은 연로할 뿐 아니라 다리에 종기가 있어 집안에서도 다니지 못하니 더욱 임무를 감당할 수 없습니다. 체차遞差(어떤 직위에 있던 관리를 다른 사람으로 바꾸는 일을 이름)하라 명하소서.

실록의 기록이다. 임꺽정은 한양까지 진출하여 포졸들과 격렬한 공방전을 벌였는데 포도부장 1명이 화살에 맞고 군졸들이 달아났다는 것을 알 수 있다. 우포도대장 이몽린은 병중이라 전혀 활약을 할 수 없었다.

임꺽정이 한양까지 나타났다는 것은 놀라운 일이다. 이는 한양의 치안이 그만큼 엉성했다는 것을 의미한다.

한양의 민심은 흉흉해졌다. 포도청을 믿지 못해 세도가들은 종들을 무장시키고 포도청을 비난했다. 사간원이 포도대장 남치근을 탄핵한 것은 당연한 일이다.

"남치근을 파직하는 것은 지나친 듯하니 대장을 체직遞職(벼슬을 갈아 냄)한 뒤에 추문하여 다스리도록 하라. 포획할 때 적을 놓친 군관들은 금부에 가두라. 이몽린을 체차하는 일은 모두 아뢴 대로 하라."

명종이 영을 내렸다. 명종 15년 8월 20일의 일이었다. 남치근이 포도대장에서 물러나고 김순고가 새로 포도대장에 임명되었다.

"조금만 더 시간을 주었으면 임꺽정을 잡을 수 있었을 텐데……."

남치근은 탄식했으나 어쩔 수 없었다.

"도적의 괴수 임꺽정의 책사인 서림이라는 자가 숭례문 밖에 집이 있다고 하오. 기회를 엿보아 그를 잡으면 괴수를 잡을 수 있을 것이오."

남치근은 임꺽정에 대한 정보를 김순고에게 알려주었다.

"서림이오?"

"듣기에 임꺽정의 책사라고 합디다."

"그럼 왜 직접 잡아들이지 않았소?"

"임꺽정이 나타날지 몰라 기다리고 있었던 중이오."

남치근으로부터 정보를 얻은 김순고는 서림의 집을 감시하다가 임꺽정이 나타나지 않자 11월 24일 그를 체포하고 명종에게 보고서를 올렸다.

풍문으로 들으니 황해도의 흉악한 도적 임꺽정의 일당인 서림이란 자가 이름을 엄가이로 바꾸고 숭례문 밖에 와서 산다고 하므로 가만히 엿보다가 잡아서 범한 짓에 대하여 추문하였습니다. 그가 말하기를, '지난 9월 5일에 우리가 장수원長水院에 모여서 궁시弓矢와 부근斧斤(큰 도끼와 작은 도끼)을 가지고 밤을 틈타 성안에 들어가 전옥서의 옥문을 부수고 우리 두목 임꺽정의 처를 꺼내가려고 하였다. 그 처를 꺼낸 다음 오간 수구五間水口를 부수고 나와야 하는데, 그곳을 지키는 군사들이 비록 알더라도 모두 잔약한 군졸들이라 화살 하나면 겁을 줄 수 있었다. 그런데 우리 중에 곤란하게 여기는 자가 두 사람이 있어 그들을 다 죽였다. 후에 우리 두목의 처가 형조의 전복典僕(감옥의 종)에 소속될 것이라는 말을 듣고는 중지하였다. 오는 26일에 또 평산 남면 마산리에 사는 우리 당인 대장장이 이춘동의 집에 모여서 새 봉산군수 이흠례를 죽이기로 의논하였다. 대체로 이흠례는 신계군수로 있었을 때 우리들을 많이 잡아들였는데 지금 본직에 올랐으니 먼저 이 사람을 해치면 위엄을 세울 수 있을 뿐만 아니라 우리도 후환이 없을 것이기 때문이다' 하였습니다. 부장 1인, 군관 1인에게 말을 타고 기일에 맞추어 속히 달려가서 봉산군수 이흠례, 금교찰방 강여와 함께 몰래 잡게 하는 것이 어떻겠습니까?

김순고가 서림을 조사하여 명종에게 올린 보고서의 내용이다. 임꺽정의 무리들은 포도청 감옥을 습격하는 계획을 세우기까지 했다. 임꺽정은 그다지 조직적이지도 않았고 의로운 활동을 하지도 않았다.

"아뢴 대로 하고, 선전관 정수익에게도 말을 주어 급히 보내라."

명종이 명을 내렸다. 정수익은 명종의 영을 받고 황해도로 급히 달려갔다. 그는 황해도 경계에서 금교찰방 강여를 만났다.

"선전관께서는 어디로 가는 길이오?"

강여가 의아하여 물었다.

"도적이 봉산 관아를 습격한다고 하여 달려가는 길이오. 금교찰방도 도적을 잡는 일에 힘을 합치면 좋겠소."

정수익이 강여에게 말했다.

"도적이 관청을 습격하다니 이런 법이 어디 있소? 나는 거느린 군사가 없으니 평산으로 가서 부사 장효범과 함께 출군할 것을 의논하여 곧장 어수동으로 가겠소. 선전관은 속히 봉산으로 가서 군수 이흠례와 함께 군사를 일으켜 어수동으로 오시오."

강여가 분개하여 외쳤다. 강여는 평산으로 달려가고 정수익은 봉산군으로 달려갔다. 그는 봉산군수 이흠례를 만나 군사를 모아 어수동으로 달려갔다. 강여가 평산군의 군사를 인솔하고 달려와 어수동에는 약 5백 명의 군사들이 집결하게 되었다. 그들은 군사를 이끌고 마산리로 달려갔다.

"핫핫핫! 우리를 잡으러 왔느냐?"

마산리의 산골짜기에 도착하자 도적 7인이 그들을 유인했다.

"도적이 나타났으니 잡아야 하오."

정수익이 이흠례에게 말했다.

"내가 도적들을 추적하여 잡겠소."

포도군관 연천령이 군사들을 이끌고 그들을 추적했다. 도적들은 무성한 숲과 깊은 골짜기를 출입하며 계곡을 따라 아래로 도망을 쳤다.

연천령이 강여와 군사를 이끌고 계곡으로 들어가자 갑자기 함성이 일어나면서 도적들이 공격을 해왔다.

"저놈들을 모조리 죽여라."

도적들은 관군을 에워싸고 맹렬하게 공격을 퍼부었다.

"도적이 매복하고 있다."

연천령과 강여는 다급하게 외치면서 퇴각하기 시작했다. 도적들의 공격은 더욱 거세어졌다. 연천령과 관군은 변변하게 싸워보지도 못하고 마산리의 골짜기에서 몰살되었다.

"관군이 도적들에게 포위되었습니다."

관군 하나가 필사적으로 달려와 정수익에게 보고했다. 정수익이 뒤늦게 골짜기로 달려갔으나 도적들은 이미 달아난 뒤였다. 골짜기에는 관군의 시체가 즐비했다.

"도적을 추적해야 하지 않습니까?"

봉산군수 이흠례가 정수익에게 물었다.

"날이 어두워져 추적할 수가 없소. 지금 숲으로 들어가면 길을 잃을 것이고 우리는 도적들에게 몰살을 당할 것이오."

정수익은 고개를 흔들었다. 정수익은 이튿날 도적들에게 패한 사실을 명종에게 보고했다.

'도적을 잡지 못하면 나도 처벌을 받게 된다.'

정수익은 평산으로 회군했다가 다시 임꺽정 일당을 추적하기 시작했다.

"이 산의 이름이 무엇인가?"

정수익이 군관에게 물었다.

"구월산입니다."

군관이 정수익에게 보고했다. 그때 날카로운 파공성이 일어나면서 화살 하나가 날아와 정수익의 등에 박혔다. 도적들이 관아의 아전들과 결탁하여 정수익의 뒤에서 활을 쏜 것이다.

선전관 정수익이 도적에게 죽임을 당하자 조정은 바짝 긴장했다.

"선전관을 또 보낼 수 없다. 인근 고을의 수령들이 연합하여 도적을 토벌하게 하라."

명종이 영을 내렸다. 조정에서는 장연, 옹진, 풍천, 서흥, 봉산 등 5개 고을에 연합군을 편성하여 도적을 잡으라는 영을 내렸다. 조정의 명을 받고 편성된 연합군은 서흥에 집결했다. 그들은 서흥 부근에서 출몰하는 도적을 검거하기 위해 출동했다. 그러나 서흥 관아의 아전들이 도적들에게 결탁되어 있어 연합군의 동정이 그들에게 보고되었다. 연합군이 구월산을 향해 가고 있을 때였다. 도적들 60여 명이 말을 타고 나타나 연합군을 향해 화살을 비 오듯이 쏘아댔다.

"도적이다."

연합군은 우왕좌왕했다. 수백 명의 연합군이 도적에게 패하여 물러갔다. 관군이 패하자 황해도 일대는 임꺽정의 천하가 되어 그들의 허락을 받아야 통행할 수 있었다.

종실 단천령은 피리를 잘 불었다. 개성 청석령靑石嶺에까지 갔다가 도적들에게 붙잡혔다.

"네가 누구냐. 피리를 잘 부는 단천령이 아니냐?"

도적들이 단천령에게 물었다.

"그렇다."

단천령은 우락부락한 도적들을 보고 몸을 떨었다.

"그럼 피리를 불어 보라."

도적들의 말에 단천령이 피리를 불기 시작했다. 달이 휘영청 밝아 도적들 수십 명이 빙 둘러앉아 들었다. 피리는 학경鶴脛이었는데 길이가 짧으나 소리가 맑고 가락이 높았다. 소매 속에서 꺼내어 흥겹게 우조羽調로 불자, 도적들이 듣다가 모두 이리 뛰고 저리 뛰며 나놀아 하늘을 찌를 듯한 기세였다. 단천령이 서서히 가락을 바꾸어 계면조를 불어대니, 가락이 끝나기도 전에 모두 한숨을 내쉬고 탄식하여 눈물을 흘리는 자까지 있었다.

"종실 사람은 여기에 머물러 두어도 소용없으니 돌려보내야 한다."

임꺽정이 여러 도적들의 동정을 살피더니 급히 손을 저어 피리를 멈추게 했다.

"길을 가다가 만일 막는 자가 있거든 이것을 보여라."

임꺽정은 단천령에게 칼을 내주었다. 단천령이 이튿날 장단에 이르자 과연 말 탄 자 수 명이 그를 해치려고 했다. 단천령은 즉시 임꺽정이 준 작은 칼을 내보였다. 도적들은 임꺽정의 신표를 알아보고 단천령을 살려 보냈다.


## 남치근의 임꺽정 체포 작전


남치근은 토포사로 임명되었다. 오로지 임꺽정을 체포하기 위한 토포사였다. 그는 숭례문에서 체포한 서림을 만났다. 서림은 김순고에게 임꺽정의 동정을 알려주기는 했으나 그의 소굴은 알려주지 않고 있었다. 포도청에서 가혹하게 고문을 했는데도 완강하게 버티었다.

"네가 임꺽정의 책사라는 것을 알고 있다. 그를 잡게 해주면 너를 살려줄 것이다."

남치근은 임꺽정을 잡기 위해 서림을 설득했다.

"토포사가 약속한다고 해도 임금이 죽이라고 하면 그만 아니오?"

서림이 비웃듯이 말했다. 남치근은 즉시 글을 올려 명종의 허락을 받았다. 서림은 비로소 남치근에게 협조적으로 나왔다. 남치근은 서림을 데리고 황해도로 출정하여 재령군에 진을 설치했다.

'황해도 일대는 도적들의 소굴이다. 도적을 잡으려면 비상한 대책을 세워야 한다.'

남치근은 도적을 잡기 위해 골똘하게 생각에 잠겼다. 그는 도적들과 백성들의 연결 고리를 끊어야 한다고 생각했다.

"관민들에게 고하라. 도적을 숨기는 자, 도적에게 관군의 동정을 알리는 자, 도적에게 먹을 것을 주는 자, 도적을 보고도 관군에 알리지 않는 자는 모두 도적으로 간주하여 참수한다."

남치근은 황해도 일대의 관민들에게 무시무시한 포고령을 내렸다. 이로 인해 황해도 일대가 발칵 뒤집혔다.

"너무 가혹한 영이 아닙니까?"

토포사 부장들이 일제히 반대했다.

"적과 내통하고 적에게 협조하는 자가 있는데 어떻게 도적들을 잡겠는가?"

남치근은 부장들의 말을 일축했다. 남치근이 무시무시한 영을 내렸는데도 아전과 백성들은 대수롭지 않게 생각했다. 그들은 여전히 임꺽정 일당을 숨겨 주고 먹을 것을 주었다. 남치근은 임꺽정 일당에게 협조하는 아전과 백성을 모조리 잡아들여 참수했다.

"관민들을 대대적으로 동원하라."

남치근이 강력하게 관민들을 위압하자 임꺽정에게 협조하는 관민들이 줄어들었다. 남치근은 비록 선비들이라고 해도 도적을 잡는 일에 협조하지 않으면 잡아들여 곤장을 때렸다. 황해도 일대에서 남치근에 대한 원성이 쏟아졌다.

"이제는 도적을 모조리 잡아들인다."

도적들과 백성들의 고리가 끊기자 남치근은 황주에서 해주까지 모든 장정들을 동원하여 사람으로 성을 쌓고, 문화에서 재령까지 한 호戶, 한 막幕 할 것 없이 샅샅이 뒤지게 했다. 남치근의 전략은 성공을 거두기 시작했다. 임꺽정의 일당들이 속속 체포되거나 살해되었다. 남치근은 도적들에게 염라대왕 같았다. 도적들은 점점 산으로 쫓기기 시작했다.

남치근에게 쫓기기 시작한 도적들은 구월산으로 들어갔다. 임꺽정은 날쌔고 건장한 자만을 데리고 있고 나머지는 모두 분산시켜 험악한 곳을 분담하여 지키게 했다. 남치근은 군마를 많이 모아 점점 산 밑으로 좁혀 들어가 한 놈의 도적도 감히 산에서 내려오지 못하게 했다.

"투항하지 않는 자는 모조리 참수한다."

남치근은 군사를 전진시켜 숲과 골짜기를 뒤지며 올라갔다.

"투항합니다. 살려주십시오."

남치근이 구월산을 포위하고 압박하자 도적들이 다투어 투항하기 시작했다.

"도적들이 숨은 곳을 말하지 않으면 귀순한 것이 아니다."

남치근은 투항한 도적들에게 남은 도적들을 고발하게 했다. 도적과 결탁한 아전과 백성들도 체포되었다. 도적들은 마침내 고립되었다. 그들은 포위망이 점점 좁혀져 오자 대부분 투항했으나 5, 6명은 임꺽정을 배신하지 않고 그림자처럼 따랐다. 남치근은 서림을 시켜 유인해 오게 하고 오자마자 모두 베어 죽였다. 남치근을 따라 나온 곽순수, 홍언성, 윤임 등은 임꺽정을 잡기 위해 전력을 다했다.

임꺽정은 골짜기를 넘어 도망을 쳤다. 남치근은 군사들을 동원하여 임꺽정을 추격했다. 임꺽정은 산속 외딴 곳으로 도망을 다니다가 한 노파의 집으로 숨어들었다. 토벌군은 노파의 집을 에워쌌다.

"네가 급히 외치면서 뛰쳐나가지 않으면 죽이겠다."

임꺽정이 주인 노파를 위협했다. 노파가 "도적이야" 하고 외치며 문밖으로 뛰쳐나가자, 임꺽정이 활과 살을 차고 군인 차림으로 칼을 빼어 들고 그 노파를 쫓는 시늉을 하면서 소리를 질렀다.

"도적이 달아나고 있다."

군사들은 노파가 임꺽정인지 알고 일제히 소리치며 달려갔다. 임꺽정은 토벌군이 우왕좌왕하는 틈에 한 군사를 끌고 내려가 그가 탄 말을 빼앗아 타고 군중 속으로 달려 들어갔다.

"갑자기 아프니 좀 누워서 치료해야겠다."

임꺽정이 군중에서 나오면서 사람들에게 말했다. 구월산 일대가 관군과 그들을 지원하는 백성들로 가득했다.

"어찌 한 걸음이라도 진을 떠난단 말인가? 이놈이 의심스럽다."

군사들이 그를 수상하게 여기고 추격했다.

"도적이다."

서림이 멀리서 임꺽정을 알아보고 소리를 질렀다. 관군은 그때서야 임꺽정을 향해 마구 활을 쏘아댔다. 임꺽정은 치열하게 저항했으나 온몸에 화살이 박혔다.

"내가 이렇게 된 것은 모두 서림의 행위 때문이다. 서림아, 서림아, 네가 나를 배신할 수 있느냐?"

임꺽정은 쓰러지면서 서림에게 이를 갈았다. 군관 곽순수와 홍언성 등이 일제히 달려들어 임꺽정을 사로잡았다. 남치근은 크게 기뻐하여 조정에 보고서를 올렸다.

"선전관과 금부 낭청과 포도군관 등을 속히 보내 압송하라."

명종이 영을 내렸다. 임꺽정 등은 한양으로 압송되어 효수되었다. 기이한 것은 임꺽정에 대한 조사보고서가 전혀 기록되지 않았다는 사실이다. 임꺽정이 체포 과정에서 중상을 당하고 서울에서 압송되자 곧바로 죽어 국문을 할 시간이 없었던 것으로 보인다.


## 토포사 남치근은 누구인가

조선의 포도대장으로 가장 먼저 명성을 떨친 인물은 남치근이다. 남치근은 명종 때의 인물이기 때문에 포도대장이 아니고, 특수한 임무를 맡은 토포사이다. 하지만, 특별 포도대장으로 불러도 크게 부족함이 없을 것이다. 남치근은 조선의 3대 도적이라고 불리는 임꺽정을 사로 잡아 효수했는데도 탄핵을 당했다.

남치근은 임꺽정 일당을 토벌하고 한양으로 돌아왔다.

"지금 토포사 등을 비현합에서 인견하고자 한다. 곽순수, 홍언성, 윤임은 들어오게 하라. 토포사는 지금 탄핵을 받고 있는 중이니 토포사는 들어오지 말게 하라."

명종이 영을 내렸다.

남치근은 공을 세우고도 임금을 알현하는 영광을 받을 수 없었다.

1년 후 남치근은 우포도대장에 임명되었으나 다시 탄핵을 받았다. 포도군관 이유방 때문이었다. 마을 사람의 신고로 도적이 올 것을 미리 안 이유방은 군사 9명을 데리고 갔으나 도적은 하나도 잡지 못하고 오히려 도적들의 칼에 부상당한 군사가 많았다. 이는 포도대장 남치근이 기율을 삼엄하게 하지 못했다며 탄핵을 받게 되는 원인이 된다. 문신들의 탄핵은 공공연하게 무신들을 업신여기는 것이어서 무인이 되려는 사람들이 점점 줄어들었다. 결국 명종 이후 선조 대에는 많은 장수들이 없어서 임진왜란에 제대로 대응하지 못하는 데 일조를 한다.

《약천집》에는 소론의 영수를 지낸 남구만이 남치근에 대한 전기를 쓰게 된 동기가 상세하게 기록되어 있다. 남구만의 5대조인 남치욱이 남치근의 아우였다. 즉 남구만은 남치근 동생의 5대 후손이었기 때문에 남치근를 향한 마음이 애틋했다. 남치근은 명종 때 무신으로 쟁쟁한 명성을 떨쳤으나 무덤에는 비석 하나 없었다. 그러한 때에 사옹원 봉사인 홍우익이 말했다.

"나는 공에게 미생彌甥(외손)이 된다. 힘이 비록 신도神道의 각刻에는 미치지 못하나 생각은 유당幽堂(돌아가신 분)의 기록이나 먼저 계획하려 하니, 그대가 글을 지어주기 바란다."

홍우익의 말을 들은 남구만은 부끄러움을 느꼈다. 그는 자신의 집안에 전해져 내려오는 이야기와 문집을 참고하여 남치근의 일대기를 기록했다. 신도神道의 각刻에 미치지 못한다는 것은 죽은 이를 기리는 신도비에 글을 새기는 실력이 부족하다는 뜻이다.

공(公, 남치근)은 어릴 때 부친을 일찍 여의고 엄용공에게 병서를 배웠다. 그의 무력武力과 전벌戰伐은 여러 번 명종 대에 명성을 드날렸고, 능히 시신을 메고 돌아올 정도의 패전敗戰에서 적敵의 귀를 베어 바치는 공으로 바꾸어, 국위를 다시 떨치고는 했다.

호남과 해서의 백성들이 편한 잠을 자며 시골에 안주하게 된 것은 공때문이다. 공의 부친 남계는 증贈병조판서 행부사과行副司果이고 어머니는 대사헌을 지낸 이서장의 딸이다.

공은 무과에 응시하여 중종 23년의 식년시에 장원하였고 형과 형의 아들 남언순이 모두 무과에 장원하여 세상에서는 한집안에 세 장원이 났다고 일컬었다. 명종 7년에 왜구가 제주를 습격하자, 목사 김충렬이 능히 방어하지 못하므로 특별히 공을 파견하여 대신하게 했다. 공은 방략方略을 세워 섬멸하고 사로잡았으며 또 배 2척을 노획하여 바침으로써 품계가 올랐다.

명종 10년에 왜구가 또 호남에 대거 침입해 들어와 병사兵使 원적과 장흥부사 한온을 살해하고 영암군수 이덕견을 사로잡았다. 연이어 달량, 어란포, 마도, 장흥부 병영, 강진현 가리포를 함락시키자 나라 안이 크게 소란스러웠다. 조정에서는 이준경을 도순찰사, 공을 전라좌도방어사로 임명했다.

공은 이틀 길을 하루에 달려가 적을 남평현에서 대파시켰다. 이에 조선의 군사들은 사기가 높아져 왜구를 격퇴했다. 며칠 뒤 왜구는 녹도성을 침범하여 에워싸고 맹렬히 공격했다. 공은 흥양으로부터 녹도성으로 달려가 구원했다. 적이 깃발을 보고 달아나자 수군을 동원하여 추격하여 대승을 거두었다. 이 싸움에서 여러 장수들은 군율을 어겨 대부분 벌을 받았으나 남치근은 승진하여 전라도병마절도사에 임명되었다.

공은 불탄 재를 쓸어내고 영부營府를 세우는 한편, 성을 수리하고 기계器械를 수선했다. 사졸을 훈련시키고 기율을 바로 세우니, 인심이 비로소 안정되어 비록 부녀와 어린아이라고 하더라도 적을 맞아 달아나는 것을 부끄럽게 여겼다.

공은 전선의 구조를 바꿀 것을 주장했다.

"한신이 배수진을 친 뜻을 이용할 만하다."

공의 말에 사람들은 웃거나 위험스럽게 여겼다. 공은 몽충 비루蒙衝飛樓 3층을 크게 건조하여 아래에는 먹을 양식을 싣고, 가운데에서 노櫓를 움직이며, 위에서는 활을 쏘도록 한 다음 4면에 방패를 높이 세워 적의 탄환을 막았다. 그리고 앞에서는 화포를 쏘고 뒤에서는 당간幢竿으로 짓치면서 운범雲帆으로 나는 새처럼 빨리 구축驅逐하여 부딪쳐 부수고 달려들어 불태우니, 패멸하지 않는 자가 없었다. 이어 질려蒺藜(마름쇠)와 화약 넣은 것을 번갈아 적선에 던지자 움직이면 발을 꿰뚫어 불에 타고 물에 빠져 구제할 수 없었다.

"적으로 하여금 주사舟師(수군 대장)는 이용할 만하고 수전水戰이 두렵다는 것을 알게 하였으니, 육상의 전승보다 더욱 빛이 난다."

녹도의 승리에서 도순찰사 이준경은 공을 포장褒獎하는 장계를 올려 그의 능력을 인정했다.

기미년(1559)에 사나운 도둑인 임꺽정이 해서海西에서 발호하였는데, 처음에는 강도짓을 하여 사람을 죽였고 종말에는 대낮에 길을 막고 관청의 옥사를 깨부수며 형리들을 찍어 죽이기까지 하였다. 서울에서 관서關西에 이르기까지 일로一路의 관리와 백성들 가운데 은밀히 결탁하지 않은 자가 없어서 그 일당들이 남몰래 돌아다녀 서울에도 많이 숨어 있었으므로 조정의 동정을 서로 정탐하여 알려 주곤 하였다. 선전관이 왕명을 받들고 임꺽정을 추적하러 갔다가 구월산 아래에서 사살당하였으며, 또 장연, 풍천 등 4, 5개 고을에서 관군을 징발하고 군장軍將에게 이들을 거느리고 가서 체포하도록 명하여 서흥에 주둔하였는데, 도둑 떼가 밤에 습격하자 관군이 궤멸하여 도망하였다. 그러자 적도들은 더욱 꺼리는 바가 없어서 수백 리 사이에 도로가 거의 끊길 지경에 이르렀다. 이에 공에게 경기·황해·평안 삼도 토포사를 겸하게 하고 재령에 나가 주둔하게 하였다.

공은 먼저 적의 모주謀主(서림)를 사로잡아 적의 허실을 다 알아내고는 군사와 말들을 많이 모아서 적의 소굴을 몇 겹으로 포위하였는데, 호령이 엄하니 한 명의 도둑도 도망하지 못하였다. 도둑들이 곤궁하고 다급해져 와서 항복하는 자들을 잡는 대로 참수하였으며 끝내 그 괴수를 효시하고 돌아오니, 조정에서는 노비 100명과 토지 50결結을 상으로 내렸다. 이때는 도둑 떼가 발호한 지 3년이나 되어서 온 도道가 피폐하였으나 조정이 제압하지 못하여 적도들이 사방에 흩어져 말하는 자들은 "공의 위엄과 지략이 아니었으면 도둑의 괴수가 필경 목을 바쳤을지

장담할 수 없다" 하였다.

공의 생년은 상고할 길이 없으나 장형인 첨지 부군이 홍치弘治 갑인년 (1494, 성종 25)에 출생하였으니, 공의 출생을 계산해보면 장형보다 2, 3년 또는 4, 5년 정도 뒤였을 것이다. 경오년(1570, 선조 3) 7월에 임소인 평안도 병영에서 별세하여 양주 군장리 금동金洞 갑좌甲坐의 산으로 반장返葬하였다.

옛날 우리 명종이 재위에 있을 때 태평성대가 이어지니, 문신은 안일하고 무신은 나태하여 섬오랑캐들이 속으로 업신여기고 도둑 떼가 발호하였다. 부월을 잡고 적진에 임한 자들은 적의 화살 소리만 들어도 다리를 떨고, 병기를 잡고 성에 오른 자들은 북소리만 들어도 저절로 떨어졌으니, 이는 예로부터 국가가 중엽에 이르러 안일해졌을 때 난을 만나면 전복되고 마는 늘 있는 우환이었다. 이때를 당하여 만일 공이 위엄과 용맹을 떨쳐 제때에 박멸하지 않았다면 지극한 화변禍變이 끝내 종묘사직의 우환이 되지 않을 줄을 어찌 알겠는가.

또 세상에서 말하는 자들은 모두 공의 무공을 훌륭히 여기면서도 혹 사람을 너무 많이 죽인 것을 허물하여 심지어는 공이 후손이 없는 것으로 그 증거를 삼기까지 한다. 아, 어찌 그 말이 옳겠는가. 살기를 좋아하고 죽음을 싫어하는 것은 모든 동물의 일반적인 심정이나 전쟁은 사지死地이다. 시퍼런 칼날이 앞에 있는데, 장수된 자가 만일 그 부하들로 하여금 적을 두려워하지 않고 장수를 두려워하게 하지 못한다면 그 누가 기꺼이 시퍼런 칼날을 무릅쓰고 싸워 적을 향해 죽으려 하겠는가.

만약 명령을 따르지 않는 부하 몇 명을 차마 죽이지 못해서 끝내 삼군이 패하고 수많은 백성이 어육魚肉이 되는 지경에 이른다면 국가의 존

南致勤

墓誌銘　　　　　　　　　　　　南九萬

故列尸南公以武力戰伐屢頭名於明廟朝能以興
尸之敗耕爲敵讎之切國威復仲王心載寧而湖南海西
之民眞桃席安田里者繁公是頼到今百年之後永家
無人表塘無邊泉山之封但爲行人指點興嗟之地司饔
院奉事洪君爲湖謂余曰吾於公爲彌甥力雖不逮於
神道之刻意欲先規於此臺之識頑子之文之也公卽
九萬五代祖考知府君之李也微名有言其故不藏
於旃事捏按家乘公諱致勤之籍冝寧曾祖左議

政蘭公諱智贈戶曹參判行杆城郡守諱侾考贈
兵曹判書行副司果諱悚兩世之贈以公貴也妣金義李
氏大司憲怒長之女公早失怙從嚴先生用恭學甚見器
重既長應擧登嘉靖戊子式年壮元公之兄食知府
君食知之子承音武科元一家三壮元〇〇之
歷官多秩不記始以其有微者言之內則同知中樞
府事漢城府判尹知訓鍊院事五衛都搜府都摠管
延特進官外則龍岡縣令理山郡守滿浦僉使會寧府使
羅州牧使濟州牧使咸鏡上平安全安五
道兵馬節度使而其節度全羅則每全羅道左防禦使

《국조인물고》에 실린 남치근 묘갈명. 《국조인물고》는 조선 정조 때 건국으로부터 숙종 때까지의 주요 인물에 관한 사항을 항목별로 나누어 편집한 책이다.

망과 일신의 공죄功罪는 말할 것도 없고, 단지 사람의 목숨을 아까워하는 입장만 가지고 말한다 하더라도 그 경중과 다소가 어떠하겠는가. 이는 "위엄이 사랑을 이기고, 살리는 방도로 사람을 죽여야 한다"는 것으로 여러 경서에 가르침이 나와 있는 이유이다. 마침내 이것을 가지고 공의 후사가 없음을 의심하니, 이는 또 한퇴지韓退之가 사관史官에 대한 일을 논한 것과 무엇이 다르겠는가.

남구만이 쓴 《약천집》의 〈5대 종조 자헌대부 한성부판윤 겸 지훈련원사 오위도총부도총관 공 묘지명〉에 있는 기록이다. 자신의 5대조이기 때문에 나쁜 점은 기록하지 않았을 것이다.

남치근은 토포사로서 황해도 일대를 휩쓸던 임꺽정을 검거하는 공을 세우고 무장으로 명성을 떨쳤다. 임꺽정은 의적, 남치근은 포악한 관리라는 시각을 바꾸어야 할 것이다.

# 3장

임금에 맞선 포도대장

# 변양걸

"유성군 유희서가 포천에서 도적의 칼날에 죽었습니다.
대신이 이렇게 된 것은 전에 없던 일로 오로지 인심이
패악해졌기 때문이니, 매우 놀랍습니다."

조선의 임금들 중에 자식 교육에 가장 엄격했던 국왕은 영조이고 자식 교육에 가장 실패했던 임금은 선조이다. 영조는 사도세자가 대궐을 빠져나가 시정잡배들과 어울려 유흥에 몰두하고 급기야 비구니와 간통하여 아기까지 낳자 엄중하게 나무란다. 사도세자는 아버지인 영조가 무서워 벌벌 떨다가 마침내 반성문을 쓴다.

　　나 같은 불초 불민한 사람으로 성효誠孝가 천박하여 침선寢膳(잠자리와 식사)을 돌보는 절차를 이미 때맞추어 하지 못하였고 양 혼전魂殿(임금이나 왕비의 장례 뒤 3년 동안 신위를 모시던 전각)의 제향도 정성을 다하지 못하였으니, 자식 된 도리에 진실로 어긋남이 많았다. 이것이 누구의 과실이겠는가? 바로 나의 불초함이다. 강학을 돈독하게 하지 못하고 정사를 부지런하게 하지 못한 데에 이르러서는 어느 것도 나의 허물이 아닌 게 없는데, 어제 양 대신이 반복해 진면陳勉함으로 인하여 더욱 나의 불초하고 불민함을 깨달았다. 두렵고 송구스러워 추회막급追悔莫及이다. 지금부터 통렬히 스스로 꾸짖고 깨우쳐 장차 모든 일에 허물을 보충하여 한번 종전의 기습氣習을 바꾸려 하는데, 만약 혹시라도 실천하여 행하지 못하고 작년과 같이 된다면, 이는 나의 과실이 더욱 심한 것이다.

사도세자의 반성문은 처절하기까지 하다. 참고로 세자들 중에 반성문을 쓴 사람은 '유부녀 어리 사건'으로 폐세자가 된 양녕대군과 사도세자뿐이다. 어리는 중추中樞 곽선의 첩으로 양녕대군과 염문을 일으킨 여인이다. 양녕대군은 반성문에서 한고조 유방도 젊었을 때 개망나니였으나 어른이 되어 한나라를 창업했다고 반발하다가 '짐승 같은 놈'이라는 말을 들으면서 폐세자가 된다.

"기특하고 기특하다. 조선이 흥하겠구나."

영조는 사도세자가 진실로 반성했다고 생각하여 크게 기뻐했다. 그러나 그의 반성문은 허울이었다. 사도세자는 정신질환으로 왕손의 어머니인 경빈 박씨까지 살해하여 급기야 친아버지인 영조로부터 뒤주에 갇혀 죽음을 당한다. 비록 살인자라고 해도 아들을 죽였던 영조는 슬픔을 참지 못하고 그를 애도하는 뜻에서 사도思悼(슬퍼하면서 생각함) 세자라는 시호를 내려준다.

사도세자는 숭례문 상인들에게 돈을 빌려 유흥비로 탕진했다. 영조가 그 사실을 알자 숭례문 상인들을 대궐문 앞으로 불러 오늘날의 아버지가 자식들의 카드빚을 갚아주듯이 사도세자의 빚을 갚아준다. 그는 훗날 정조가 되는 세손 이산에게도 '나는 야위어도 천하는 살찌게 하라'고 가르친다.

영조와 대비되는 선조에게는 많은 자녀들이 있었다. 왕세자였다가 훗날 보위에 오르는 광해군을 제외하면 임해군, 신성군, 순화군, 정원군 등이 포학한 짓을 되풀이했다. 사헌부가 다음과 같이 아뢰었다.

"정원군 이부의 궁노 5~6인이 창기를 끼고 거리를 횡행할 때 하원군 이정의 궁노를 만나 서로 다투다가, 이어 저희 편 궁노를 모두 거느리고 불을 밝힌 채 몽둥이를 들고서 하원군 부인의 집으로 쳐들어갔습니다. 심지어 부인을 끌고가 정원군 집의 문 앞에 가두기까지 했는데, 영제군 이석령, 익성군 이향령 등이 울면서 애걸하자 그때서야 겨우 돌려보내 주었습니다. 하원군의 집은 대원군의 신위를 모신 집인데 이럴 수가 있습니까?"

정원군은 종실의 부인까지 끌고가 가두었으나 선조는 오히려 아들을 두둔했다.

"이달 9일 순화군이 약주를 가지고 간 원금元金을 수문水門으로 잡아들여 무수히 구타하였고, 12일에는 약주를 가지고 간 비婢 주질재注叱介를 수문으로 잡아들여 옷을 전부 벗겨 알몸으로 결박하고 날이 샐 때까지 풀어주지 않았다고 하며, 18일에는 읍내에 사는 군사 장석을시張石乙屎가 그의 집에 역질이 들어 역신을 쫓고 있을 때 장석을시와 맹인 윤화의 아내 맹무녀 등을 잡아가 수문으로 끌어들여 순화군이 직접 결박하고 한 차례 형문한 뒤에 밤새도록 매어두었다, 합니다. 그리고 맹녀의 위아래 이빨 각 1개, 장석을시의 위아래 이빨 9개를 작은 쇠뭉치로 때려 깨고 또 집게로 잡아 빼 유혈이 얼굴에 낭자하였으며 피가 목구멍에 차 숨을 쉬지 못하였습니다. 무녀는 순화군 거처에서 즉시 치사하였고 장석을시는 이튿날 수문으로 끌어내 왔는데 목숨이 위급하여 곧 죽을 상황이었다, 하였습니다."

수원부사 박이장이 아뢰었다. 영조 같았으면 사형에 처했을 정도로 끔찍한 짓을 저질렀으나 선조는 처벌을 하지 않았다.

"이 뜻은 나도 안다만 나국拿鞫(죄인을 잡아 신문함)할 수는 없다. 이는 대체로 공의를 폐할 수 없으나 천륜의 은혜도 상할 수 없기 때문이다. 윤허하지 않는다."

선조는 순화군이 자식이기 때문에 처벌하지 않겠다고 공개적으로 선언한 것이다. 선조의 큰아들인 임해군도 많은 악행을 저질러 백성들이 그를 길에서 만나는 것을 염라대왕을 만나는 것처럼 두려워했다.

"임해군 이진李珒이 전 주부 소충한을 지적의 궁궐 담장 밖에서 몽둥이로 때려 죽였습니다. 대낮에 아무 거리낌 없이 살인을 했으니 국가의 법이 어디에 있는 것입니까. 유사有司로 하여금 법에 따라 조사해서 율에 비추어 시행하게 하소서."

사간원에서 아뢰었다. 선조는 임해군도 처벌하지 않았다.


## 특진관 유희서가 살해되다

'바늘도둑이 소도둑 된다'라는 속담이 있다. 선조는 아들들의 비행을 처벌하지 않았다. 아들들이 살인을 하고 재물을 약탈해도 '천륜'을 내세워 벌하지 않았다. 왕자들은 살인을 해도 처벌받지 않는다는 사실을 알게 되자 더욱 난폭해지고 악독해졌다. 사헌부와 사간원에서 잇달아 왕자들을 탄핵했으나 선조는 오히려 그들을 귀양 보냈다. 선조 때는 이황, 이이, 이산해, 윤두수, 류성룡, 이덕형, 이항복, 정철, 이원익 같은 쟁쟁한 명신들이 있었다. 그러나 이들도 절대 권력자인 왕자들을 처벌할 수 없었다.

특진관特進官(경연에 참여하여 왕의 고문에 응하는 관리)에 유희서라는 인물이 있었다. 대대로 조정에서 높은 벼슬을 지냈기 때문에 명망이 높은 가문이었다. 그의 아버지는 영의정을 지낸 유전이었다. 유전은 나이가 들자 벼슬에서 물러나 유유자적한 생활을 하다가 병으로 죽어 향리인 포천에 묻혔다. 아들인 특진관 유희서가 소분掃墳(외지에서 벼슬하던 사람이 부모의 묘에 성묘하는 일)하기 위해 추석이 지나자 조정에 휴가를 내고 포천으로 내려가 있었다.

"유희서의 첩이 천하의 절색이라고 하는데 과연 그런가?"

하루는 임해군이 궁노들에게 물었다. 그는 수하에 많은 장사들을 거느리고 있었다.

"미인이라는 말을 들었습니다."

궁노들이 대답했다.

"내가 그 계집을 얻고자 한다."

"유희서의 첩인데 어찌합니까?"

"내가 달란다고 하라. 주지 않으면 유희서를 죽여서라도 뺏어 오라."

임해군의 명령을 받은 궁노들은 포천으로 달려가서 유희서를 살해하고 그의 애첩 애생을 빼앗아 임해군에게 바쳤다. 특진관은 재상이고 전 영의정 유전의 아들이었다. 포천현감이 경기도 감영으로 즉시 소식을 전하고, 경기도 감영에서 선조에게 급보를 올렸다.

"유성군 유희서가 소분하려고 말미를 얻어 포천 땅에 있었는데, 21일 밤에 화적 30여 인이 모두 말을 타고 돌입하여 가슴을 찔러 죽였으며, 잡물은 전혀 훔쳐 가지 않고 말과 옷만을 가져갔습니다. 재신이 도적의 피해를 당한 것은 근고近古에 없던 변고이니 매우 놀랍습니다."

경기도관찰사가 다급하게 장계를 올렸다. 관찰사의 장계를 받은 조정은 발칵 뒤집혔다.

"경기감사의 서장書狀을 보니, 유희서가 도적에게 죽음을 당했다고 한다."

선조는 조회까지 중지하면서 비통해했다.

"이번에 유성군 유희서가 경성에서 하룻길 떨어진 포천에 있었는데 토적이 마구 들어와 어지러이 베어 죽였으니, 듣기에 매우 슬픕니다. 형조에서 지금 포도청과 함께 의논하여 힘껏 찾아 잡는 중이나, 외방의 일은 좌우 포도청이 계략을 마련하기 어려우니 반드시 충청도의 감사와 병사에게 각별히 비밀리에 하서下書하셔야 하겠습니다. 경기는 감사와 방어사가 지금 군사를 거느릴 뿐 아니라 군관을 많이 거느리고 뜻밖의 변란에 대비하고 있으니, 다방면으로 경기 내의 의심스러운 사람을 물어서 찾아 잡으라고 또한 비밀리에 하서하는 것이 어떻겠습니까?"

형조에서 아뢰었다. 형조는 이미 포도청과 함께 범인 검거에 나서고 있었다. 이때 포도대장이 변양걸(1546~1610)이었다. 변양걸의 아버지는 예조좌랑을 지낸 변위고 어머니는 부장 민희현의 딸이다. 그는 임진왜란 때 많은 공을 세워 포도대장에 임명되었다. 임진왜란의 여파로 도성은 치안이 어지러웠고 도적들이 횡행했다. 그는 강직한 대장으로 임무를 다했다. 그러나 가장 어려운 것이 왕자들의 살인과 약탈, 민간인들에 대한 횡포였다.

순화군은 상중喪中에 있으면서 궁인을 겁탈하였으니 이는 용서할 수 없는 죄이다. 내간臺諫이 율에 따라 죄를 정할 것을 아뢰었으나 상上이 사죄死罪를 감하여 수원에 안치했다.


선조의 아들들인 임해군, 정원군, 순화군은 포악하고 잔인했다. 그러나 포도대장으로서도 그들을 검거할 수 없었다.

'왕자들이 이토록 잔혹한 짓을 저지르는데 임금은 어찌 처벌을 하지 않는가?'

변양걸은 선조가 포학한 왕자들을 처벌하지 않자 실망했다. 왕자들이나 사대부들이 범죄를 저질렀을 때 체포하고 처벌하는 것은 의금부의 관할이다. 그러나 특진관 유희서가 살해되면서 포도청도 휘말리지 않을 수 없었다. 대신들이 치안을 강화하라는 요구가 빗발치고 있었다.

'나라가 평안하려면 왕자들이 어질어야 하는데……'

아직 포도청에서 사건을 자세히 조사하지는 않았으나 도성에는 이미 임해군이 사주한 것이라는 소문이 파다하게 나돌고 있었다. 전례를 살피면 임금은 이번에도 아들인 임해군을 두둔할 것이다. 그러나 임해군이 벌을 받지 않으면 나라가 망해도 할 말이 없어진다. 조선의 법은 상명償命(사람을 죽인 사람을 그 벌로 죽임)의 법이다. 사람을 죽인 자는 반드시 목숨으로 보상을 해야 한다는 것이 조선의 법이다. 변양걸은 임해군에게도 상명의 법이 적용되어야 한다고 생각했다.

쏴아아, 밖에는 비가 내리고 있었다. 포도청은 가을비 때문에 조용했다.

'목민관이 되면 악을 반드시 단죄할 것이라고 생각했는데……'

변양걸은 비가 내리는 것을 보고 우울했다. 그때 포교부장이 정청 앞을 지나가는 것이 보였다.

"포천에 가서 범인이 누구인지 상세히 조사하라."

변양걸은 포교부장에게 영을 내렸다.

"예?"

포교부장이 어리둥절한 표정으로 변양걸을 쳐다보았다.

"포천현감의 보고에 의하면 화적 30여 인이 말을 타고 습격했다고 한다. 기마병 30명을 거느린 화적은 일찍이 없었다. 사건이 발생한 날 흥인문을 나간 기마병이 있는지 상세하게 조사하라."

"예."

포교부장이 대답을 하고 물러갔다.

변양걸은 포도군관들을 불러 영을 내렸다. 포도군관들이 일제히 예를 올리고 물러갔다. 포천으로 갔던 포교부장은 사흘이 지나서야 돌아왔다.

"화적들이 유희서의 첩 애생을 납치해 갔다고 합니다."

포교부장이 고개를 절레절레 흔들면서 보고했다.

"화적들에 대해서 들은 말이 있다고 하는가?"

"대장님, 유희서의 살인사건을 포도청에서 조사해서는 안 됩니다."

포교부장이 대답 대신 아뢰었다.

"특진관이 살해되었는데 포도청에서 조사를 하지 않으면 누가 조사를 하는가?"

변양걸은 눈을 부릅뜨고 포교부장을 쏘아보았다.

"유희서 살인사건은 왕자와 관련이 있습니다."

"왕자?"

변양걸은 깜짝 놀랐다. 막연하게 임해군을 의심하고 있었으나 포교 부장에게 그 말을 듣자 가슴이 철렁했다.

"포천에서 조사를 해보니 화적들이 물건은 하나도 가져가지 않고 오로지 첩 애생만 데리고 갔다고 합니다. 또 도적 무리들이 사동궁에서 왔다고 말했다고 합니다."

"사동궁이라면 임해군의 궁가를 말하는 것이 아닌가?"

변양걸은 상황이 심상치 않게 돌아간다고 생각했다. 그때 흥인문 일대를 염탐하러 갔던 포도군관이 돌아왔다.

"사건이 일어나기 전날 말을 탄 30여 명이 흥인문을 나갔다고 하는데 패두牌頭(우두머리)가 설수라는 자라고 합니다."

"그렇다면 설수를 잡아들이라. 설수는 어떤 자인가?"

포도청에는 범죄자들에 대한 기록이 남아 있다. 포도청에 오랫동안 근무한 포교부장들은 범죄자들을 줄줄이 꿰고 있다.

"설수는 장안의 무뢰배로 여러 차례 검거되었으나 그때마다 임해군이 손을 써서 석방되었습니다. 임해군이 거느린 무뢰한입니다."

포교부장이 대답했다.

"설수를 잡아들이면 임해군이 걸려듭니다. 임해군을 어찌 처벌할 생각입니까?"

"임해군이 관련되어 있는 것은 확실한가?"

"말을 탄 자들이 가마와 함께 도성으로 들어와 사동궁으로 갔다고 합니다."

변양걸은 눈을 질끈 감았다. 가마에는 유희서의 첩 애생이 타고 있었을 것이다. 이로써 임해군이 관련되었다는 사실이 명약관화해진 것이다. 포도대장이 살인사건을 수사하지 못하면 포도대장 자격이 없다. 목에 칼이 들어와도 범인을 잡아야 한다.

"왕자들이 법을 지키지 않으면 누가 법을 지키겠는가?"

변양걸은 단호하게 말했다. 하지만 임금의 아들을 상대로 어떻게 살인사건을 수사한다는 말인가. 변양걸은 돌덩어리를 얹어놓은 것처럼 가슴이 답답했다. 임해군은 비록 세자의 자리를 아우인 광해군에게 빼앗겼으나 선조의 큰아들이다.

"왕자의 심기를 거느리면 저희들도 위태롭습니다."

종사관과 포교부장이 변양걸을 만류했다.

"허나 포천에서 사건을 본청에 이첩하면 우리가 수사하지 않을 수 없지 않겠는가?"

"잘못하면 우리가 목숨을 잃게 될 것입니다."

포교부장이 변양걸의 완고한 뒷모습을 보고 말했다. 변양걸은 예조좌랑을 지낸 변위의 아들로 선조 5년에 무과에 급제한 뒤, 벽동군수, 인산진첨절제사, 강계부사 등을 지냈다. 1583년 여진족이 두만강을 건너 경원부에 침입하자 길주목사 겸 조방장으로 출전하였으나, 변양걸이 부하들로부터 존경받는 것을 시기한 주장主將의 무고로 서변西邊에 유배되었다. 그러나 곧 방면되어 북변北邊의 여진족 침입을 방어한 공으로 순천부사가 되었고, 1591년에는 충청도수군절도사로 승진했다.

임진왜란이 일어나자 뱃길로 행재소에 군량을 조달하는 한편, 의병장 김천일과 협력하여 강화도를 방어하고, 조정의 명령이 충청도와 전라도에 전달되도록 했다. 이어 충청도병마절도사와 함경남도병마절도

86

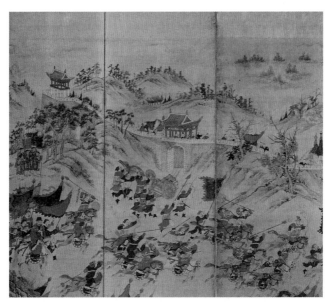

임진왜란 평양성 전투도. 7년 동안의 전란이 끝나자 변양걸은 포도대장에 제수되어 어지러운 한양의 치안을 바로잡았다.

사를 지냈다.

　7년 동안의 전란이 끝나자 경기우도방어사와 훈련대장이 된 변양걸은 한때 문신과 언관들의 탄핵을 받고 사직하기도 했다. 그러나 명나라 군사들 가운데 조선에 남아 있던 자들이 난을 일으키자 난을 진압하는 공을 세워 훈련대장에 복직되고, 이어 지중추부사, 지훈련원사가 되어 비변사의 군국軍國 업무를 관장했다. 한양의 치안이 혼란하자 변양걸은 포도대장에 제수되어 임진왜란 후의 치안을 바로잡아 명성을 떨친 강직하고 청렴한 무신이었다.

　'그러니까 이 사건은 임해군이 수하들을 시켜 유희서의 첩 애생을 빼앗고 이에 유희서가 반발하자 그를 살해한 것이로군.'

변양걸은 사건의 실체를 파악했다. 사건은 권력자들의 치정에 얽힌 살인사건이다. 그러나 임금의 아들이 관련되어 있다면 범인을 검거하는 것이 쉬운 일이 아니다.

임해군 이진은 광해군과 함께 공빈 김씨의 소생이다. 공빈은 김희철의 딸로 선조의 총애를 받았다. 숙의로 있다가 빈에 봉해졌다. 임해군은 허명의 딸을 부인으로 맞아들였으며 임진왜란 때는 일본군에게 포로가 되기도 했다. 어릴 때 고생을 많이 한 탓인지 울폭증이 있었다. 선조가 남달리 애정을 쏟았으나 학문을 하지 않고 부녀자를 겁탈하는 등 많은 비행을 저질러 장자이면서도 세자에 책봉되지 못하고 백성들의 원성을 사고 있었다.

'이 일을 어떻게 한다?'

변양걸은 임해군을 잡아들이는 문제로 잠을 이루지 못했다. 아무리 중죄를 지었다고 해도 임금의 아들을 잡아들일 수는 없다. 포도청에는 비상이 걸렸다. 포도부장과 포교들이 포졸들을 거느리고 도성을 돌아다니면서 삼엄하게 기찰을 하고 범인 추적에 나섰다. 그러나 사건 발생이 포천에서 이루어졌고 용의자가 임금의 아들이었기 때문에 섣불리 수사를 하지 못해 사건이 표류했다.

변양걸은 종사관과 포도청 군관들까지 위태로워진다는 포교부장의 말에 일단 관망하기로 했다.

## 범인 검거에 나선 피의자의 아들

유희서는 전 영의정 유전의 아들이고 자신도 조정에서 높은 벼슬을 지냈다. 그가 살해되자 조정은 뒤숭숭했다. 도성의 장사치들도 서넛만 모이면 그 일로 화제를 삼았다. 명문가인 유희서의 장례에는 많은 조정 대신들과 인근의 선비들이 문상객으로 찾아왔다.

"대체 어느 도적이 재상을 살해했는가?"

문상객들이 분노하여 말했다.

"경기 감영에서는 어찌 범인을 잡지 않는 것인가?"

문상객들은 판서에서 사헌부와 사간원 관리들까지 다양했다.

"왕자가 관련되어 있어 감영이 눈치를 보느라고 수사를 하지 못한다는 말이 사실인가?"

문상객들이 분개하여 주먹을 휘둘렀다. 유희서의 아들 유일은 아버지가 임해군의 가노들에게 살해당하자 분노했다. 그는 포도청이나 경기 감영에서 수사를 하지 않자 장례를 마치고 자신이 직접 수사에 나섰다. 그는 유희서의 첩 애생을 비밀리에 조사했다. 애생은 임해군의 사저인 사동궁에서 가까운 곳에 살고 있었다. 임해군이 변복을 하고 그 집에 드나드는 것이 보였다. 그는 애생이 임해군과 간음하고 있다는 사실을 알게 되었다.

"내 부친을 살해한 자가 누구요?"

유일은 애생을 만나 매섭게 추궁했다.

"그것은 말씀드릴 수 없습니다."

애생이 고개를 외로 꼬고 대답했다. 애생은 의주의 관비였으나 유희서가 면천을 시켜주고 첩으로 삼은 여인이었다. 그러나 평안도나 함경도의 관비는 양서의 법, 양금의 법이라고 하여 한양으로 데리고 오는 것이 금지되어 있었다.

"당신은 수년 동안 아버지를 모셨는데 살해한 사람을 말하지 않겠다는 것이오? 정으로나 의리로나 그럴 수가 있소?"

유일이 애생을 쏘아보았다. 애생은 임해군이 탐을 낼 정도로 미인이었다.

"범인을 말한다고 무슨 소용이 있겠습니까?"

"범인을 밝히지 못하면 아버지는 눈을 감지 못할 것입니다."

"범인을 알아도 소용이 없습니다."

"어찌 그렇소?"

"그 분은 하늘처럼 높기 때문입니다."

애생이 눈물을 흘리면서 대답했다.

"그렇다면 하인이라도 말해주시오."

"패두는 설수입니다."

"설수?"

"설수가 김덕윤, 춘세, 황복을 사주하여 포천으로 달려가서 특진관을 살해하고 저를 납치했습니다."

"설수는 어디에 있소?"

"광주廣州에 있습니다. 대신 제가 알려주었다고는 하지 마십시오. 그날 밤 설수를 보았다고 하세요."

애생이 꾀를 내어 유일에게 말했다. 유일은 즉시 경기도 광주로 달려가 설수 등을 고발했다. 광주목사는 유일의 고발을 받자 포졸들을 데리고 달려가 설수 등을 체포했다.

"네가 특진관을 살해했느냐?"

광주목사는 설수를 신문했다. 설수는 얼굴이 길쭉하고 눈이 뱀처럼 찢어진 사내였다.

"그런 일이 없습니다."

설수는 처음에 완강하게 부인했다.

"특진관의 아들이 너를 지목했다. 이실직고하라."

"궁가宮家(왕자가 사는 집)의 사람을 이렇게 함부로 다루어도 되는 것이오? 임해군께서 용서하지 않을 것이오."

설수는 임해군을 내세워 광주목사를 협박했다.

"닥쳐라! 저놈을 매우 쳐라."

광주목사의 영이 떨어지자 사령들이 설수를 형틀에 묶어놓고 사정없이 곤장을 때렸다. 설수는 곤장을 맞으면서 처절하게 비명을 질렀다.

"임해군의 지시를 받고서 유희서의 첩 애생을 빼앗으려고 살해했습니다."

설수가 피투성이가 되어 자복했다. 광주목사는 설수 등을 가혹하게 신문하여 유희서를 살해했다는 공초供招(조사보고서)를 받아냈다.

"설수와 김덕윤은 임해군의 가노들이다. 신하로서 어찌 왕자를 조사할 수 있겠는가?"

광주목사는 설수를 비롯한 살인범들을 포도청으로 이송했다.

변양걸은 살인범들이 포도청으로 끌려오자 바짝 긴장했다. 그는 형조에 유희서의 살인범들을 검거했다는 사실을 보고하고 죄인들에 대한 심문에 나섰다.

사건 조사보고서. 조선시대 충청도 연산군 김진사 댁과 윤씨 가문 간의 묘지쟁송사건 조사결과를 관찰사에게 보고한 서류.

포도청에서 포도대장이 임석하여 죄인을 심문할 때는 위의가 삼엄해진다. 처처에 각종 의장기가 세워지고 포도대장이 대청에 좌정하면 장외場外에 군사가 둘러서고, 정내庭內의 대하臺下에는 종사관이 준열하게 서고, 포도부장, 무료부장無料部將, 가설부장加設部將의 지휘부와 서원書員, 군관, 포졸이 삼엄하게 도열한다.

"네가 재상 유희서를 살해했느냐?"

변양걸은 종사관들과 포도부장들이 지켜보는 가운데 설수를 신문했다.

"그러하옵니다."

설수는 포도청의 삼엄한 위세에 눌린 탓인지 형추刑推(곤장을 때리는 신문)도 가하지 않았는데 낱낱이 자복했다.

"재상 유희서를 살해한 연유가 무엇이고, 참여한 자는 누구이며, 살해했을 때는 어떠했는지 상세하게 이실직고하라. 추호도 거짓이 있어서는 아니 될 것이다."

변양걸이 오른손에 검을 움켜쥐고 준열하게 영을 내렸다.

설수는 포도대장 변양걸의 위의에 놀라 임해군이 유희서의 첩 애생을 빼앗기 위해 자신에게 영을 내리고 자신은 임해군의 죄를 따랐을 뿐이니 죄가 없다고 자복했다.

'결국 임해군이 연루되었구나.'

변양걸은 바짝 긴장했다. 그러나 임해군을 함부로 끌어들일 수 없었다. 변양걸은 임해군의 종들만 잡아들여 신문했다. 임해군이 펄펄 뛰었으나 종들에 대한 신문이 계속되었다. 김덕윤과 황세, 춘복도 같은 내용으로 자복했다. 그들의 공초에서 박삼석과 김원산이라는 자가 나왔다. 변양걸은 박삼석과 김원산을 잡아들여 신문했다.

"너는 김덕윤에게서 무슨 물건을 받았느냐?"

박삼석은 임해군의 가노는 아니었으나 시정의 왈짜패였다.

"김덕윤이 술을 대접해주고 또 무명 한 꼬투리를 주었습니다."

박삼석이 벌벌 떨면서 대답했다.

"김덕윤이 너에게 삼승필단을 주었다는데 너는 어찌하여 숨기느냐?"

삼승필단은 무명 세 덩치를 말하는 것이다.

"그, 그런 일이 있었사옵니다."

"너는 포천에 갈 때 무슨 물건을 싣고 갔느냐?"

"모부(털 담요)를 실었고 또 다른 물건도 실었습니다."

"그 물건이 길었느냐, 짧았느냐?"

"길었습니다."

"그 물건이 무엇이더냐?"

"조총이었습니다."

"유희서를 죽인 자는 누구냐?"

"유희서가 사랑에서 잠자고 있자 설수가 칼로 찔렀습니다."

"어디를 찔렀느냐?"

"왼쪽 가슴입니다."

박삼석의 증언은 포천에서 올라온 검안 기록과도 일치했다.

"설수는 무얼 하는 자냐?"

"설수는 임해군의 가노이옵니다. 임해군께서 영을 내렸으니 어쩔 수 없이 재상 유희서를 죽여야 한다고 했습니다."

포도대장 변양걸은 박삼석의 입에서도 임해군의 이름이 나오자 경악했다. 변양걸은 김원산을 끌어내어 신문했다.

"저는 일개 도적입니다. 제가 무엇을 알겠습니까?"

김원산은 두려움에 떨면서 대답했다.

"특진관을 살해한 자가 누구냐?"

"무리가 30여 명이나 되었기 때문에 누가 살해했는지 모릅니다."

"너는 누구의 지시를 받고 그 무리에 가담했느냐?"

"김덕윤의 지시입니다."

"김덕윤은 누구에게 지시를 받았다고 하느냐?"

"설수의 지시를 받았다고 했습니다."

"설수는 누구의 지시를 받았느냐?"

"어찌 궁가를 발설할 수 있겠습니까? 그리하면 포도대장도 살아남기 어려울 것입니다."

"닥쳐라! 저놈에게 형신刑訊(죄인의 정강이를 때리며 죄를 심문하던 형벌)을 가하라."

김원산은 가혹한 고문을 받고 자신들을 사주한 자가 임해군이라고 자복했다. 변양걸은 애생을 잡아들여 신문했다.

"나는 억울합니다. 내가 무슨 죄가 있습니까?"

애생이 울면서 호소했다.

형신은 매를 때려서 자백을 받는 신문 방식이다. 김윤보의 〈형정도첩〉 중 일부.

"유희서를 살해한 자를 알고 있을 것이 아니냐?"

"설수와 김덕윤의 무리입니다."

"그들은 누구의 지시를 받았느냐?"

"그것은 모릅니다."

"사동궁에서 왔다는 말을 들은 일이 있느냐?"

"한 마디 들은 일이 있습니다."

"임해군을 만난 일이 있느냐?"

"없습니다."

"네가 사실대로 고하지 않으면 형신을 가하게 될 것이다."

변양걸이 날카롭게 추궁했으나 애생은 자복하지 않았다.

'애생이 자복하지 않더라도 정황 증거는 충분하다. 굳이 임해군을 공초에 기록하여 왕가에 망신을 줄 필요는 없다. 세상 사람들이 모두 알 것이다.'

변양걸은 애생에게 형신을 가하지 않고 조사를 중단한 뒤에 의정부에 보고했다. 하지만 이미 다른 죄인들의 조사에서 임해군이 거론되어 공초에 기록되었다. 의정부는 정승들이 정무를 보는 관청이다. 영의정에는 이덕형, 좌의정에는 이항복이 있었다. 유희서를 살해한 배후가 임해군이라는 공초가 나오자 의정부도 바짝 긴장했다.

"임해군이 유희서를 살해한 증거가 명백하니 처벌해야 하옵니다."

임해군을 문죄하라는 상소가 빗발치기 시작했다. 선조는 임해군을 탄핵하는 상소가 빗발치는데도 알았다는 비답만 내렸다. 이런 경우에는 왕자인 임해군을 잡아들여 국문을 하라는 영을 내려야 한다. 그러나 선조는 미동도 하지 않았다.

유성군 유희서가 포천에서 도적의 칼날에 죽었습니다. 대신이 이렇게 된 것은 전에 없던 일로 오로지 인심이 패악해졌기 때문이니, 매우 놀랍습니다. 도道의 감사에게 영을 내려 도적들을 잡아 그 죄를 바루게 하고, 포천은 서울에서 겨우 하룻길이므로 서울 사람이 왕래하며 살해하는 폐단이 없지 않으니, 포도대장으로 하여금 잡아들이게 하소서.

상소는 며칠 동안 쉬지 않고 올라왔다. 선조는 마침내 포도청에 임해군을 샅샅이 조사하라는 영을 내렸다. 그러나 조사를 해도 왕의 아들을 묶어서 형틀에 매달 수는 없었다. 임해군은 포도청으로 끌려오지도 않았고 조사를 받지도 않았다. 그 대신 임해군의 종들이 줄줄이 끌려와 포도청에서 조사를 받았다. 죄인들은 변양걸의 취조에 배후가 임해군이라고 한결같이 자복했다.

임해군은 포도청에 서찰을 보내 유일이 자신을 무고하고 있다고 반박했다. 때를 맞추어 애생이 간음을 하기 위해 유희서를 살해했다는 주장이 제기되었다. 김덕윤은 의금부로 끌려가 가혹한 고문을 당했다. 김덕윤은 애생과 모의하여 유희서를 살해했다는 허위 자백을 했다.

"애생과 모의하여 재상을 살해했다고?"

"예. 애생이 재상을 죽여 달라고 청했습니다."

김덕윤은 사건을 애생의 음모로 몰고 갔다.

"애생이 무엇 때문에 재상을 살해하느냐?"

의금부의 위관들이 물었다.

"내막은 알지 못하나 간부間夫가 있는 것 같았습니다."

김덕윤의 말에 위관들이 일제히 웅성거렸다. 김덕윤의 주장이 사실이라면 임해군은 무죄가 된다. 의금부는 애생을 잡아들여 국문했다.

"네가 재상을 살해한 음모를 꾸민 것이 사실이냐?"

위관들이 애생을 추궁했다.

"이는 나를 모함한 것입니다. 내가 어찌 지아비를 모살할 수 있겠습니까?"

애생은 가혹한 고문에도 부인했다. 모살은 음모를 꾸며 살해하는 것을 말한다.

"애생은 첩으로서 그 지아비를 모살하였으므로 강상에 관계되는 큰 옥사이니, 삼성 교좌三省交坐하여 추국하도록 하는 것이 어떻겠습니까?"

의금부에서 아뢰었다. 삼성 추국이란 의정부, 사헌부, 의금부의 관원들이 합의하여 삼강오륜을 범한 죄인을 국문하던 일을 말한다. 선조는 이를 허락했다. 애생은 삼성 추국을 당했으나 완강하게 부인하고 진실을 고할 뜻을 은근하게 내비쳤다. 이에 위관들이 당황하여 서둘러 조사를 마쳤다.

"애생의 원정元情에 '남에게 무함당하여 이렇게 되었다' 했고, 설사 애생이 실지로 범한 사실이 있더라도, 증좌證左가 갖추어지지 않았고 단서가 뚜렷하지 못하므로 먼저 스스로 승복할 리가 없을 듯합니다."

위관들이 애생의 조사를 마치고 선조에게 아뢰었다. 그때 포도청에 하옥되어 있던 유희서 살해범들인 설수, 김덕윤, 춘세, 황복이 차례로 죽었다. 포도청 감옥에 갇힌 죄수들이 어떻게 죽었는지는 기록에 남아 있지 않다. 그들이 칼에 의해 죽었는지 목이 졸려 죽었는지 알 수 없다. 포도청의 종사관들과 포교부장을 비롯하여 변양걸은 얼굴이 하얗게 변했다. 포도청에 갇힌 죄수들이 탈옥하는 일도 엄청난 사건인데 그 안에서 살해된 것이다.

"대체 어찌하여 이러한 일이 일어난 것인가?"

변양걸은 대노하여 종사관과 포교부장을 질책했다.

"옥을 관리하던 자들이 모두 달아났습니다."

종사관이 공포에 질려 말했다. 변양걸은 천길 벼랑으로 굴러 떨어지는 듯한 기분이었다.

'이는 도읍 한성의 치안을 맡고 있는 포도청을 가볍게 보고 있는 자들의 소행이다. 대체 도성의 치안을 맡고 있는 포도청을 가볍게 볼 수 있는 자가 누구인가. 그것은 왕자들밖에 없다.'

변양걸은 사건이 갈수록 꼬이고 있는 것을 느꼈다. 변양걸은 죄수들의 죽음을 보고하지 않을 수 없었다. 포도청의 보고는 형조를 통해 선조에게 전해진다.

"광주에 가둔 적인賊人 설수가 특진관 유희서를 살해한 적도인 듯합니다. 그가 끌어댄 김덕윤의 종 춘세의 공초에는 단서가 이미 나왔는데, 국문을 받기도 전에 그만 죽고 말았습니다. 그리고 형조에 갇혀 있던 적인 황복도 저번 설수의 공초에 나왔는데, 이 적도 역시 그 무리였기 때문에 천천히 힐문하려고 단지 한 차례만 형문하고 가두었으나, 전옥서가 또 죽었다고 통보해 왔습니다. 설수가 끌어댄 적이 연일 국문하기도 전에 죽고 있는데, 이는 옥졸이 적도와 내통하여 입을 막으려고 한 것이 분명하니, 몹시 통분합니다. 전옥서의 관원 역시 검칙檢飭(자세히 검사하여 잘못을 바로잡음)하지 않은 것은 더욱 놀라우니, 그날 상직上直한 관원을 각별히 추고하여 엄하게 다스려야 합니다."

형조는 포도청을 통해 설수가 공범으로 자복한 춘세와 황복이 감옥에서 살해되었다는 사실을 선조에게 보고하고 있다. 놀라운 일은 이것뿐이 아니라 나머지 다른 범인들도 차례로 살해되어 사헌부가 포도청과 전옥서의 관리들을 처벌할 것을 요구한다.

"상인喪人 유일이 사헌부에 정장呈狀(진정서)하여 아비 유희서가 적도에게 죽은 원통한 일을 호소하였습니다. 당초 광주서 잡은 큰 도적 설수의 공초에 그 죽인 까닭을 분명히 말하고 중외中外에서 끌어댄 자가 매우 많으므로 광주에서 포도청에 이문하였으니, 대장大將으로서는 뒤따라 잡아다 기필코 실정을 얻도록 했어야 하는데 계책을 세워 찾아 잡았다는 말을 듣지 못하였으니, 그것만도 이미 지극히 놀랍다 하겠습니다. 그러다가 근일에 이르러서야 적도의 우두머리인 김덕윤의 공초에 따라 개성부의 적도 3명을 경중京中으로 잡아왔는데, 바로 거두지 않고 4～5일 동안 그냥 놔둔 채 조사하지 않고는 본청本廳의 서리胥吏들이 간사한 짓을 하도록 맡겨 둠으로써 적도들의 정상을 알아내지 못하게 하였습니다. 국가에서 청을 설치하고 장수를 두어 도둑을 잡아 엄히 국문하게 하는 뜻이 과연 이러한 것이겠습니까. 좌우 대장을 모두 추고하여 엄중히 다스리고 종사관을 파직하도록 명하소서. 나라의 기강이 해이해져 사람들이 법을 두려워하지 않으므로 뇌물이 행해지고 서리들이 그 사이에서 술수를 부리는데, 심지어는 죄가 무거운 사람을 옥중에서 지레 죽게 하여 살인멸구하려는 생각까지 하는 것이 근래에 더욱 심하니, 참으로 한심스럽습니다."

사헌부는 증인들이 포도청에서 살해되었다고 명백하게 지적하고 있다. 변양걸은 증인들이 살해되자 뒤통수를 한 대 얻어맞은 듯한 충격을 받았다. 살인을 교사한 범인이 아무리 대범하다고 하더라도 포도청에 갇혀 있는 살인자들을 죽여서 입을 막으려고 한 것은 전례가 없는 일이다.

"유성군 유희서를 살해한 적도가 중형重刑을 받지 않았는데도 며칠도 못되어 연이어 죽었으니, 이것은 옥졸이 속인 때문이긴 하나 관원으로서도 책임이 없다 할 수 없습니다. 그러므로 그때에 관원을 죄주기를 청한 것이 한두 번이 아니었으니, 두렵게 생각하고 십분 경계하여 전과 같은 폐단이 없게 했어야 할 것입니다. 그런데 이른바 도둑의 우두머리인 김덕윤이 추국도 끝나기 전에 까닭 없이 또 옥중에서 죽음으로써 극악무도한 적도의 옥사로 하여금 장차 단서를 알아낼 수 없게 하였으니, 물정이 다들 통분해 합니다. 전옥서의 당해 관원은 먼저 파직한 뒤에 추고하도록 명하시고 이졸吏卒은 유사有司를 시켜 끝까지 물어 정상을 알아내게 하소서.”

선조는 사헌부의 보고를 받자 기다렸다는 듯이 포도청 종사관을 파직하라는 영을 내렸다. 변양걸을 곧바로 파직하지 않은 것은 수사가 진행 중에 있기 때문이다.

“참으로 항당한 일이네. 자네가 파직이 되었느니 내가 면목이 없네.”

변양걸은 파직을 당한 종사관을 위로했다.

“저는 괜찮습니다. 대장님께서도 위태로울 수 있습니다.”

종사관이 불안한 표정으로 말했다.

“내가?”

“임해군이 대궐에 들어가 임금에게 대장님을 모함했다는 소문이 나돌고 있습니다.”

“역모가 아니니 귀양밖에 더 가겠나?”

변양걸이 어두운 얼굴로 말했다.

“설수와 김덕윤 등이 유희서를 살해한 일에 관한 초사招辭(처음 조사내용)를 형조로 하여금 베껴 들이게 하라.”

선조는 임해군이 관련되었다고 하자 초사를 들이라고 명을 내렸다. 형조에서 설수와 김덕윤 등에 대하여 조사한 초사를 필사하여 선조에게 올렸다. 선조가 유희서 살인사건에 본격적으로 개입하기 시작한 것이다.

## 임해군의 반격과 만세의 간흉

애생은 삼성 추국을 당했으나 부인으로 일관했다. 삼성 추국은 부모를 살해하거나 남편을 살해하는 등의 삼강오륜을 위배한 죄를 조사한다. 그러나 애생은 죄가 없다. 임해군의 궁노 김덕윤과 짜고 지아비인 유희서를 살해했다는 것은 터무니없는 모략이었다. 위관들은 그 사실을 충분히 알고 있었다. 게다가 애생이 진실을 자백하려고 하자 서둘러 조사를 마쳤다.

"애생의 옥사에 대해 신들이 반복하여 상의하였는 바, 무릇 옥사를 다스리는 체모는 반드시 증거가 갖추어지고 단서가 드러나서 충분히 의심할 일이 없고서야 범인을 조사할 수 있는 것인데, 이번 옥사에는 증거가 없거니와 단서마저 없으니 이것으로 옥사를 만들 수는 없습니다. 신들의 뜻은 이미 죄다 아뢰었으므로 다시 의논할 것이 없습니다."

위관들은 애생이 무죄라고 보고했다.

"그렇다면 방송하라."

선조는 애생을 석방하라는 영을 내렸다. 임해군의 연루 여부는 애생만 조사하면 간단하게 알 일이었다. 애생이 납치된 뒤에 임해군을 만났는지, 임해군과 간음을 했는지 조사하면 드러나는 일이었다. 그러나 어떠한 조사관들도 그에 대해서 추궁을 하지 않고 서둘러 덮어버린 것이다.

포도청과 전옥서에 갇혀 있던 설수, 김덕윤, 춘세, 황복이 잇달아 죽으면서 사건은 미궁에 빠지게 되었다. 박삼석과 김원산 등은 임해군의 지시를 받았다고 자백한 것은 유희서의 아들 유일과 포도대장 변양걸

102

의 모함이라고 주장했다.

"너희들은 어찌 임해군의 지시를 받았다고 자복했느냐?"

의금부 위관들이 박삼석을 신문했다.

"포도대장이 고문을 했기 때문입니다."

박삼석의 진술 번복으로 유일과 변양걸이 오히려 피의자로 바뀌었다. 임해군이 마침내 반격을 시작한 것이다. 유희서를 살해할 때 가담했던 가노들이 포도청에서 살해되었기 때문에 증거가 없어진 상태에서 임해군의 반격이 시작되자 변양걸이 오히려 궁지에 몰리게 되었다.

"네가 임금의 아들로 백성들의 모범을 보여야 할 것인데 어찌 이와 같은 추태를 보인다는 말이냐?"

선조가 임해군을 대궐로 불러 추궁했다.

"아바마마, 소자는 억울합니다. 소자는 아버님의 가르침에 따라 성인을 본받으려고 노력하고 있습니다. 매사를 조심하고 삼가고 있는데 어찌 그와 같이 흉참한 일을 저지르겠습니까? 이는 유희서의 아들 유일이 소자를 모함한 것입니다."

임해군은 선조 앞에서 무릎을 꿇고 울면서 호소했다. 선조는 아들이 우는 것을 보자 측은해졌다.

"포청에서 너의 가노들이 자백했는데 어찌 억울하다는 것이냐?"

"저의 가노들은 아무 죄도 없는데 포도청에서 잡아다가 형장을 가하니 거짓으로 자백을 한 것입니다. 가혹하게 매를 때리는데 어떤 자가 자복을 하지 않을 수 있겠습니까? 포도대장 변양걸을 추문해보면 알 수 있는 일입니다. 죄인을 조사하는 일은 포도대장이 하는 일인데 유일은 일개 학생의 신분이면서 포도청을 드나들면서 조사를 했습니다.

그러니 유일이 무고한 일이 아니고 무엇이겠습니까?"

"네 정녕 이 사건과는 무관하다는 말이냐?"

"그러하옵니다. 소자는 맹세코 그러한 일을 저지르지 않았사옵니다."

임해군의 주장에 선조는 승정원에 영을 내려 포도대장 변양걸을 패초牌招(명패를 보내 조사하는 것)하라는 지시를 내렸다. 범인을 수사하던 포도대장 변양걸은 어이없게도 승정원으로부터 조사를 받게 되었다.

"설수 등 죄인들을 포도청에서 고문하였소?"

승정원에서 승지들이 변양걸을 신문했다.

"고문하지 않았소. 그들이 스스로 자백했소."

변양걸은 조용히 대답했다.

"유일이 포도청의 신문에 참여했소?"

"참여하지 않았소."

"왕자께서는 유일이 포도청의 신문에 참여했다고 했소."

"그는 포도청에 들어온 일도 없소."

"유일이 임해군을 모함한 것이라고 진술하시오."

승지의 말에 변양걸의 얼굴이 딱딱하게 굳어졌다.

"그는 피해자요. 피해자를 어찌 가해자라고 진술하라는 것이오? 나는 그렇게 할 수 없소."

변양걸은 분개하여 눈을 부릅떴다.

"그렇다면 포도대장이 임해군을 모함한 것이오?"

"포도청에서 죄인들을 조사한 기록이 남아 있소. 이번 사건은 임해군이 지시한 것이고 하수인들은 설수, 김덕윤 등이오."

"말을 삼가시오. 어찌 임금의 아들을 끌어들이는 것이오."

"나는 목에 칼이 들어와도 진실을 말할 것이오."

변양걸은 단호하게 말했다. 승정원은 변양걸에게 몇 마디 질문도 하지 않고 임해군의 무죄 쪽으로 가닥을 잡아갔다. 변양걸은 승정원으로부터 유일의 사주를 받고 임해군을 범인으로 몰아가고 있다는 비난을 받아야 했다. 승정원의 비난은 임금의 비난이나 다를 바 없다. 변양걸은 살인사건 수사가 자신의 목숨을 위태롭게 할지도 모른다고 생각했다. 그러나 사헌부와 사간원을 비롯한 많은 간관들이 주시하고 있었기 때문에 변양걸은 일단 포도청으로 돌아왔다.

유희서의 아들 유일도 무고자가 되어 조사를 받게 되었다. 유일로서는 너무나 억울한 일이었다.

"유일은 국가가 포도대장을 두고 모든 도둑을 추국하는 일에 일체 참여할 수 없는데 그 아비가 도둑에게 죽어서 매우 원통하다 하더라도 추국하는 일은 본시 대장이 있으므로 자신이 감히 그 추문에 참여할 수가 없다. 그런데도 감히 정내(庭內)에 함께 들어가 망측한 말을 꾸며서 일개 도둑에게 지시하여 기필코 임금의 큰아들을 제거하고 아비의 애첩을 죽이려 하였다. 그 흉모와 비밀스러운 계교는 하루아침에 갑자기 이루어진 것이 아닌 것으로 지극히 참혹하고도 교묘하여 사람으로 하여금 뼈가 저리고 기가 막히게 하니 천고에 없던 변고이다. 유일을 엄히 국문하여서 죄를 정하여 만세의 간흉들을 경계시키라."

선조의 지시는 소름이 끼칠 정도로 무섭고 삼엄했다. 살해당한 재상 유희서의 아들 유일이 오히려 의금부에 끌려가 혹독한 조사를 받는 일이 발생했다.

"네가 감히 왕가를 모함했느냐?"

의금부의 위관들이 유일을 신문했다.

"당치 않습니다. 제가 어찌 왕가를 모함하겠습니까?"

유일은 펄쩍 뛰었다.

"애생이 김덕윤과 짜고 네 아비를 모살했기 때문에 그 죄를 임해군에게 덮어씌운 것이 아니냐?"

"아닙니다. 김덕윤 등이 포도청에서 자백했습니다."

"그들은 형장을 맞아 거짓으로 자복한 것이라고 말했다."

"아닙니다. 임해군이 궁노들을 사주하여 아버님을 살해한 것입니다. 아버님을 살해한 자는 불구대천의 원수입니다."

"닥쳐라. 네가 감히 임금의 큰아들을 제거하고 아비의 애첩을 죽이려고 하느냐? 저놈에게 형장을 가하라."

의금부 위관들은 유일을 가혹하게 고문했다.

"실토하라."

"나는 죄가 없습니다."

"실토하지 않으면 살아서 나가지 못한다."

유일은 가혹한 고문으로 살점이 너덜너덜해지고 뼈가 앙상하게 드러났으나 이를 악물고 버티었다. 의금부는 선조의 의중을 헤아리고 있었다. 유희서를 살해한 사람들이 임해군의 궁노들이라는 사실을 알고 있었으나 유일에게 무시무시한 형신刑訊을 가했다. 유일은 처절한 고문에 못 이겨 결국 아버지의 첩 애생과 임해군을 모함했다는 거짓 자백을 하기에 이르렀다. 피해자의 가족이 권력에 의해 가해자로 둔갑되는 기이한 일이 발생한 것이다.

## 착하지 않으면 모든 악명이 그리로 모인다

권력은 강하다. 권력자의 밑에 있는 자들은 강한 권력을 믿고 위세를 부린다. 선조가 임해군을 비호하는 움직임을 보이자 대신들이 알아서 사건을 조작했다. 임해군은 이러한 대신들 때문에 거칠 것이 없었다. 그는 도성에서 민간인들에게 행패를 부린 것뿐만 아니라 전국 곳곳에서 재물을 약탈했다.

임해군과 정원군이 일으키는 폐단도 한이 없어 남의 농토를 빼앗고 남의 노비를 빼앗았다. 이에 가난한 선비와 궁한 백성들이 모두 자기의 토지를 잃었으되 감히 항의 한번 못하여 중외가 시끄러웠으니, 인심의 원망과 이반됨이 어떠하겠으며, 나라의 명맥이 손상됨이 어떠하겠는가.

실록의 기록이다. 임해군의 사동궁에는 항상 약탈한 재물이 밀려 들어왔다. 임해군이 워낙 두려웠기 때문에 그를 사칭하는 자들도 나타났다.

사람이 불선不善하면 모든 악명惡名이 그리로 모이는 법이다. 임해군의 패망이 극도에 달하였으니 무뢰배들이 사칭하는 것은 참으로 당연하다. 이때 그를 책망하여 그 스스로 반성하여 두려워하는 바가 있게 해야 하는데, 이렇게 하지는 않고 단지 사칭하는 무리만을 징계하여 다스리려고 하였으니, 왕자가 교만 횡포하고 소민小民이 원망하여 배반하는 것은 이상하게 여길 것도 없다.

자식은 부모를 본받고 종들은 주인의 행실을 따라한다. 임해군의 궁노들은 김덕윤의 죽음을 유일의 탓으로 돌렸다.

"감히 왕가에 저항하니 용서할 수 없다."

임해군의 궁노들은 김덕윤의 시체를 둘러매고 유일의 집으로 몰려갔다. 그 집에는 유희서의 어머니이자 전 영의정 유전의 부인 김씨가 살고 있었다. 유일의 집은 발칵 뒤집혔다. 그녀는 이미 노파가 되어 있었다. 그들은 닥치는 대로 유일의 집을 때려 부수고 욕설을 퍼붓는 등 부녀자들에게 행패를 부렸다.

"너희들 때문에 우리 동료가 죽었다."

임해군의 궁노들은 눈에 핏발을 세우고 사람들을 마구 때렸다. 남자들이 몽둥이에 맞아 나뒹굴고 여자들이 울부짖었다.

"너희들이 사람 잡아 먹는 악귀냐? 그렇다면 이 시체도 먹어라."

임해군의 궁노들은 더욱 사납게 날뛰었다.

"무엇들을 하는 것이냐?"

그때 유전의 부인 김씨가 나왔다.

"이 할망구는 뭐야?"

"나는 전 영의정의 부인이다."

"이 노파를 끌어내라."

궁노들이 유전의 부인을 발로 차고 머리를 잡아당겨 밖으로 끌고 나왔다. 유씨 가의 아녀자들이 통곡하고 울었다. 그러나 궁노들은 더욱 사납게 행패를 부려 이웃사람들이 몰려왔다. 때마침 포도대장 변양걸도 군사들을 끌고 왔다. 임해군의 궁노들은 변양걸이 나타나자 깜짝 놀라 김덕윤의 시체마저 버려두고 달아났다.

'참으로 법을 모르는 자들이다. 임금은 저들을 어찌 처벌할 것인가?'

변양걸은 김씨 부인의 산발한 모습을 보고 비통했다. 이웃사람들이 모두 몰려나와 웅성거리면서 혀를 차고 있었다. 그러나 그는 선조로부터 미움을 받아 근신을 하고 있는 중이었다.

"부인께서 정장呈狀을 올리십시오."

변양걸은 김씨 부인에게 계책을 일러주고 포도청으로 돌아왔다. 김씨 부인은 피눈물을 흘리면서 정장을 써서 승정원에 올렸다.

"아들 유희서가 살해된 뒤로 이제 한 해가 지났으나 해당 관청의 관원이 법을 집행하지 못하여 죄인을 일찍 잡지 못하게 만들었으므로 밤낮으로 원통하여 울고 있는데, 이달 13일에 임해군 방의 종이라고 칭하는 자 30여 명과 여인 3명이 도둑 김덕윤의 시신을 메고 집안으로 돌입하여 죽은 아들의 궤연几筵(혼백이나 신위를 모신 자리)에 버려두고 말하기를 '유희서의 어미, 아내, 자녀들은 이 시신을 함께 먹으라'고 하므로, 여자들이 황급하여 어쩔 줄 몰라 하며 며느리, 손녀와 함께 통곡하면서 밖으로 나왔습니다. 그러자 여자인 나의 머리채를 잡아끌고 밀고 차고 때리고 욕하였으며 며느리 등도 때릴 즈음에 마침 이웃사람들이 구제해주어 다행히 다치고 죽는 것을 면하였습니다. 또 14일 밤에 궁시弓矢와 환도環刀를 가진 자 40여 명이 포위하여 시신을 빼앗고는 '감히 나오는 자가 있으면 반드시 죽일 것이다'라고 말하며 갖가지로 공갈하므로 더욱 마음이 아팠습니다. 스스로 궁노라고 칭한 정달마, 정업, 벌여 등은 우선 잡아다가 엄히 추문하여 법에 따라 치죄하고, 전후에 데리고 온 세력에 의지하여 난을 일으킨 자들도 모두 낱낱이 조사한 다음 죄를 주어 나라의 기강을 중하게 하고 지극히 분통한 것을 풀어 주시옵소서."

유희서의 모친이자 전 영의정 유전의 부인 김씨가 승정원에 올린 비통한 정장이다. 재상 급의 부인들이 승정원에 올리는 정장은 반드시 임금에게 보고하게 되어 있어서 승정원이 이를 선조에게 올리면서 조정이 다시 발칵 뒤집혔다.

'이것들이 왜 내 아들을 이렇게 못살게 구는 것인가?'

선조는 김씨 부인의 정장을 읽었으나 이렇다 할 답변을 주지 않았다. 그는 유전의 부인이 귀찮은 존재에 지나지 않았다. 그러나 조정 대신들은 달랐다. 그들은 임해군이 유희서를 죽인 것도 모자라 모친까지 능욕하자 분개했다.

"전 영의정 유전은 이미 작고하였더라도 한 원로대신이고 김씨는 존귀한 명부命婦인데, 한낮에 도성 안에서 시신을 메어다가 집안에 던지고 머리를 잡아끌며 명부를 때리고 욕하였으니, 이것은 참으로 근래에 없던 변고입니다. 무릇 보고 듣는 자들이 모두 통탄하는데도 이것을 다스리지 않는다면 법이 있다는 것을 어떻게 믿겠으며 죄인을 어떻게 징계할 수 있겠습니까. 해당 관청을 시켜 죄를 범한 자들을 모조리 잡아들여 조사하여 법에 따라 죄를 정하소서."

사헌부가 임해군의 궁노들을 잡아들일 것을 청했으니 선조는 비답을 내리지 않았다. 선조가 지시를 내리지 않자 조정은 의론이 분분했다. 이덕형, 이항복 등이 임해군 가노들이 도를 넘었다고 맹렬하게 비난했다. 그러나 누구도 선조 앞에 나가서 임해군을 비난할 수 없었다. 임해군이 권력을 빌미로 전 영의정의 부인까지 발로 차고 때리는 패악무도한 짓을 저질렀는데도 선조는 이를 처벌하지 않고 있었다.

## 나에게도 손자가 중요하다

대신들은 한숨을 내쉬고 눈치만 보았다. 그러나 사건은 여기서 끝나지 않았다. 유일에게 임해군을 모함했다는 죄목으로 사형이 선고되었던 것이다. 선조는 비망기備忘記(임금의 명령을 적어서 승지에게 전하는 문서)에서 전례 없이 포도청의 조사가 잘못되었다고 말하면서 조목조목 이를 비판한다.

"박삼석의 공초에 '내가 유희서를 죽인 뒤 김덕윤의 집으로 돌아가니 김덕윤이 삼승필단三升正緞을 내어주었다는 말은 사실대로 말한 것이 아니다. 포도청에서 공초할 때 변양걸이 '너는 김덕윤에게서 무슨 물건을 받았는가?' 하였는데, 나는 별로 받은 물건이 없는데도 형장刑杖을 견딜 수가 없어서 거짓으로 승복하기를 '김덕윤이 술을 대접해주고 또 무명 한 꼬투리를 주었다'라고 하였더니, 변양걸이 '김덕윤이 너에게 삼승필단을 주었다는데 너는 어찌하여 숨기는가?' 하고, 이어 난장亂杖을 치므로 내가 또 그의 말대로 공초하였다. 김덕윤이 포천에 간 사연도 나는 알지 못하는데 포도청에서 추문할 때 변양걸이 '무슨 물건을 싣고 갔는가?' 하기에, 내가 거짓으로 '모부毛浮를 실었고 또 다른 물건도 실었다' 하니, 변양걸이 '그 물건이 길던가, 짧던가?' 하기에, 내가 또 거짓으로 답하기를 '길었다' 하니, 변양걸이 '길면 반드시 조총일 것이다' 하였다. 이 몇 가지에 의거하면 그가 조작하여 시킨 정상이 분명하여 의심의 여지가 없고, 그 밖의 도둑의 공초도 그렇게 하도록 시킨 것임을 유추할 수 있다. 김덕윤이 삼승필단을 주었다는 말을 누구에게서 들었는지, 그 사람의 성명을 낱낱이 사실대로 공초하도록 하라."

선조는 어떻게 하여 이와 같은 비망기를 내렸는가. 유희서를 살해한 박삼석은 처음에 포도청에서 조사를 받고 임해군이 연루되었다는 것이 밝혀지자 의금부로 이송되었는데 의금부에서 진술을 바꾸어 반옥을 꾸민 것이다. 반옥은 옥사를 뒤집는 것이다.

"포도청에서 무릇 죄수를 조사하기 위하여 대장이 좌기坐起했을 때에는 장외牆外(담 밖)에 군사가 에워 서고 정내庭內에는 군관이 에워 서서 내외의 방금防禁을 지극히 엄중하게 합니다. 그리고 크고 작은 도둑의 원고元告를 한 곳에서 추열하는 경우 이미 격례格例가 있으므로 박삼석을 추열할 때에도 구규舊規에 따라 충분히 엄밀하게 공초를 받았습니다. 원고 유일이 정하庭下에 있기는 하였으나 엄위嚴威 아래여서 조금도 끼어들 수 없었는데, 이는 여러 사람들이 본 바입니다. 유일이 포도대장과 같이 앉아 지휘하여 추문하였다는 말은 전혀 그럴 수가 없습니다."

변양걸은 승정원을 통해 자신의 조사가 옳다고 주장했다. 살인사건 수사를 하는 포도대장이 왕자를 모함했다는 누명을 쓰게 되었으니 얼마나 억울한가. 변양걸은 임금에게도 굴하지 않고 자신의 조사가 엄정하게 이루어졌으므로 임해군이 무고를 하고 있다고 주장했다. 승정원이 변양걸의 조사 결과를 보고하자 선조는 6일 동안 묵묵부답이다가 선조 37년 2월 2일에 승정원에 영을 내린다.

"포도대장 변양걸은 자신이 대장으로서 도둑을 추국할 즈음에 엄근嚴謹하게 하지 않고 감히 유일을 같은 뜰 안에 함께 들어오게 하여 모든 도둑의 공초에 관계되는 일을 유일이 일일이 지시하게 하였다는 말이 도둑 박삼석의 공초에 드러났고, 불측한 말을 날조하여 왕자를 모해한 정상도 분명히 드러나 의심할 여지가 없으니, 나래拿來(죄 지은 사람을 잡아옴)하여 엄하게 국문하여 죄를 정하라."

변양걸을 잡아들여 국문한 뒤에 형벌을 내리라는 어명이다. 의금부는 포도대장 변양걸을 잡아다가 국문하기 시작했다.

변양걸은 임금의 아들을 조사하다가 오히려 포도대장 직에서 파면 당하고 의금부의 조사를 받게 되었다.

"유일은 임금의 큰아들을 모함했으니 사형에 처하라."

선조가 유일에게 사형선고를 내렸다.

"임금께서 아들이 소중하듯이 신에게도 손자가 소중합니다."

전 영의정 유전의 부인 김씨는 아들이 죽은 것도 억울한데 손자까지 사형을 당할 처지에 이르자 손수 승정원까지 찾아가 손자가 억울하다고 다시 정장을 올렸다.

"유일의 죄는 용서할 수 없는 것이므로 본시 철저하게 조사하여 의리에 맞는 형벌을 내려서 간사한 사람을 징계하려 하였으나, 지금 전 영의정의 부인이 정소呈訴한 것을 보니 내 마음이 측은하다. 죽은 재상을 생각하여 특별히 유일의 사형을 용서하니, 가형하지 말고 감사減死로 조율하라."

선조는 유일에게 사형을 선고했으나 죽이는 것을 면하라는 영을 내렸다. 유일에게는 장 1백 대와 유배 3천 리, 변양걸에게는 장 90대에 도이년 반徒二年半을 선고했다. 유일에게 사약을 내리라는 영을 철회하고 포도대장 변양걸에게는 곤장 90대를 친 뒤에 유배를 보내라는 영을 내린 것이다. 도徒는 유배를 간 곳에서 중노동을 하는 형벌이다.

'원통한 일이다. 임해군이 아무리 왕자이기로서니 어찌 살인 죄인을 방면하고 피해자의 손자에게 사약을 내린다는 말인가?'

변양걸은 범인을 수사하다가 곤장을 맞고 유배를 가게 되자 비통했다. 포도청은 권력형 사건에 휘말려 초상집이 되었다. 포도청의 종사관들과 포도부장들도 가혹한 추고를 당한 뒤에 줄줄이 파직을 당했다.

## 변양걸은 죄인이 아니다

변양걸은 선조 37년 2월 2일부터 조사를 받기 시작하여 2월 14일 유일과 함께 귀양을 갔다. 그것으로 유희서 살인사건은 일단 마무리되는 듯했다. 그러나 불과 두 달도 채 되지 않은 3월 27일 선조가 가뭄 때문에 구언求言(나라에 어려운 일이 있을 때 임금이 신하의 바른 말을 구하는 것)을 청하자 영의정 이덕형이 나섰다. 구언을 할 때는 어떤 말을 해도 처벌을 받지 않는다.

"유희서는 신의 외가 형제입니다. 그 아들이 아비의 원수를 갚으려 하다가 끝내는 죄망罪網에 빠졌으니 이에 대해서는 신이 감히 말할 수 없습니다. 그러나 대장 변양걸은 도적 잡는 책임을 맡고서 도리어 장杖을 맞고 유배되었으니 억울합니다. 도적을 잡은 것이 무슨 죄가 되겠습니까? 변양걸을 사면하여 주십시오."

영의정 이덕형은 사건 피해자인 유희서가 외종 형제였기 때문에 수사를 할 때는 말을 하지 않다가 선조가 구언을 하자 가슴속에 있는 말을 털어놓으면서 당시의 병폐를 조목조목 지적했다. 임해군이 교만하여 방자하게 행동을 한 사실과 유일의 집에 옥사를 번복한 원통한 일이 나라에 천변天變(가뭄)을 불러들이고 국맥을 손상시켰다는 이덕형의 말은 선조를 맹렬하게 비난한 것이다.

선조는 몸을 부들부들 떨면서 눈빛이 사나워졌다. 좌의정 윤승훈, 우의정 유영경은 선조의 눈에서 파랗게 불꽃이 일어나자 재빨리 머리를 조아렸다. 좌의정에서 물러나 있던 오성 부원군 이항복도 원임대신 자격으로 구언에 참여하고 있다가 얼굴이 하얗게 변했다. 영의정 이덕형의 도도한 구언은 계속되었다.

"신은 죽을 각오를 하고 아룁니다. 대신은 영합迎合하느라 감히 말하지 못하고 대간은 논박해야 할 책임이 있는데도 구차하게 용납하면서 감히 진실을 아뢰지 못했습니다."

선조는 부들부들 떨기만 할 뿐 이덕형에게 호통을 치지 못했다. 이덕형은 대신들과 대간들까지 맹렬하게 비난했다. 그는 작심을 하고 바른 말을 올린 것이다. 대간들은 사헌부와 사간원의 관리들을 일컫는 것으로 바르지 못한 일에 직언을 올릴 책임이 있었다.

장내는 팽팽한 긴장감이 감돌았다. 좌의정과 우의정을 비롯하여 시 원임대신들은 입도 벙긋하지 못하고 있었다. 선조는 자신이 구언을 했기 때문에 신하들이 무슨 말을 해도 이를 탓할 수 없었다. 선조는 구언을 파하고 황황히 침전으로 돌아갔다. 그러나 사건이 그것으로 마무리되지는 않았다.

이덕형은 영의정으로 조야의 신임을 받고 있었다. 그 이덕형이 대신들과 대간들을 싸잡아 비난했기 때문에 대간들에게 불똥이 튀었다. 이덕형의 구언이 나오자 먼저 대간으로서 입을 다문 죄가 있다고 대사간 허성, 사간 홍식이 자신들을 파척해달라고 청했다.

"신들이 삼가 듣건대, 영의정 이덕형의 서계書啓 중에 변양걸의 일로

현저하게 대간들을 배척하는 말이 있었다고 합니다. 신들이 그 곡절을 목도目睹하지는 못했지만, 그때에 말을 하지 않은 잘못은 실로 신들에게 있으니, 뻔뻔스럽게 그대로 있을 수 없습니다. 신들의 직을 파척하소서."

사헌부와 사간원의 대간들도 일제히 자신들을 교체시켜 달라고 청했다. 사건은 당시에 진실을 말하지 않은 대간들에게까지 연루된 것이다.

선조는 대노하여 이덕형을 맹렬하게 질책했다.

"영상이 '변양걸은 포적捕賊한 것 때문에 죄를 입었다'고 했는데, 이는 임해군을 도적으로 삼은 것이다. 또 '어찌 모해한 것이겠는가' 하였는데, 변양걸이 임해군을 모해하지 않았다면 상이라도 주어야 옳단 말인가? '포적捕賊'의 적賊 자는 도적질한 사람을 가리키는 것이다. 가령 길 가는 사람을 잡아다가 도적질한 사람이라고 하더라도 또한 도적을 잘 잡았다고 하여 상을 주어야 할 것인가?"

선조는 비망기를 내려 대신들에게 격렬하게 불만을 털어놓았다. 비망기를 면밀하게 살펴보면 이덕형은 변양걸이 범인을 잡은 탓에 죄를 입었다고 했고, 선조가 이를 맹렬하게 비난하고 있다는 것을 알 수 있다. 길가는 사람을 때려잡은 것에 비유하여 포도대장을 지지하는 이덕형을 비판하고 있는 것이다.

"임해군이 와서 내 앞에 엎드려 목을 놓아 통곡하면서 극력 자기 변명을 하기에, 내가 웃으면서 이르기를 '실로 너에게 책임이 있는데 어찌 남을 탓하는가. 하늘을 원망할 것도 없고 남을 허물할 것도 없다. 그저 순리대로 받아들일 뿐이다. 그러나 위에 구만리 창천이 가까이 있으니, 필시 옥사가 이루어질 리는 없을 것이다. 설령 불행하게 되더라

116

도 사람이란 한번은 죽지 않을 수 없는 법이니, 자신을 반성해볼 때 네가 옳다면 어느 경우인들 호연浩然하지 않겠는가. 나는 임해군을 이렇게 위로하여 돌려보냈다. 죄인들을 추국할 때에 나는 일찍이 한 마디도 옳으니 그르니 하는 말을 하지 못하였고, 그 옥사를 보고할 때에도 '그대들이 의논하여 처리하라'고 유시하였다. 이는 대개 그 속에 끼어들어 간섭하고 싶지 않았기 때문이었다. 나의 병이 여러 달이 지나도록 낫지 않다가 이제 와서는 정신이 없고 숨이 곧 넘어갈 듯하여 귀신과 이웃이 된 격이라 하겠는데, 이 역시 이 옥사가 빌미가 되지 않았다고 할 수 없을 것이다. 그러던 중에 영의정의 부인이 글을 올려 호소한 것을 보고서야 비로소 아들이 흉하게 죽었다는 것과 뒤를 이을 손자 하나도 없다는 것을 알았다. 이에 내가 측은하게 여겨 스스로 생각하기를 '남은 비록 나를 저버리더라도 나는 남을 저버려서는 안 된다. 유 정승은 충성스럽고 근실하여 기세를 부린 형태가 하나도 없었고 항상 충성을 바치고 절의를 다했다. 그래서 내가 평소에 박하게 대우하지 않았는데, 어찌 유명을 달리했다고 하여 차이를 두겠는가. 가령 죽은 사람에게 혼령이 있다면 유柳가 반드시 날마다 나의 앞에 엎드려 머리를 조아리며 생명을 구걸할 것인데 내가 차마 거절할 수 있겠는가. 그의 마음을 벌주고 그의 몸을 귀양 보내는 정도로 처리하면 그만이지, 어찌 꼭 끝까지 국문하여 뜻을 통쾌하게 하겠는가' 하고, 마침내 차율次律을 적용하여 그의 옥사를 결단했던 것이다. 그런데 유일을 이미 결옥決獄한 이상, 그의 앞잡이였던 변양걸만 그대로 석방할 수는 없었으므로 동시에 조율하여 결단했던 것이다. 내 생각에는 '대신이 필시 변양걸도 죽일 것을 청하여 임해군의 지극히 원통한 일을 풀어주고 조정의 치욕을 씻을 것이다' 하였는데, 도리어 이런 말을 했으니, 또한 이상한 일이 아닌가. 이는 모두가 나 같은 사람이 이 자리를 차지하고 있기 때문에 빚어진 결과이다. 대간이 무슨 죄가 있겠는가."

선조는 자신처럼 무능한 사람이 왕의 자리에 있기 때문에 대신이 변양걸을 두둔한다고 몰아세웠다. 이덕형은 경악하여 사죄하고 사직서를 올렸다. 임금이 자신을 무능하다고 자책하는 상황에서 신하인 이덕형이 사죄하지 않을 수 없었다.

《조선왕조실록》을 기록하는 사관이 선조를 맹렬하게 비판했다.

사신은 논한다. 옛적부터 충성스러운 말을 하고 직언을 하는 선비는 대부분 거슬림을 받았지만 오늘날처럼 심한 경우는 없었다. 이덕형이 천재로 인하여 구언하는 분부에 따라 진정으로 속에 있는 말을 털어놓으면서 당시의 병폐를 조목조목 비판했다. 왕자가 교만하여 방자하게 행동을 한 정상과 유일의 집에 옥사를 번복한 원통함은 천변을 불러들이고 국맥을 손상시키기에 충분한 것으로서 시변時變 중에도 가장 큰 것이었다. 그런데도 대신은 영합하느라 감히 말하지 못하고 대간은 구차하게 용납하면서 감히 말하지 못했다. 그러나 이덕형은 수상首相의 신분으로서 국가의 두터운 은덕을 받고 있는데, 차마 일신의 계책만을 위하느라 또한 감히 말하지 않을 수 있었겠는가. 이덕형은 평소부터 이 일을 논하려고 하였다. 그러나 유희서가 바로 그의 외족外族이었기 때문에 피혐避嫌하고 말하지 않다가, 그 옥사가 끝난 뒤에야 비로소 변양걸의 일을 극력 논하였다. 이야말로 광구匡救(잘못된 것을 바로잡아 구원함)하는 대신의 체통을 지킨 것으로서 충성심이 격발된 바이니, 어찌 그만둘

118

수 있는 일이었겠는가. 가령 성상께서 흉금을 열어놓고 가상하게 받아들여 한번 우악優渥하게 용납하는 분부를 내리시기라도 했다면 천심을 돌리고 여정輿情을 크게 통쾌하게 하여 국가의 형세를 반석 위에 올려놓게 되었을 것이다. 그런데 오직 이 말을 배척할 뿐만 아니라 견척하기까지 하면서 종이에 가득히 반대하는 말이 낭자하였다. 그 중에서도 임해군 추존推尊 운운의 말은, 읽는 사람으로 하여금 자신도 모르게 몸이 떨리게 하였고 또한 '임해군이 와서 부복俯伏하기에 위유慰諭하여 보냈다'는 대목은 자애하는 은덕으로 보면 지극하다 하겠지만 아들을 올바르게 가르치는 방도는 아니라고 하겠다. 이런데도 과연 임금의 말이라 할 수 있겠는가. 어떻게 귀족들의 방자함을 단속하고 이미 흩어진 인심을 수습할 수 있겠는가. 곧게 간한 것 때문에 충성을 다한 대신을 배척하고 자애 때문에 조종들이 부여한 책임을 망각하였는가 하면, 언로를 막고 구차하게 침묵을 지키는 것을 장려함으로써 사론을 위축되게 하고 국세가 날로 깎이게 하였으니, 신은 오늘날 국가가 필경 어떻게 될지 알지 못하겠다. 그러므로 신은 연초의 흰 무지개白虹가 큰 재변이 아니라, 오늘의 비망기가 곧 나라를 망칠 분명한 증거라고 여겨지는 것이다.

사관의 지적은 무섭기까지 하다. 조선시대 최대의 권력형 스캔들이었던 유희서 살인사건은 교사를 한 임해군은 아무 벌도 받지 않은 채 피해자인 유일이 귀양 가고, 최고 수사관인 포도대장 변양걸이 파직당하여 유배를 가면서 막을 내린다.

포도대장으로 임진왜란 후의 치안을 안정시켰던 변양걸은 귀양을 갔으나 몇 년 후에 다시 복귀되어 수원유수 등을 지냈다.

영의정 이덕형이 이 일로 사직하자 선조는 이항복을 영의정에 임명했다가 계속 사직을 청하자 다시 윤승훈을 영의정으로, 유영경을 좌의정으로, 기자헌을 우의정에 임명했다.

선조는 아들 임해군을 용서하고 엉뚱한 사람들을 귀양 보냈으나 임해군에게 하늘이 벌을 내린다. 변양걸은 얼마 후에 사면되어 복직되고 임해군은 광해군이 즉위하자 역모에 연루되어 귀양을 갔다가 사약을 먹고 죽게 되는 것이다. 이는 하늘이 천벌을 내린 것이라고 할 수 있다.

# 4장

계축옥사의 중심에 선 포도대장

# 한희걸

"포도대장 한희길이 공을 믿고 자기 뜻대로 행하면서
역당을 잡는다는 명분으로 민간에 해를 끼쳤는데
자기가 풀어주고 자기가 구속하면서 문을 열어놓고
뇌물을 받아들여 마침내 큰 부자가 되었다."

조선시대에는 어떤 종류의 범죄가 있었을까? 사람이 사는 곳에서는 으레 살인이 일어난다. 조선시대 살인사건에는 모살謀殺, 고살故殺, 희살戱殺, 오살誤殺 등이 있다. 모살은 처음부터 계획을 짜서 살인을 한 것이고, 고살은 고의로 살인을 한 것이고, 희살은 장난을 치다가 살인을 한 것이다. 오살은 살인할 의도는 없었으나 실수로 살인을 한 것이다. 조선의 법은 모살과 고살은 엄중하게 처벌하여 사형에 처했으나 희살과 오살은 차율次律(한 단계 낮은 법률)을 적용하여 사형을 면해주는 일이 종종 있었다. 모살과 고살은 사면령이 내릴 때도 제외된다.

"무릇 살인을 처음 도모한 자는 참형에 처하며 수종자로서 하수에 가담한 자는 교형에 처하며, 살인에 가담하지 아니한 자는 장 1백에 유 3천 리에 처하되 피해자가 치사해야 적용한다. 피해자가 죽지 않았을 때는 계획한 자는 교형에 처하고 가담한 자는 장 1백에 유 3천 리에 처한다."

《대명률大明律》제19권 '모살' 조의 조항이다. 장 1백 유 3천 리는 곤장을 1백 대를 때리고 3천 리 밖으로 유배를 보낸다는 뜻이다.

모살: 1779년 황해도 해주에 사는 이의번은 김만상이 홀아비로 사는 것을 미끼로 중매를 핑계 대고 돈을 가져가고는 산골짜기로 유인하여 때려죽이고 몰래 매장했다.

고살: 1775년 3월 서울 서부에 사는 이장환이 그의 화처花妻 개덕이 남섭과 사통私通했다고 의심하여 남섭을 칼로 찔렀는데, 남섭이 그 자리에서 죽었다.

희살: 1779년 전라도 전주에 사는 김용채는 이신방과 묵은 혐의가 없는데, 장난삼아 그의 임신한 아내를 발로 차서 6일 만에 죽게 하였다.

오살: 1776년 서울 중부에 사는 노奴 금이가 임상휘에게 술을 내라고 강요했으나, 임상휘가 주지 않자 금이가 성이 나서 발로 찼는데, 임상휘가 그날로 죽었다.

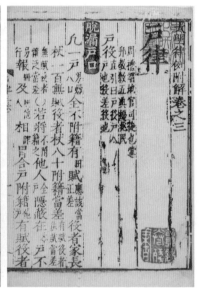

《대명률》은 조선시대 현행법과 보통법으로 적용된 중국 명나라의 형률서이다.

강간: 1776년 함경도 북청에 사는 이찬장이 김 여인金女人을 강간하려 했으나, 따르지 않자 칼로 찔러 그 자리에서 죽게 하였다.

치정: 1776년 함경도 경성에 사는 전극엽은 자기가 간통한 유원진의 여비 채봉을 첨사僉使 장택하에게 빼앗기게 되자, 병부兵符를 훔쳐다 불 사르고 첨사를 축출하려고 모의하였다. 일이 발각되어 전극엽과 채봉이 모두 승복하였다.

간음 의심: 1777년 경상도 의령에 사는 관노 업이의 화처花妻 정심이 김담불과 한담을 하자, 업이는 그들이 사통한다고 의심하고 김담불을 칼로 찔러 그날 밤 죽게 하였다.

조선에서 흔하게 일어났던 살인사건을 《심리록審理錄》에서 발췌한 것 이다. 《심리록》은 조선 후기 정조 연간에 일어난 각종 범죄인에 대한 판례집이다. 이 기록을 통해 볼 때 조선에서 많이 일어난 사건이 간음 과 강간이거나 이를 의심하여 살해한 사건임을 알 수 있다.

## 조선의 범죄

조선시대에는 이 이외에도 사기, 소매치기, 사채, 문서 위조, 절도사 건이 많았다. 심지어 결혼을 빙자한 사기사건도 있어서 웃음이 나오게 한다.

성균 사예司藝 정종본이 죽은 상호군 권계의 첩인 기생 자천래의 딸을 첩으로 삼으려 하여, 권계의 아우인 대호군 권소에게 중매 들기를 청하고, 또 자천래가 늙은 것을 싫어하여 허락하지 않을까 하여, 과거에 소윤을 지낸 정사우라고 사칭하여, 나이를 줄이고 이름을 변경해가며 사기로 유인하여 장가를 들었으니, 그 마음이 간사하며 거짓됩니다. 권소와 정종본이 공모하고 사기로 유인하여 중매를 들어서 시집가게 하였으니, 법에 의하면 모두 장 80에 해당됩니다.

세종 8년 사헌부에서 올린 보고다. 세종은 이들에 대한 처벌을 2등을 감하라는 영을 내렸다. 형률이 장 80이라 1등을 감하게 되면 장 60, 2등을 감하면 장 40에 해당된다. 한편, 조선시대 최고의 사기꾼은 박막동이라고 할 수 있다.

사노私奴 박막동, 악공 최대평, 백성 김유 등이 당을 조직한 뒤에 납철鑞鐵로 조각[片]을 만들어 가지고 일부러 길 가운데 버려 길가는 사람에게 이것을 줍도록 하고는 뒤따라가서 말하기를,

"값비싼 은 조각을 우연히 길 가운데서 잃었는데, 만약 이것을 주운 사람이 있으면 적당한 값으로 계산해주겠다."

하고, 주운 사람이 내어 보이면 반가운 척하면서 말하기를,

"이것이 바로 내가 잃은 것이다. 그러나 보답할 물건이 없다."

하며, 당황하면서 답답해하는 표정을 지으면 그 무리들 중 한 사람이 곁에서 길가는 사람처럼 하면서 말하기를,

"당신의 중한 보물은 이미 길에서 잃어버려 당신의 소유가 아니며, 벌써 다른 사람이 이를 얻었으니, 당신의 보물은 아니고 곧 다른 사람의

보물인 것이다. 비록 반값을 받고라도 이를 주는 것이 옳다."

라고 한다. 주운 사람은 이 말을 믿고 가졌던 의복과 잡물을 다 주고 이를 교환하게 되는데, 이런 일을 여러 번 했던 것이다.

박막동 일당은 납을 은이라고 사기를 치는 방법으로 어수룩한 시골 사람들을 속여 그 죄로 체포되었다. 이러한 사기를 되풀이하자 마침내 발각되어 두목인 박막동에게는 곤장 1백에 몸은 수군에 충원하고, 가산은 관청에서 몰수하고 종범인 최대평과 김유는 곤장을 치게 하되, 차등이 있게 하였다.

순조 15년 7월 4일에는 어영청에서 죄인 모영하 등 4인을 효시梟示할 것을 아뢰었는데, 이들은 충주의 세곡 5천 석을 물에 불려 모리牟利를 취하여 사형에 처해졌다. 모리는 이익을 탐내어 속이는 일이다. 모리배는 이와 같은 사기꾼들을 일컫는다.

어떤 장사꾼 하나가 있었는데, 그는 저울대를 뚫고 그 빈 곳에 둥근 납덩이를 넣되 그 납덩이는 매끄러워 굴러도 소리가 나지 않게 하였다. 자기 물건을 팔 때는 그 납을 몰래 굴려서 저울대의 머리 쪽에 오게 해 무겁게 하여 무게를 속이고, 자기가 남의 물건을 살 경우에는 그 반대로 하여 싼 값을 주었다. 늙을 때까지 배불리 지냈으나 다른 사람들은 이런 속임수를 알지 못하였다. 그가 병들어 죽을 즈음에 그의 아들을 불러 경계하기를,

"내가 치부할 수 있었던 것은 연환鉛丸 든 저울대를 잘 조정했기 때문이었다. 그러나 지나치게 이익을 취하지 않고 알맞게 하였으므로 이득

을 취한 것이 들통나지 않고, 속임수가 발각되지 않았다. 그러니 너는 나를 계승하되 실패하지 않도록 조심하라."

하였다. 그러나 그 후 그의 아들은 남의 물건을 두 배나 속여 취했으므로 부정한 방법으로 물건을 취득했다는 죄를 받아 죽었다.

이덕무의 《청장관전서靑莊館全書》에 있는 이야기다. 포도청은 이러한 사건들을 수사하고 범인을 검거하는데 사회적으로 문제가 되는 것은 욕망에 의한 살인, 남녀상열지사와 관련된 사건이었다. 그러나 살인과 절도, 강도, 강간 등은 개인적인 사건이다. 고위 관리들이나 권력자들이 범죄를 저지르면서 권력형 사건이 되고 비리와 부패, 심지어 역모와 연루된다. 포도대장들도 막강한 권력을 갖고 있기 때문에 종종 권력사건에 말려들었다.


권력에 매달린 포도대장


권력은 화무십일홍花無十日紅이다. 열흘 붉은 꽃이 없다는 말처럼 영원한 권력은 없다. 포도대장은 무신들 중에 왕의 측근이나 권력집단의 측근이 임명된다. 남인이 정권을 잡으면 남인, 서인이 정권을 잡으면 서인, 북인이 정권을 잡으면 북인 출신의 무신이 임명된다. 그러나 권력자의 자리는 항상 시기와 모함이 따른다. 또한 권력의 유혹이 따른다.

무신 한희길(?~1623)은 선조 때에 벼슬길에 나가기 시작하여 선조 20년에 곽산군수를 지내고 이어 온성부사, 창성부사 등 주로 변방의 수령직을 떠돌았다. 광해군 즉위년에는 경상병사로 있다가 사헌부의 탄핵을 받았다.

"병사 한희길은 글도 못 알아보는 데다 성품마저 둔하고 겁이 많아서, 중임에는 결코 하루도 그대로 두기 어렵습니다. 체차를 명하고 그 대임은 문관으로서 지략이 있고 백성을 잘 다스리는 자로 각별히 선택하여 보내소서."

사헌부는 경상 좌병사 유형과 우병사 한희길을 터무니없는 말로 탄핵했다. 한희길은 탄핵을 받아 벼슬에서 물러났다. 사헌부와 사간원들은 무신들을 경멸하여 걸핏하면 이들을 탄핵했다. 한희길은 다시 간성 군수로 임명되었다.

"간성군수 한희길은 사람됨이 분수를 알지 못하고 오로지 착취만을 일삼아 백성들이 견뎌내지 못하게 함으로써 영동의 그런대로 살 만하던 읍을 점차 형편없이 만들어가고 있습니다."

사헌부가 다시 한희길을 탄핵하자 파직되었다. 한희길로서는 지독하게 운이 없었다고 할 수 있다. 그러나 경상병사로 있었던 일이 그에게는 행운이 되었다. 대북大北의 요람이라고 할 수 있는 경상도에서 병사를 지내면서 그는 정인홍, 이이첨 등과 인맥을 만들 수 있었다. 정인홍은 임진왜란이 일어났을 때는 의병장으로 활약했으나 광해군이 즉위한 뒤에는 대북의 정신적 지주가 되었다. 그는 일곱 날개를 꺾어 버려야 한다고 주장할 정도로 강경하고 꼬장꼬장한 노인이었다. 일곱 날개는 선조가 죽기 전 영창대군을 부탁했던 일곱 대신을 일컫는 것이었다.

한희길은 이들의 천거로 권력의 핵심이라고 할 수 있는 좌포도대장에 임명될 수 있었다.

"임진년에 서쪽으로 피난을 갔을 때 허흔은 평안도사로 있으면서 호종하였으며, 한희길은 그 당시에 희천군수로 있으면서 본군에 머물렀던 왕녀 아기阿只와 두세 명의 궁인을 마음을 다해 보살폈다. 한 자급씩 가자하라."

광해군은 한희길을 좌포도대장에 임명하기 전 비밀 계사를 내려 자급을 올려주었다. 한희길에게 한 자급을 올려준 것은 내 사람을 만들기 위한 포석이었다. 임진왜란 때 왕녀 아기와 궁녀들을 보호했다는 명분으로 한 자급을 올려준 것인데, 비밀 계사를 내린 데서도 알 수 있듯이 궁색하기만 하다. 어쨌거나 한희길은 이이첨을 비롯하여 광해군과 손을 잡으면서 중앙무대에 진출하여 좌포도대장이 된 것이다.

한희길이 포도대장에 임명된 지 불과 몇 달 되지 않았을 때 칠서의 옥七庶之獄으로 불리는 사건이 터졌다. 칠서는 일곱 서자를 가리키는 것으로 전 영의정 박순의 서자 박응서, 전 경기감사 심전의 서자 심우영, 목사를 지낸 서익의 서자 서양갑, 평난공신 박충갑의 서자 박치의, 박유량의 서자 박치인, 북병사를 지낸 이제신의 서자 이경준 등 쟁쟁한 서인 대신들의 서자 일곱 명이었다.

일곱 서자는 허균, 이사호, 김경손 등과 교우관계를 맺고 스스로 죽림칠현, 또는 강변칠우라고 자처하면서 유유자적했다. 이들은 광해군이 즉위하자 정사호를 통해 서얼의 차별을 없애달라는 상소를 올렸다.

"근래 선비의 습속이 아름답지 못하고 스승의 도가 밝지 못하니, 은둔하여 수신하며 독서하는 자를 널리 찾아 발탁하여 등용하고 서얼 중에서 학문에 해박한 사람도 번갈아 임명해야 할 것입니다."

광해군은 서얼 문제에 대해서 이조에 넘겼다. 그러나 이조는 서얼의 등용을 허락하지 않았다.

"세상은 서자를 용납하지 않는다."

박응서 등은 서얼 철폐가 이루어지지 않자 조정에 불만을 품게 되었다. 그들은 여주 강가에서 당을 조직하여 윤리가 필요 없는 집이라는 뜻의 '무륜당'을 지었다. 이들은 무륜당을 소굴로 시를 짓거나 술을 마시고, 돈이 떨어지면 소금장수, 나무꾼 등으로 변장하고 전국으로 돌아다니면서 강도짓을 자행했다. 그러다가 박응서가 문경 새재에서 허홍인 등과 상인들을 죽이고 은을 약탈했다. 그러나 이때 살해당한 상인의 종이 뒤를 미행하여 소굴을 알아내어 포도청에 고발하여 체포된 것이다.

박응서가 포도청에 검거되자 사대부들은 그의 범죄 사실을 믿으려고 하지 않았다.

"이 사람들은 모두 명가의 자제들인 만큼 이런 일을 할 리가 없다."

사대부들 중에는 그들을 구원하려는 사람도 있었다. 한희길도 주저하며 결단을 내리지 못하고 있었다. 그러나 남이공과 박이서 등이 살해당한 은상銀商의 집안과 친하게 지냈기 때문에 옥사를 일으키라고 강력하게 권했다.

이이첨은 대북大北의 영수로 정인홍과 함께 광해군 시대의 정국을 이끈 인물이었다. 그는 칠서의 옥사 사건이 터지자 그 사건을 이용할 계책을 세웠다. 이이첨은 연산군 때 무오사화(1498)를 일으켰던 좌찬성 이극돈의 5대손으로 선조 15년에 사마시에 급제하고 이듬해에 별시문과에 급제하여 전적이 되었다. 10년 후 문과 중시에 장원하고 선조 말년에 세자인 광해군과 영창대군을 둘러싸고 후사 문제가 일어나자 광해군을 지지하다가 선조의 미움을 받아 갑산으로 유배되었다. 그러나 선조가 죽고 광해군이 즉위하자 예조판서에 임명되었다. 그는 정인홍의 수제자를 자처하고 남명 조식曺植의 학통을 이어받았다고 주장했다.

이이첨은 대북과 광해군의 권력을 강화하기 위해 영창대군을 지지하는 소북을 몰아내고 영창대군마저 제거하기 위해 절치부심하고 있었다. 이때 문경 새재에서 은 도적 사건이 터지자 이를 영창대군을 제거할 절호의 기회라고 생각했다.

"그대가 큰 도적을 잡았다고 들었는데 그 실상이 어떻소?"

박응서 강도사건을 보고받은 이이첨이 한희길에게 달려와 물었다.

"은상을 턴 강도사건입니다. 그런데 대신들의 서자가 많습니다."

한희길이 박응서에게 공초 받은 사실을 모조리 이이첨에게 알려주었다.

"박응서를 회유하시오."

이이첨이 한희길에게 영을 내렸다.

"박응서를 회유하라니요?"

"박응서는 강변칠우가 아니오? 이는 역적을 토벌할 수 있는 절호의 기회요."

이이첨이 음침하게 웃었다.

"박응서는 은 도적입니다. 역적이라니 그게 무슨 말씀입니까?"

"어허 이렇게 답답한 인사가 있나?"

이이첨은 혀를 차고 문생門生 김개를 불러 한희길과 비밀리에 의논했다. 이이첨이 영창대군과 인목대비의 친정아버지 김제남을 연루시키는 큰 틀을 짜고 김개가 세부 계획을 세웠다.

'무서운 일이다. 어찌 거짓 역모를 만들어낸다는 말인가?'

한희길은 몸을 부르르 떨었다. 그러나 임금의 뜻이다. 임금의 뜻인데 누가 거역할 수 있겠는가. 임금의 뜻을 따르면 출세가 보장된다. 걸핏하면 탄핵을 하는 사헌부도 두려워할 필요가 없다. 기왕에 임금을 따르려면 적극적으로 따라야 공을 세우는 것이다. 한희길은 자신의 출세를 위해 음모에 가담하기로 했다.

"지난달에 문경 새재 길목에서 도적이 행상인을 죽이고 은자 수백 냥을 탈취한 사건이 일어났습니다. 그런데 그 적당 대부분은 도망갔고 도적 허홍인의 노비 덕남 등을 체포했는데, 형장을 한번 가하기도 전에 낱낱이 자복하였습니다. 같은 패거리 몇 명이 외방에 있기도 하고 도망치기도 하여, 현재 계책을 써서 끝까지 체포하려고 하는 중인데, 먼저 은냥을 찾아내어 본 주인에게 돌려주고 이미 자복한 적괴는 형조에 이송해야 하겠기에 감히 아룁니다."

한희길은 일단 광해군에게 박응서 사건을 보고했다.

"포도청은 병조와 형조의 당상관과 회동하여 엄히 신문해 사실을 알아내고 같은 패거리 역시 하나하나 상세히 조사해낸 뒤 아뢰어라."

광해군이 영을 내렸다. 포도청에서 죄인을 검거하여 진술을 받으면 곧바로 형조로 이송하여 재판을 받게 하는 것이 관례였다. 그런데 광해군은 병조와 형조의 당상관과 함께 철저하게 조사하라는 영을 내렸다.

김개는 격문을 지어 박응서를 설득했다. 박응서는 포도청에 체포되어 칠서를 자복한 사실을 부끄러워하고 있었다. 그들이 줄줄이 체포되어 들어오자 얼굴을 들지 못했다. 이때 포도대장 한희길이 김개와 함께 그를 설득했다.

"네가 역모를 고변해야 살 수 있다."

"내가 무슨 역모를 꾸몄다는 말이오?"

박응서는 어리둥절했다.

"임금의 뜻이다. 임금은 서인들을 제거하려고 한다. 너의 도움이 필요하다."

"그럼 나를 살려줄 것이오?"

"당연히 살려줄 것이다."

박응서는 한희길과 김개에게 설득되었다. 그는 옥중에서 역모를 고발하는 상소를 올렸다.

"우리들은 천한 도적들이 아닙니다. 은화銀貨를 모아 무사들과 결탁한 다음 반역하려고 했습니다."

박응서가 역모를 고발하자 조정은 발칵 뒤집혔다. 국청이 설치되고 칠서에 대해 가혹한 추국이 시작되었다.


도적이 역적으로 바뀐 것은 이이첨의 작품이다.


추국이 시작되면서 한희길은 눈부신 활약을 펼쳤다. 포도대장은 추국을 할 때 당연직으로 참여한다. 죄인들을 추국하면서 새로운 죄수가 진술에서 나오면 즉각 달려가 체포해 왔다. 그는 칠서의 역모사건에 자신의 일생을 걸었다. 칠서와 관련된 자들을 잡아들여 가혹하게 고문했다. 칠서가 역모를 일으켰다는 사건이 터지면서 조정 대신들은 바짝 긴장했다. 역모사건이 터지면 피바람이 분다.

역모사건이 발생하자 공을 세우려는 자들이 다투어 나타났다. 김개는 스스로 일등공신이라고 떠벌리고 다녔다.

서양갑의 옥사(칠서의 옥)에 있어 내가 가장 공로가 많으니 그 첫 번째 공은 이이첨도 나에게 양보해야 할 것이다.

김개는 항상 이렇게 말했다. 이이첨도 이를 인정했다. 정인홍, 이이첨, 김개 등은 자신들이 마치 거대한 역모를 적발한 것처럼 떠들었다. 역모를 조작하고도 이러한 말을 하고 다니는 것은 그들이 얼마나 파렴치한 인물들인지 알 수 있는 대목이다. 그들은 오로지 권력에만 혈안이 되어 있었다.

응서가 도적질한 것을 자복한 것은 나의 조력이 있었기 때문이다. 그런데 도적에서 역적으로 변모된 것은 바로 이이첨의 작품이다.

정인홍의 상차上箚(임금에게 올리는 간단한 상소문)에 있는 내용이다. 정인홍조차도 자신의 공로라고 내세우고 있다. 한희길은 무관 출신이라 역모를 조작하지도 못했다. 그는 이이첨 등의 하수인으로 맹활약했다. 역모사건이 터지면 임금이 친국을 한다. 한희길은 광해군을 호위하면서 그의 의중에 따라 움직였다. 이덕형, 이항복, 이원익 같은 인물들이 있었으나 역모로 고변되었기 때문에 손을 쓸 수 없었다.

광해군은 박응서를 친국하기 시작했다. 김개의 공작으로 박응서는 격문까지 준비하고 있었다. 박응서의 격문은 흥의군興義軍의 이름으로 되어 있었다.

"흥의군의 이름으로 지었다는 격문의 내용은 무엇인가?"

광해군이 박응서에게 물었다. 친국은 일반적으로 대궐의 정전 앞에서 열린다. 숙장문 앞에 형틀이 설치되고 금군이 삼엄하게 도열했다. 깃발이 처처에 꽂혀 바람에 펄럭이고 육조판서를 비롯하여 의정부 당상관들이 도열했다. 그 가운데에 임금이 당위에 앉고 의금부도사와 포도대장이 당하에서 문사낭청問事郎廳(죄인을 신문할 때 조서를 작성하고 낭독하던 일을 맡던 임시 벼슬)과 함께 신문을 한다.

"차마 듣지 못할 말이 있으므로 감히 계달하지 못하겠습니다."

박응서가 대답했다. 광해군은 문사낭청에게 지시하여 붓을 가지고 뜰로 내려가서 직접 그에게 물어 써서 올리도록 했다. 문사낭청이 격문의 내용을 물어서 종이에 써서 바쳤다. 격문 내용은 광해군의 죄를 몇 조목으로 나누어 나열하고 있었다.

"이런 기록을 남길 수는 없습니다."

위관들이 격문 내용을 지울 것을 청했다. 광해군은 격문 내용을 지우라는 영을 내렸다.

"이들은 예전에 볼 수 없었던 흉악한 적들입니다. 그런데 심우영이야 말로 그들의 괴수라 할 것인데, 이 역적의 괴수를 놔두고 다음 사람들을 신문한다는 것은 옥사를 다스리는 도리가 못 됩니다. 박응서와 심우영을 대질 신문케 한 뒤에 자세히 조사한 뒤에 실정을 알아내도록 하소서."

이덕형이 아뢰었다. 이덕형은 박응서의 역모 고변이 의심스러웠다.

"대질 신문을 한 뒤에야 실정을 알 수 있는 것은 아니다. 곧바로 국문하도록 하라."

광해군이 영을 내렸다. 심우영이 국청으로 끌려와 조사를 받았다. 그러나 심우영은 역모를 꾸민 일이 전혀 없다고 주장했다. 심우영에게 곤장 20대를 때리고 신문했으나 마찬가지였다.

"주리를 틀면 자백을 할 것입니다."

한희길이 광해군에게 고했다. 한희길은 어떻게 하던지 광해군에게 잘 보여야 했다. 평범한 살인사건을 역모사건으로 바꾸려고 하니 가혹한 고문을 해서 자백을 받아야 했다.

"대질 신문을 해야 합니다."

이덕형이 다시 주장했다. 광해군은 심우영이 형신刑訊을 한 차례 받고도 자복하지 않자 마지못해 박응서와 심우영을 대질 신문토록 했다. 그러나 두 사람의 주장이 전혀 달랐다.

"무신년에 심우영 등 3인이 명나라 사신을 쏘아 죽여 변란을 일으킬 계기를 삼으려고 했습니다. 결탁한 사람들의 숫자가 적기 때문에 그 사람들의 수를 늘린 다음에 계책을 이루려고 했습니다. 그대도 알고 있지 않은가?"

박응서가 말했다.

"거짓말이다. 무신년 여름 중국 사신이 왔을 때 나는 은진 고을의 훈도訓導로서 사령 차사원이 되어 열 읍을 두루 돌아다녔는데, 이 사실에 대해서는 여러 수령들이 모두 증거해줄 것이고 문안을 통해서도 상고할 수 있을 것이다. 그리고 서양갑 역시 그때 회덕의 대촌大村에 있었는데 이를 증거해줄 사람들이 필시 많을 것이다. 결탁한 사람들이 적어서 미처 거사를 하지 못했다고 했는데, 그렇다면 세 사람만으로 어떻게 난을 일으킬 수 있단 말인가. 이것은 맞지 않는 말입니다."

심우영이 반박했다.

"심우영과 허홍인 등이 각각 강원도의 험한 산골에 거하면서 여러 고을을 합쳐 정족(鼎足)의 형세를 이룬 뒤 무사들을 불러들여 난을 일으키려 하였습니다."

박응서가 다시 말했다.

"강원도는 백성들이 우둔할 뿐더러 식량도 부족하기 때문에 예로부터 난적이 있지 않았으니, 인심이 야박하여 늘 역적을 걱정하게 되는 호남이나 해서 지방과는 같지 않습니다. 그래서 근일 호남 지방에 거하는 것을 경계로 삼고 있는데, 지금 '역적질하기 위하여 강원도로 갔다'고 하다니 이것은 망령된 말입니다."

심우영이 반박했다.

"이의숭의 집에 들어가 강도질할 때와 영남을 왕래하며 은상을 엿봐 강도 살인했을 당시 우영이 본래 몸이 약한데다 병까지 있었기 때문에 같이 가지 못했습니다."

"신은 체격이나 근력이 그들보다 낫습니다. 그런데 어떻게 이런 큰일을 함께 하면서 뒤에 처질 리가 있겠습니까. 그리고 신은 지난해에 조그마한 병에 걸린 적이 한 번도 없었으니, 이것 또한 말이 되지 않는 것입니다."

"우영과 깊은 관계를 맺은 뒤에 비로소 역모에 관한 일을 들었습니다. 역모에 대한 말을 꺼낸 것이 5, 6년 전의 일입니다."

"선왕께서 승하하시고 나서 2, 3년이 지난 뒤에 처음으로 응서와 한

두 차례 만났으니, 이른바 깊은 관계를 맺고 나서 말을 꺼냈다는 것 또한 말이 되지 않습니다."

심우영이 반박했다. 박응서의 주장은 아귀가 맞지 않았다. 추관들은 박응서의 고변이 거짓이라는 것을 눈치 챘다. 그러나 광해군과 이이첨이 역모로 몰아가고 있었다. 심우영을 비롯한 역모 혐의자들이 자백을 하지 않자 가혹한 고문이 잇따랐다. 서양갑과 심우영은 주리를 트는 낙형을 당했다. 뼈가 부서지고 살이 타들어갔으나 그들은 역모가 거짓 고변이라고 주장했다. 역모를 조작하자 엉뚱한 일도 터졌다. 박응서는 김건, 신윤선, 김자점, 신경식, 기수격, 권순성, 성익진 등 7인을 친한 벗이라고 말하고 아직 역모에 대해서 알려 주지 않았다고 말했다. 그들은 현직 조정 대신들과 대북파와 가까운 인물들이었다.

"박응서가 끌어들인 기수격은 바로 신의 자식입니다. 신은 나가서 대죄待罪하겠습니다."

추국을 하던 기자헌이 깜짝 놀라서 말했다.

"잘 알았다. 경은 안심하고 국문에 참여토록 하라."

광해군은 당황하여 기자헌을 안심시켰다. 기수격은 광해군의 처남인 유희분 매부의 사위고, 권순성은 광해군의 총애를 받고 있는 상궁 김개시의 친척이었다. 광해군은 그들을 모두 용서해주었다.

## 피를 부르는 옥사

존재하지 않았던 역모사건이었다. 역모를 하지 않았는데 역모를 했다고 자백을 받으려니 가혹한 고문이 이어졌다. 관련자는 수백 명에 이르렀다.

"포도대장은 공초에 이름이 나온 자들을 잡아들이라."

한희길은 죄수들의 공초에 이름이 거론된 자들을 닥치는 대로 잡아들였다.

"역모의 괴수가 누구냐?"

한희길은 죄인들을 가혹하게 다루었다. 그들의 가혹한 고문으로 영창대군과 인목대비의 친정아버지 김제남이 공초에서 나왔다.

'영창대군을 죽이려고 하는구나.'

한희길은 역모의 방향이 어디로 가고 있는지 비로소 눈치 챘다.

"김제남이 역적의 공초에서 나왔습니다."

위관들이 김제남을 속히 잡아들이도록 청했다.

"윤허하지 않는다."

광해군은 허락하지 않는 시늉을 했다. 그러나 영창대군을 끌어들이려는 국문은 계속되었다.

김제남의 일에 대해서는 의논하여 처리토록 하겠다.

영창에 관한 일은 윤허하지 않는다.

이이첨의 사주를 받은 대신들이 김제남과 그의 아들 김내의 관작을 삭탈하고 서양갑의 공초에 나온 사람들을 아울러 잡아들일 것을 청했다.

"김제남을 국문하라."

경기도 남양주시 진건읍 송능리에 있는 광해군의 묘. ⓒ 최낙기

광해군이 마침내 못이기는 체하고 영을 내렸다. 포도대장들은 권력자의 하수인으로 전락했다. 한희길은 광해군이 영을 내리자 김제남의 집으로 달려가 노비를 모조리 체포하고 대대적으로 수색했다. 김제남은 인목대비의 친정아버지였다. 한희길은 그의 집에서 재산을 적몰하여 자신의 집으로 가져갔다. 김제남의 친척들과 종들을 모조리 잡아들였다. 죄수들을 너무나 많이 잡아들여 의금부 옥사에는 모두 수용할 수가 없어 전옥典獄에 옮겨 가두었으나 감방마다 죄수로 넘쳤다. 죄인들이 겨우 앉을 수만 있고 누울 수는 없는 상태에서 지레 죽어 나가는 자도 발생했다.

"박응서가 살인한 대적大賊으로서 죽을죄를 모면해 보려고 감히 역모했다는 설을 끄집어내어 사람들을 불측한 지경에 빠뜨린 것입니다. 원하건대 모두에게 공초를 받아보도록 하소서. 그러고도 의심할 만한 단서가 있게 된다면 그 뒤에는 달가운 마음으로 형을 받겠습니다."

심우영은 역모를 부인했다.

"신이 일찍이 이경준을 알고 있는 인연으로 박응서를 만났는데 그가 명현의 아들이었기 때문에 대여섯 차례 왕래하며 서로 만나 보았습니다. 그것이 지난해 여름 무렵의 일이었는데, 어찌 그 사이에 역모를 꾀한 일이 있을 수 있겠습니까."

박종인도 역모를 부인했다.

"신의 이름은 비芘가 아니고 바로 비秘입니다. 무뢰배와 서로 알고 지냈다고 한다면 그 죄는 달게 받겠습니다. 그러나 역모에 참여하여 알고 있었다고 한다면 그것은 실로 사리에 맞지 않는 일입니다."

판서 김수의 손자인 김비도 부인했다. 박치인, 서양갑, 김경손도 역모를 부인했다. 죄수들이 역모를 부인하자 곤장, 주리, 낙형이 차례로 가해졌다. 친국은 가혹하게 이루어졌다. 서양갑과 심우영을 압슬했으나 승복하지 않았다. 이경준과 김경손 등에게 압슬을 가했으나 그들도 한결같이 승복하지 않았다. 죄수들에게 압슬형을 가했다는 것은 고문이 얼마나 심했는지 여실히 보여주는 대목이다. 형장은 피가 낭자하고 비명이 그치지 않았다.

광해군은 심우영의 아들 심섭도 잡아들여 신문했다. 심섭은 겨우 열네 살이었다. 심섭은 형장을 한 차례 맞고는 승복하겠다고 울부짖었다.

"서양갑이 괴수가 되어 여주와 이천의 군사를 가지고 한양을 공격하려고 하였습니다. 그리고 신의 아비가 과연 서양갑을 청해 오면 좋겠다고 말했는데 그 뜻은 서양갑을 왕으로 모시고 한양을 공격하려고 하는 것 같았습니다."

심섭이 눈치를 살피면서 대답했다.

"언제 거사하려 했는지 물어보라. 그리고 서양갑이 어찌 그 스스로 왕이 되려고 할 리가 있겠는가. 그 위에 다시 추대한 자는 없었는가?"

광해군은 영창대군의 이름이 나오기를 바랐으나 심섭은 그러한 사실을 짐작조차 못했다.

"거사할 때는 그 당시 아직 멀었고, 괴수는 서양갑이었습니다."

"어떤 사람을 왕으로 삼으려 했는지 속언俗言으로 물어보라."

"매우 비밀스럽게 역모를 꾀하면서 어찌 저 같은 아이에게 말해주려 했겠습니까. 서양갑 스스로 왕이 된다고 하였습니다."

심섭은 고문을 당하지 않기 위해 계속 거짓으로 대답했다.

"왕이 될 자를 바른 대로 대지 않는데, 더 형신하여 물어보도록 하라."

심섭은 영문도 모른 채 다시 고문을 당했다.

"정협이 왕으로 될 예정이었습니다."

심섭의 대답은 터무니없어서 추관들을 실소케 했다. 그는 고문을 당할 때마다 추대하려고 한 왕의 이름을 바꾸었다.

"왕이 될 자는 필시 달리 있을 것인데 정협이라고 거짓말을 하고 있으니 다시 형신하여 물어보도록 하라. 그리고 여주와 이천에서 군사를 모으려고 한 것이 분명한데 그곳에서 역모에 참여한 사람들을 일일이 물어 아뢰어라."

심섭의 대답이 황당해서 광해군이 화를 벌컥 냈다.

"심섭이 형을 면해보려고 많은 사람들을 끌어들이고 있는 것이니 이

계축옥사로 영의정 이덕형(왼쪽)과 좌의정 이항복(오른쪽)을 비롯한 서인과 남인들은 유배 또는 관직을 삭탈당했다.

것을 사실로 받아들여서는 안 될 것입니다. 그저 그가 일단 승복했으니 속히 정형을 행하는 것이 마땅할 것입니다."

이덕형이 아뢰었다. 이덕형은 어린 심섭이 닥치는 대로 진술을 하는 것을 보고 죄수들을 연루시키지 않기 위해 추국을 중지하라고 아뢴 것이다. 심우영은 자그마치 27회에 걸쳐 고문을 당하고 혼미한 상태에서 역모를 저질렀다고 자백했다.

칠서지옥은 계축년에 일어났다고 하여 계축옥사癸丑獄事라고도 불린다. 단순한 은상 강도가 이이첨의 사주로 역모로 둔갑하여 피바람을 불러일으킨 계축옥사는 1백 명이 넘는 사람들을 죽음으로 이끌었다. 이름 없는 노비들은 형장에서 고문을 당하다가 죽었다. 역모의 괴수로

144

지목된 서양갑은 처절한 고문을 당하면서도 완강하게 부인했으나 어머니와 형제들이 심한 국문을 받다가 죽자 역모의 괴수는 인목대비의 아버지 김제남이고, 광해군을 몰아내고 영창대군을 옹립하려고 했다고 거짓으로 자복했다. 그러나 사건에 연루된 서얼 출신 대다수는 역모를 인정하지 않은 채 죽음을 당했고, 박치의는 달아났다.

종성판관 정협, 선조로부터 영창대군을 보호해 달라는 유명을 받은 신흠, 박동량, 한준겸을 비롯한 일곱 대신과 이정구, 김상용, 황신 등 서인 수십 명이 역모를 일으킨 자들을 안다는 죄로 사사되거나 유배되었다.

김제남은 사사되고, 그의 세 아들도 사형을 당했다. 부녀자들은 노비로 끌려갔다. 영창대군은 서인이 되어 강화도에 위리안치되었다가 정항에게 살해되었다.


## 뇌물을 받아 큰 부자가 된 포도대장

계축옥사로 영의정 이덕형과 좌의정 이항복을 비롯한 서인과 남인들은 유배 또는 관직을 삭탈당하고 숙청되었다. 이후 대북파가 권력을 장악하였고, 한희길 역시 출세가도를 달렸다.

한희길이 지난 계축년에 포도대장으로 있을 때에, 박응서를 먼저 붙잡았기 때문에 죄인을 잡을 수가 있었다. 그리하여 궁궐 내에서 생긴 변과 하늘에 치닫는 재앙을 차례로 평정하게 하였으니, 종묘와 사직에 큰 공이 있다고 하겠다. 그런데 그때 마침 국가에 일이 많아 즉시 상을 내리지 못하였으니, 이제 품계를 올려 지중추부사와 수사水使를 제수하라.

실록의 기록이다. 한희길은 권력자의 편에 서서 나는 새도 떨어트리는 권력을 갖게 되었다.

"포도청의 하인들이 죄인을 체포한답시고 제멋대로 일을 저지르며 폐해를 끼치는 일이 없지 않으니 대장은 이런 폐단을 통렬히 금하도록 하라. 그리고 이미 체포되었거나 벌써 죽은 죄인들의 일족에 대해서는 모두 체포하지 말도록 하라."

광해군이 영을 내렸다. 그러나 한희길을 비롯하여 포도청의 관리들은 닥치는 대로 죄인을 잡아들이고 뇌물을 바치면 풀어주었다.

포도대장 한희길이 공을 믿고 자기 뜻대로 행하면서 역당을 잡는다는 명분으로 민간에 해를 끼쳤는데 자기가 풀어주고 자기가 구속하면서 문을 열어놓고 뇌물을 받아들여 마침내 큰 부자가 되었다.

실록의 기록을 살피면 한희길이 얼마나 부패한 포도대장인지 알 수 있다. 한희길은 경기수사에 임명되었다가 10년이 지나 다시 좌포도대장에 임명되었다. 그러나 원한을 많이 산 탓인지 밤길에 습격을 받는다.

"상놈 20여 명이 몽둥이를 가지고 뒤쫓아 와서 신에게 다가와 옷과 갓을 찢고 무수히 난타하였습니다. 신이 아무리 무부이지만 상께서 내리신 작위를 지니고 있는 사람인데 고금에 어찌 이러한 변고가 있으며 신이 무슨 면목으로 다시 조정의 반열에 설 수 있겠습니까? 삼가 바라건대 성상께서 먼저 신을 파직시켜 나라를 욕되게 한 죄를 밝히소서."

한희길이 아뢰었다. 한희길이 얼마나 원성을 샀으면 밤길에 습격을 당했을까. 몽둥이로 얻어맞는 한희길의 모습을 상상해보면 실소가 나온다.

"사직하지 말라, 그리고 황공하게 여기지 말라."

광해군은 그의 사직을 받아들이지 않았다. 도적을 잡는 포도대장이 장정들에게 몽둥이로 얻어맞았으니 한심한 일이 아닐 수 없다. 그러나 열흘 붉은 꽃이 없듯이 영원한 권력은 없다. 광해군은 영창대군을 사사하고 인목대비를 폐모시키면서 인심을 잃어 인조반정(1623)이 일어나게 된다.

인조반정이 일어나자 권세를 누리던 박응서와 한희길은 체포되어 참수되었다. 한희길이 참형을 당하자 원한을 가진 사람들이 그의 시체를 난도질하여 시체가 온전한 데가 없었다. 권력을 쫓던 포도대장의 비참한 말로였다.

# 5장

# 반란을 일으킨 포도대장

# 이괄

"궁 버들 푸르고 꽃은 한창 나부끼는데
온 성의 벼슬아치 봄빛에 아첨하네
조정에서 바야흐로 태평세월 축하하는데
누가 곧은 말이 선비에게서 나오게 하는가"

포도대장은 도적을 잡는 것이 중요 임무였으나 권력의 핵심에 있게 되면서 정치적 바람을 타게 된다. 포도대장이 강직하면 부패한 관리들이 탄핵하고, 당파가 다르면 다른 당에서 탄핵을 한다. 무신이라고 걸핏하면 문신들이 탄핵하기도 한다. 조선시대 내내 무신들에서는 우의정, 좌의정, 영의정의 삼정승이 배출되지 않았다. 성리학을 공부한 문신들은 동반東班, 무과에 급제한 무관들은 서반西班이라고 불렀다. 서반이 오를 수 있는 직책은 병조판서와 각 영領의 대장에 지나지 않았다.

문무백관의 관제를 정하였다. 동반의 정1품은 특진 보국 숭록 대부 보국 숭정 대부이고, 서반은 정3품 절충 장군 과의 장군이고……

태조 때 정한 문무백관의 관제다. 동반이 서반보다 훨씬 품계가 높다는 사실을 알 수 있다. 물론 반란을 토벌하거나 정권을 찬탈하고, 반정을 일으킨 공신들은 달라진다. 그러나 그러한 사례는 많지 않다. 동반은 서반인 무신들을 낮추어 보았고 지방 수령들도 무신 대신 문신을 임명했다. 무신들은 지방 수령에도 임명되지 못하고 기껏해야 변방의 보잘 것 없는 수령에 임명되는 것이 고작이었다. 고려시대 무신의 난이 일어난 것도 문신들이 지나치게 무신들을 핍박했기 때문이다.

포도대장은 권력이 막강했다. 도적 체포의 권한이 있었기 때문에 권력을 남용하는 일이 잦았다. 포도대장이 남용하고, 종사관이 남용하고, 포교부장, 포졸이 남용했다. 관리들의 권력 남용은 조선시대 아전들의 횡포와 함께 조선을 병들게 한 폐단이었다.

1796년 삭주부사 민치신이 오초현 등 삼 형제를 장살杖殺하였는데, 사헌부 장령 주중웅이 상소를 올렸다.

"민치신이 열흘 동안 무고한 오가 삼 형제를 때려죽였으니, 왕부王府로 하여금 엄히 조사하여 자복을 받도록 해야 합니다."

조정 대신들은 주중웅의 상소에 경악했다.

"형장刑杖을 신중하게 쓰지 않고 남형濫刑(법에 따르지 않고 함부로 형벌을 가함)하여 오가 삼 형제를 죽이고는 근거 없는 말로 사건을 모호하게 하였으니, 정상이 매우 놀랍고 통탄스럽습니다."

의금부에서 조사를 하여 아뢰었다.

"그의 공초를 믿을 수 없으니, 도백을 엄히 신칙申飭(단단히 타일러서 경계함)하여 심상하게 넘기지 말고 각별히 상세하게 조사하여 장문하되, 특별히 강직한 조사관을 정해 분명하게 조사하여 소홀히 하는 폐단이 없게 하라. 만약 의심스러운 단서가 있으면 직접 조사하여 아뢰도록 감사에게 분부하라."

정조가 영을 내렸다.

"처사가 어긋나고 형장을 쓴 것이 잔인합니다."

평안도관찰사가 보고서를 올렸다.

"근래 수령들이 명예를 추구하고 겉만 번드르르하게 치장하는 정치를 하지 않는 이가 없는 탓에, 정치는 엄정함을 숭상하지 않고 백성들은 관을 두려워하지 않게 되었다. 하물며 관서 지방의 조적糶糴(곡식을 팔고 사는 일)은 대부분 향곡餉穀이니, 곤棍을 10대 친 것을 남용이라 할수 없으며, 게다가 태笞도 40대에 불과하였다. 그런데 사계査啓(조사한 결과를 임금께 아뢰던 일)에서는 이를 곧바로 "법에 벗어난 남형을 써서 죽였다"고 결론지어, 도리어 변방의 드세고 완악한 풍속에 무한한 폐단을열어 놓았다. 도내 수령 가운데 강명하고 옥송獄訟에 대해 좀 아는 사람몇 명을 골라 그와 함께 엄밀하게 조사하게 한 뒤 속히 계문하라고 엄히 신칙하여 분부하라."

정조가 영을 내렸다. 정조는 지방의 보고가 믿을 수 없다고 말했다. 민치신이 아전들을 때린 것은 변방의 포악한 아전들에게 정당한 징벌이라는 것이다.

"죽인 것은 명백하지만 장과 곤을 함부로 쓴 것은 아닙니다."

평안도에서 아뢰었다.

"사건은 비록 못된 풍속을 징치하려는 데서 발생한 것이지만, 행적은종내 잔혹합니다."

의금부에서 아뢰었다.

"장과 곤이 이미 법식에 어긋나지 않았고 때린 대수도 남형을 한 게아닌데 맞은 세 사람이 열흘 사이에 일제히 목숨을 잃었으니, 이것이 의심을 일으켜 조사를 하게 한 이유이다. 이제 사계를 보니, 앞서의 설명을 반복하여 장과 곤도 여전히 법식을 어기지 않은 것이고 때린 대수도 여전히 남형을 한 게 아니었다. 그렇다면 이 '의심스럽다疑'는 한 글자를 타파할 방도가 어느 조항 어느 단段에 있단 말인가."

정조가 다시 판부를 내렸다.

《심리록》의 내용이다. 이 사건은 매우 독특한 사건이다. 민치신은 삭주부의 아전인 오초현을 조사하면서 삼 형제를 장살했다. 한 사람도 아니고 세 사람을 열흘 동안에 때려죽였으니 남형이 아니고 무엇인가. 이를 고발한 장령 주중웅이나 감사와 형조까지 일제히 비난한 것은 당연한 일이었다. 그러나 정조가 다시 조사하게 하자 민치신이 법대로 곤장을 때린 것에 지나지 않았다, 했다. 그런데도 재조사를 한 감사는 잔인하다고 거듭 비난했다. 이는 사형을 선고하기를 촉구하는 말이다. 그러나 정조는 법대로 했기 때문에 민치신에게 남형의 죄를 물을 수 없다고 말했다. 정조는 민치신이 남형을 가한 것이 아니라 곤장을 때리는 포졸이 오초현 형제를 죽였을 것이라고 보고 조사보고서가 이들을 거론하지 않은 것을 지적하고 있는 것이다. 곤장 10대, 태장 40대는 급소를 때리지 않으면 죽지 않는데 포졸이 급소를 때려 죽였다고 본 것이다. 그런데 정조가 계속 조사를 명하자 의금부와 형조는 태도가 바뀐다. 의금부는 죽인 것은 분명하지만 장과 곤을 함부로 쓴 것이 아니다라고 보고했고 형조는 못된 풍속을 다스리려는 것이지만 행적은 잔인하다고 정조의 뜻에 따라 보고하는 것이다.

이 사건에는 지방 관아의 아전이 수령을 능멸할 정도로 교만했고, 형리가 열흘 동안 삼 형제를 때려죽였다는 사실에서 연구할 부분이 많

154

다. 지방 관아의 형리는 포졸들인데 이들로 인해 백성들이 많은 고통을 당한 것이다.

민치신은 6년 후 다시 논란에 휩싸인다.

"경흥부의 천극 죄인 서유린은 이번 3월 11일에 물고되었는데 해부에서 애당초 검험을 하지 않고 준례에 따라 보고해 왔으니 해당부사 민치신을 파출하고 그 죄상을 유사로 하여금 품처하게 하소서."

순조 2년 함경감사 이의필이 아뢰었다. 이 사건은 민치신이 남형을 가한 것이 아니라 역시 포졸이 남형을 가했는데 검험도 하지 않고 보고를 한 것이다.

## 온 성의 벼슬아치 봄빛에 아첨하네

인조 때 포도대장을 역임한 이괄(?~1624)은 강직한 무신이었으나 포도대장보다 '이괄의 난'(1624)으로 더 유명한 인물이다. 역사서에는 반역자라는 악명으로 인해 폄하되고 악인으로 기록된다. 그러나 그는 조선의 충신이고 문신들의 모함으로 반역자가 된 불운한 인물이다.

광해군은 대북과 손을 잡고 서인들을 축출하고 인목대비를 폐위시키면서 예를 국시로 하는 조선의 선비들로부터 폭군이라는 비난을 듣게 되었다. 그는 영창대군을 죽이고 서인들을 몰아내기 위해 포도대장 한희길을 이용했다. 그러나 그는 서인들이 반정을 일으키면서 권좌에서 쫓겨나 비참한 죽음을 맞이하게 된다. 광해군을 몰아내는 데 결정적인 공을 세운 인물, 이괄은 인조가 즉위하자 포도대장이 되었다.

반정으로 권력을 장악한 공신들은 공훈 쟁탈에 혈안이 되었다. 이괄은 반정군의 대장이었으나 2등 공신으로 책록되었다. 반정의 긴박한 순간에 머뭇거리고 비열한 행동을 취했던 김류는 1등 공신이 되었다.

이괄은 김류가 반정군의 대장이 되는 것에 반대했지만 이귀의 설득으로 겨우 화해했다. 이때 김류는 이괄에게 깊은 앙심을 품었다. 그는 변방이 위태롭다는 이유로 반정공신으로 포도대장 직위에 있던 이괄을 변방으로 보내고 이괄의 아들이 역모를 일으켰으니 이를 조사한다는 명목으로 선전관 등을 파견했다. 물론 그것은 이괄을 죽이기 위한 음모였다. 이괄은 죽임을 당하지 않으려면 반란을 일으킬 수밖에 없었다. 이괄은 한양까지 점령했으나 이천에서 도원수 장만에게 패하고 부하에게 배신당해 죽었다.

이괄은 경기도 여주군 여주읍에서 태어났다. 1587년에 태어난 것으로 되어 있으나 잘못된 것이고 실제로 출생 연도는 미상이다. 이괄은 1599년 선전관으로 향왜인을 죽이는데, 1587년에 태어났다면 불과 12세에 선전관이 되고 향왜인을 죽였다는 이야기가 된다. 일부 학자들의 논문에도 출생 연도를 기록하고 있는데 어디서 나온 기록인지 알 수 없다.

이괄은 명문가 태생으로 그가 소년시절을 보낸 때는 임진왜란 직전이었다. 그러나 전쟁이 휘몰아칠 것이라는 소문이 나돌고 있었다. 일본의 움직임은 수년 전부터 심상치 않아 조정이 바짝 신경을 쓰고 있었는데 우여곡절 끝에 통신사를 파견하여 일본의 정세를 염탐하기로 했다. 이에 황윤길과 김성일을 파견했는데 그들이 돌아와 각각 반대의 의견을 내놓아 조정은 어수선했다.

156

조정이 어수선하면서 민간에서도 전쟁이 일어난다는 소문이 파다하게 나돌고 있었다.

이괄은 학문도 게을리하지 않았으나 무예 연습에 더욱 열중했다.

"무신은 크게 출세하지 못한다."

사람들이 무예 연습에 열중인 이괄을 보고 말했다.

"전쟁이 일어나면 학문이 무슨 소용이 있습니까? 오히려 칼이 더 중요하게 쓰일 것입니다."

이괄은 웃으면서 사람들의 말을 일축했다. 이괄은 활을 쏘면 백발백중이었다. 달리는 말에 누워서 활을 쏘아 하늘의 새를 쏘아 맞추어 사람들이 신궁이라고 불렀다. 키는 크지 않았으나 성품이 담대했고 눈에는 푸른 서슬이 뿜어졌다.

이괄은 임진왜란 중에 무엇을 했을까. 특별한 기록이 없기 때문에 피난을 다니면서 무예를 연마했을 것으로 보인다.

이괄은 임진왜란이 끝나갈 무렵 무과에 급제하여 선전관이 된다. 선전관은 왕명을 집행하는 무관이다. 이 무렵 좌의정 이덕형은 임진왜란이 끝나가던 1599년(선조 32) 명나라 장수 유정 제독 휘하의 항왜인 야여문也汝文이 독약을 잘 만들었기 때문에 그를 꾀어내기 위해 사사로이 도감의 초료를 내어 유인했다. 야여문이 황해남도 평산平山에 이르러 달아나자 유정이 대노하여 선조에게 글을 보내 끝까지 추적하여 잡으라고 요구했다.

야여문에 대한 일은 의문이 남는다. 이덕형은 왜 독약을 잘 만드는 일본인을 꾀어내려고 했을까? 명나라 제독 휘하에 있는 야여문을 꾀어낼 정도로 조선에 독약이 필요했던 것은 아니었다. 야여문은 독약을 잘 만드는 사람이 아니라 화약을 잘 만드는 사람이라고 보아야 한다. 일본은 조총으로 조선을 무력화시켰고 조총에는 화약이 반드시 필요하다. 이덕형은 화약제조법을 알아내기 위해 야여문을 유인한 것이다. 독약이라고 기록한 것은 종주국인 중국의 눈치를 볼 수밖에 없었던 탓일 것이다.

"명나라 제독의 요구가 이와 같으니 그대가 평산으로 달려가서 처리하라."

선조가 이괄에게 영을 내렸다. 이괄은 즉시 평산으로 달려가 항왜병 야여문을 유인하여 잡아서 참수한 뒤에 머리를 유정에게 보냈다.

"그대가 공을 세웠구나."

이괄은 선조의 칭찬을 받고 5월 1일 명천현감에 임명되었다. 그는 명천현감에 부임하자 선정을 베풀고 지세를 살폈다. 명나라 제독과의 관계가 원활하지 않아 전쟁이 일어날 위험이 있었다. 이괄은 이어 변방의 장수를 거쳐 대정현감을 지내고 형조좌랑에 임명되었다. 이괄의 승진은 지나치게 빨랐다.

"형조좌랑 이괄은 나이 어린 무관으로 범람한 짓을 많이 저질렀으니 체차하소서."

선조 39년(1606) 이괄은 간원의 탄핵을 받고 파직되었다. 사간원의 탄핵은 단순하게 번잡한 것이라고 말했다. 이는 교만하고 오만하다는 뜻에 지나지 않는다. 그러나 곧바로 태안군수를 지냈고, 그해 9월 경성판관으로 부임했다. 광해군이 즉위하자 이괄은 고령군수, 영흥부사 등을 지내고 제주목사가 되어 3년간 근무했다.

'왜구가 물러갔으나 언제 다시 침략해올지 모른다.'

이괄은 제주목사로 있으면서 정의현감 조양보에게 군기를 만들고 군량을 비축하게 했다.

"제주목사 이괄이, 정의현감 조양보가 군량과 군기를 별도로 마련한 일을 가지고 태연스레 포계褒啓(각 도의 관찰사나 어사가 고을 수령의 선정을 임금에게 아뢰던 일)하였습니다. 제주가 비록 세 고을의 주진主鎭이기는 하지만, 포폄 등에 대한 일은 반드시 감사에게 보고하여 그로 하여금 전계轉啓하게 하는 것이 규례입니다. 그런데 이괄은 사체를 제대로 모르고 수령으로서 수령을 포계하여 근고에 없던 일을 열어놓았으니, 몹시 외람스럽습니다. 중한 쪽으로 추고하여서 무부들의 방자한 습관을 징계하소서."

우부승지 이원이 탄핵했다. 수령은 관찰사에게 보고하게 되어 있는데 이를 무시하고 이괄이 조정에 곧바로 보고했다는 비난이다. 이원은 '무부들의 방자한 습관'이라는 이유로 탄핵했다. 이 말에는 무신들을 낮추어 보는 조선시대 문신들의 오만함이 엿보인다.

"바다 바깥의 고을에서 마련한 물품을 만약 포계하지 않을 경우 조정에서 어떻게 그것을 알 수 있겠는가. 추고할 필요가 없다. 그리고 반드시 전례가 있을 것이니, 해조로 하여금 상세히 상고하여서 아뢰게 하라."

광해군은 이괄의 일을 불문에 붙였다. 그는 이괄이 강직한 인물이라는 것을 알고 있었다. 이괄은 제주목사의 임기를 마치고 한양으로 돌아왔다. 조정은 더욱 어지러웠다. 대궐에서는 김개시가 광해군의 눈을 흐리고 조정에서는 이이첨의 무리가 권력을 휘둘렀다. 무엇보다 인목대비를 서궁에 유폐시킨 일로 사대부들은 불만을 품게 되었다. 이덕형과 이항복과 같은 원로대신들이 모함을 받아 귀양을 갔다. 대북 세력에게 혹독하게 당한 서인들이 반정을 모의하기 시작했다. 특히 만주에서 후금이 일어나 조선에 사신을 보내 교린을 요구하고 명나라에서는 후금과 싸우기 위해 파병을 요청하여 북방이 어지러웠다.

귀국이 사신을 보내어 찾아주었으므로 우리도 사신을 보내 사례하려고 한다. 우리가 예를 잘 행하려고 하는데 왜 한결같이 사신을 거절하는가? 이미 서로 더불어 사귄 사이이니 사신도 왕래하고 물건도 주고받고 하여 내외의 간격을 없애야 할 것인데, 지금은 마치 문을 닫고 손님을 청하는 것처럼 하니 서로 사귀는 의리로 볼 때, 신의라고 말할 수 있겠는가. 그리고 우리가 여러 차례 서문書問을 보냈는데, 한번도 답장이 오지 않았다. 이는 건주위建州衛 마법馬法이라고 쓰자니 괴이하게 여길까 두렵고, 후금국한後金國汗이라고 쓰자니 치욕스럽다고 생각해서 진실이 없는 말로 우리를 놀린 것에 불과하다. 어찌 우리를 어린애처럼 보는가. 우리와 사귀면 이익이 우리에게 있겠는가, 귀국에게 있겠는가?

정충신이 후금 진영에 다녀와서 후금의 칸 누르하치가 한 말을 전했다. 후금은 명나라와의 전쟁을 앞두고 조선과 좋은 관계를 유지하려고 했다. 조선은 명나라와 후금 사이에서 갈팡질팡하고 있었다. 이이첨과 대북의 모함으로 조정에서 원로대신들이 사라져 나라가 어지러웠다. 이항복은 함경도 북청에 유배되었다가 죽었고 이원익도 유배되어 있었다.

"아, 묘당에 사려 깊은 노성老成한 인재는 거의 죄다 내쫓아 참여하지 못하게 하고 젊고 일에 서투른 사람이 비국에 많이 들어갔으니 국가운영을 잘 못하는 것은 이상하게 여길 것조차 없다."

광해군은 대북과 손을 잡고 경륜이 풍부한 대신들을 숙청한 일을 비로소 후회했다.

광해군은 명나라와 후금 사이에서 줄타기 외교를 하다가 강홍립을 도원수로 임명하여 군사 1만 명을 주고 명나라에 파병했다. 강홍립은 명나라를 구원하러 출정했다가 광해군의 지시에 따라 후금에 투항했다. 조정은 발칵 뒤집혔다. 그들은 강홍립의 관직을 삭탈하고 가족들을 처벌할 것을 요구했다. 그러나 광해군은 대신들의 요구를 일축하고 강대해진 후금과 손을 잡으려고 했다.

"임금이 명나라를 배신했소."

서인들은 광해군이 줄타기 외교를 벌이자 비판하기 시작했다.

"인목대비를 폐모하여 서궁에 유폐시키더니 명나라까지 배신했으니 용서할 수가 없소."

심류, 이귀, 김자점 등은 은밀하게 반정을 모의하면서 이괄에게 가담할 것을 요구했다.

"반정은 당치 않소. 나는 그러한 일에 가담하지 않겠소."

이괄은 김류 등의 요청을 단호하게 거절했다. 이괄은 조정이 잘못 돌아가고 있다는 사실을 알고 있었다. 조정이 대북의 손에 들어가 권필과 같은 인물이 맹렬하게 비난했다. 광해군 2년 겨울에 실시한 별시 과거에서 박자흥, 조길, 허요, 변헌이 진사시에 급제했다. 이때의 시관은 박승종, 이이첨, 정조, 허균, 조탁이었는데 박자흥은 박승종의 아들이자 이이첨의 사위고 정조의 이웃이었으며, 허요는 허균의 조카, 조길은 조탁의 조카였다.

"문중門中·동내洞內·혼가婚家의 경사 자리인데, 산승山僧은 또 어찌해서 그 사이에 끼었는고?"

과거에 박자홍이 뽑힌 것이 문중과 혼가, 동내의 잔치나 마찬가지인데 승려로 있다가 환속한 변헌까지 끼어 있다고 하여 인구에 크게 회자되었다.

| | |
|---|---|
| 가령 과거에 사사로운 부정이 있다 해도 | 假令科第用私情 |
| 아들, 사위, 동생보다 조카가 더 가벼운데 | 子壻弟中姪最輕 |
| 유독 허균만이 그 죄를 받으니 | 獨使許筠當此罪 |
| 세간에서 공도를 행하기가 어렵다 하네 | 世間公道果難行 |

광해군 4년(1612) 4월 2일 시인 권필이 이를 풍자하여 세상의 웃음거리로 만들었다. 권필은 이에 그치지 않고 광해군까지 비난했다.

| | |
|---|---|
| 궁 버들 푸르고 꽃은 한창 나부끼는데 | 宮柳靑靑花正飛 |
| 온 성의 벼슬아치 봄빛에 아첨하네 | 滿城冠蓋媚春輝 |
| 조정에서 바야흐로 태평세월 축하하는데 | 朝廷方賀昇平樂 |
| 누가 곧은 말이 선비에게서 나오게 하는가 | 誰遣危言出布衣 |

권필은 풍자 시인으로 유명한 인물인데 결국은 필화사건으로 죽는다. 이괄은 광해군을 둘러싸고 있는 대북의 무리들이 잘못되었다고 생각했으나 반정을 일으킬 생각은 추호도 없었다.

"후금이 강력해지고 있다. 북변이 위태로우니 그대가 가서 방비를 철저히 하라."

광해군은 이괄을 함경북도병마절도사에 임명했다.

"삼가 영을 받들겠습니다."

"후금은 반드시 조선을 침략할 것이다. 경은 조선이 침략을 받지 않도록 변경의 방비를 다하라."

광해군이 이괄에게 당부했다. 이괄은 광해군에게 배사하고 함경도를 향해 떠났다. 12월이라 날씨는 혹독하게 추웠다. 이괄은 후금의 침략에 대비하여 함흥에서 군사를 양성하고 성을 수축했다. 그때 신경진의 아우 신경유가 병영까지 찾아왔다.

"반정이 결정되었소. 그대는 나를 따라 한양으로 올라가야 하오."

신경유가 이괄에게 말했다.

"나는 반정에 가담하지 않겠다고 했소."

이괄은 신경유의 제안을 거절했다.

"그대는 반정의 주모자로 이름이 올라 있소. 반정이 실패하면 그대는 역적이 되어 삼족이 죽음을 당할 것이오."

신경유는 이괄을 위협했다. 이괄은 많은 고민을 하지 않을 수 없었다. 광해군은 이이첨과 김개시로 인해 나라를 제대로 다스리지 못하고 있었다. 인목대비를 폐하여 서궁에 유폐시키고 명나라와 등을 지고 있다고 선비들로부터 비난을 받고 있었다. 그가 가담하지 않더라도 반정은 성공할 것이고 그는 배신자로 처벌을 받게 될 것이다. 게다가 혼탁한 조정이 개혁되어야 한다고 생각했다.

"갑시다."

이괄은 마침내 반정에 가담하기로 하고 한양으로 돌아왔다. 이괄이 올라오면서 반정은 더욱 빠르게 움직이기 시작했다. 그는 군사들을 모으고 작전을 세웠다. 명목상 김류가 총대장을 맡고 있었으나 실질적으로 반정군을 지휘하는 인물은 이괄이었다.


## 반정을 지휘한 강직한 무신

1623년 3월 12일이었다. 인목대비 폐비 문제와 이이첨의 권력 농단, 후금에 대한 광해군의 외교 정책에 반대한 반정세력은 무인 이서와 신경진이 먼저 대계를 세웠다. 신경진, 구굉, 구인후는 능양군과 가까운 친척이었다. 그들은 은밀히 모의한 뒤에 문사 중 인망이 있는 자를 끌어들이기로 했다. 전 동지 김류를 끌어들여 상의한 뒤에 능양군을 추대하기로 결정했다.

"우리는 반정을 할 것이오. 임금은 명나라를 배신하고 오랑캐와 손을 잡으려고 하오."

신경진이 부사를 지낸 이귀를 설득했다.

"임금의 가장 큰 죄는 폐모요. 자식이 어미를 폐모시키는 이런 패륜이 어디 있소?."

이귀는 광해군에게 불만이 있었기 때문에 흔쾌히 동참했다. 이귀가 가담하면서 그의 아들 이시백, 이시방과 문사 최명길, 장유, 유생 심기원, 김자점 등을 끌어들였다. 이때부터 모의에 가담하고 협력하는 자가 점점 많아졌다.

반정 세력은 이귀가 평산부사로 임명되자 신경진을 중군으로 삼아

중외에서 서로 호응할 계획을 세웠다. 그때 모의한 일이 누설되어 대간이 이귀를 잡아다 문초할 것을 박승종에게 청했다.

"우리가 반역을 한다는 것은 당치 않은 일이오. 김 상궁께서 전하께 잘 말씀드려 주시오."

김자점은 광해군의 총애를 받고 있는 상궁 김개시를 만나 도움을 청했다.

"어쩌다가 반역을 한다는 말을 듣고 있소?"

김개시가 웃으면서 혀를 찼다. 김개시는 선조의 궁녀였으나 광해군이 세자로 있을 때 위기 때마다 구해주어 총애를 받고 있었다. 조정에서는 이이첨이, 대궐에서는 김개시가 광해군을 폭정으로 이끌었다.

"그러니 전하께 잘 말씀드려 주십시오. 후금의 침략이 목전에 있어서 나라가 뒤숭숭한데 반역이 일어난다는 것이 말이나 되겠소?"

김자점은 김개시에게 많은 뇌물을 주고 설득했다. 이들의 반정 음모는 김개시로 인해 무마되었다. 그러나 신경진과 구인후는 의심을 받아 모두 외직에 보임되었다.

이서李曙는 장단부사가 되자 덕진德津에 산성 쌓을 것을 청하고 이것을 빌미로 그곳에 군졸을 모아 훈련시키기 시작했다.

이서는 효령대군의 10대손으로 선조 36년(1603) 무과에 급제했다. 인목대비의 폐모론을 반대하여 중형을 당할 뻔했으나 구사일생으로 화를 면하고 장단부사 겸 경기방어사에 임명되었다. 이때 7백 명의 군사를 동원, 능양군에게 합류하여 인조반정을 이루는 데 공을 세웠다. 총융사로 재직할 때 남한산성을 수축하고 삼혈총三穴銃과 조총을 제조했다. 병자호란이 일어나자 인조를 따라 남한산성에 들어가 방어하다 성

안에서 죽었다. 그의 저서인 《화포식언해火砲式諺解》는 각종 총을 쏘는 방법과 화약 굽는 방법을 기술한 것으로 당시에 사용된 화약병기의 종류와 용약법用藥法을 살펴보는 데 중요한 자료이다.

"훈련대장 이흥립은 정승 박승종과 인척이 되는 사이라 그를 조심해야 합니다."

반정을 모의하던 사람들이 말했다.

"이흥립은 내 동생의 장인이니 내가 설득하겠소."

장유가 아우 장신이 이흥립의 사위였기 때문에 이흥립을 회유했다.

"여러분의 뜻이 그렇다면 참여하겠습니다."

이흥립은 반정에 참여하기로 결정했다. 그리하여 이서는 장단에서 군사를 일으켜 달려오고 이천부사 이중로도 편비偏裨들을 거느리고 달려와 파주에서 회합하기로 했다.

이이반이란 자가 그 일을 이후배, 이후원 형제에게 듣고 그 숙부 이유성에게 고했다. 이유성이 이를 김신국에게 말했다. 김신국이 즉시 박승종에게 달려가 이이반으로 하여금 고변하게 하고 박승종에게 이흥립을 잡아들이도록 권했다. 박승종은 손녀딸이 광해군의 아들인 세자의 빈이 되면서 영의정까지 지냈다. 박승종은 광해군이 패망할 것을 알고 늘 주머니 속에 독약을 넣고 다니면서 변을 당했을 때 자살하려고 했던 인물이다.

"이후배를 당장 잡아들이도록 하라."

박승종은 얼굴이 하얗게 변해 영을 내렸다. 군사들이 달려가 이후배를 잡아왔다.

"너는 누구와 결탁했느냐?"

박승종이 이후배를 추궁했다.

"훈련대장 이홍립입니다."

"이홍립을 잡아들이도록 하라."

박승종이 영을 내리자 이홍립도 잡혀 들어왔다. 상황은 긴박하게 돌아가고 있었다. 박승종이 광해군에게 보고했다.

"이홍립 등이 역모를 일으킨다고 합니다. 추국청을 설치하여 신문하소서."

광해군은 후궁에서 곡연曲宴을 벌이고 있던 참이었다.

"나는 이미 사실을 알고 있다. 조사했으나 무고라고 밝혀졌다."

광해군은 추국청을 허락하지 않았다. 박승종은 광해군이 무고라고 하자 허탈해졌다.

"그대가 김류, 이귀와 함께 모반을 꾀하였는가?"

박승종이 이홍립에게 물었다.

"제가 어찌 공을 배반하겠습니까?"

이홍립은 펄쩍 뛰면서 모함이라고 주장했다. 박승종은 이홍립을 풀어주었다. 반정군은 3월 12일 밤 2경에 홍제원에 모이기로 약속했다. 김류가 대장이 되었는데 고변이 있었다는 말을 듣고 잡으러 오는 사람을 기다려 그를 죽이고 가자고 했다. 그러나 실제로는 두려워하여 안절부절못하고 있었다. 심기원과 원두표 등이 김류의 집으로 달려가 다그쳤다.

"시기가 임박했는데 총대장이 어찌 앉아서 잡아 오라는 명을 기다리는 거요?"

심기원과 원두표가 김류를 추궁했다. 김류는 이들의 추궁에도 우물

쭈물했다. 이귀와 김자점, 한교 등이 먼저 홍제원으로 달려갔다. 홍제원에는 이미 많은 장사들이 모여 있었다. 이때 모인 자들이 겨우 수백 명밖에 되지 않았고 김류와 장단의 군사는 도착하지 않았다. 고변서가 대궐에 들어갔다는 말을 듣고 장사들이 모두 웅성거렸다.

'총대장이 아직도 나타나지 않으니 어떻게 하겠다는 것인가? 참으로 비열한 자가 아닌가?'

이괄은 분개하여 주먹을 움켜쥐었다. 이귀와 김자점이 김류를 기다리다가 화를 냈다.

"우리는 이미 강을 건넜다. 김류가 오지 않으니 병사 이괄을 대장으로 삼자."

이귀가 이괄을 추대했다. 장사들이 일제히 웅성거렸다. 거사를 포기하고 해산하자는 장사들도 있었다. 이때 이괄이 앞으로 나섰다.

"우리는 목숨을 건다. 승리하면 살 것이고 패배하면 죽는다."

이괄은 장사들을 모아 놓고 비장한 목소리로 외쳤다.

"그렇소. 이미 주사위는 던져졌소. 이괄을 대장으로 추대해서 대궐로 달려갑시다."

이귀가 다시 말했다.

"좋소. 대장으로 추대합시다."

사람들이 마침내 이괄을 대장으로 추대했다. 이괄은 대궐을 향해 진격하는 작전을 일일이 장사들에게 지시했다. 장사들은 이괄의 지시에 따라 일사분란하게 움직였다. 그때서야 김류가 도착하여 전령을 보내 이괄을 불렀다.

"대장이라는 자가 무엇을 하다가 이제야 나타나는가? 이런 자는 마

168

땅히 참수해야 한다.”

이괄은 대노하여 김류의 명을 따르려고 하지 않았다.

“대사를 앞두고 우리끼리 싸워서는 안 되오.”

이귀가 간신히 화해를 시켜 김류와 합류했다. 능양군이 장사들을 거느리고 연서역延曙驛에 이르러서 평산에서 달려온 이서의 군사를 맞이했다. 장단에서 온 군사가 7백여 명, 김류, 이귀, 심기원, 최명길, 김자점, 송영망, 신경유 등이 거느린 군사가 또한 7백여 명이었다.

“대궐로 가자.”

이괄은 그들을 지휘하여 밤 3경에 창의문에 이르러 빗장을 부수고 들어갔다.

“누구냐?”

선전관이 장사들의 앞을 막았다.

“저 자를 참수하라.”

이괄은 선전관을 참수하고 북을 울리며 대궐로 진입하여 곧바로 창덕궁에 이르렀다. 이흥립은 궐문 입구에 포진하여 군사를 단속하여 움직이지 못하게 했다. 초관 이항이 돈화문을 열어 반정군이 궐내로 들어가자 호위군은 모두 흩어지고 광해군은 후원의 작은 문을 통하여 달아났다. 군사들이 앞을 다투어 침전으로 들어가 횃불을 들고 수색하다가 대궐에 불을 질렀다.

“능양군을 호위하라.”

이괄은 능양군을 보호하면서 대궐을 장악했다.

“승지와 내시들은 새 임금에게 절을 올리라.”

이괄이 숙직을 하는 승지들에게 영을 내렸다.

창덕궁은 경복궁에 이어 두 번째로 모습을 드러낸 조선시대 궁궐이다. 이괄은 선전관을 참수하고 북을 울리며 대궐로 진입하여 곧바로 창덕궁에 이르렀지만 광해군은 후원의 작은 문을 통하여 달아났다.

도승지 이덕형과 보덕 윤지경 두 사람은 처음엔 모두 배례를 드리지 않다가 의거임을 살펴 알고는 바로 배례를 드렸다. 병조참판 박정길을 끌어내어 참수하고 상궁 김개시와 승지 박홍도도 목을 베어 죽였다. 이괄은 반정군을 지휘하여 대궐을 장악했다. 광해군은 의관 안국신의 집에 숨었으나 장사들에게 체포되었고 세자도 잡혀왔다. 반정군은 인목대비에게 달려가 반정을 고하고 능양군을 새 임금으로 추대한다고 아뢰었다.

"내가 기구한 운명으로 불행하게도 인륜의 대변을 만나, 역괴가 선왕에게 유감을 품고 나를 원수로 여겨 나의 부모를 도륙하고, 나의 친족을 어육으로 만들고, 나의 어린 자식을 살해하고 나를 별궁에다 유폐하였소. 이 몸이 오랫동안 깊은 별궁 속에 처하여 사람 소식을 전혀 들을 수 없었는데 오늘날 이런 일이 있을 줄은 생각지도 못하였소."

인목대비가 눈물을 흘리면서 말했다.

"대비께서는 속히 능양군에게 어보를 전하십시오."

이괄이 인목대비에게 고했다. 대궐을 장악했으니 임금을 세우는 일이 중요했다.

"역괴는 선왕에 대하여 실로 원수이다. 조정에 간신이 포진하여 나에게 대악의 누명을 씌우고 10여 년 동안 가둬 놓았는데, 어젯밤 꿈에 선왕께서 나에게 이 일이 있을 것을 말하시더니 경들이 다시 인륜을 밝히는 것에 힘입어 오늘을 볼 수 있었다. 경들의 공로를 어찌 다 말할 수 있겠는가."

인목대비는 다른 말을 늘어놓으면서 어보를 전하지 않았다. 반정 대신들이 속히 어보를 전하라고 재촉했다.

"광해군은 한 하늘 아래 같이 살 수 없는 원수이다. 참아 온 지 이미 오랜 터라 내가 친히 그의 목을 잘라 망령에게 제사하고 싶다. 10여 년 동안 유폐되어 살면서 지금까지 죽지 않은 것은 오직 오늘날을 기다린 것이다. 쾌히 원수를 갚고 싶다."

인목대비는 광해군을 죽이라고 요구했다.

"예로부터 폐출된 임금은 신자가 감히 형륙刑戮으로 의논하지 못하였습니다. 무도한 임금으로는 걸왕과 주왕만 한 이가 없었으되 탕왕 무왕은 이를 추방하였을 뿐입니다. 지금 내리신 하교는 신들이 차마 들을 수 없는 말입니다."

이괄은 인목대비의 영을 거절했다.

"부모의 원수는 한 하늘 밑에 같이 살 수 없고 형제의 원수는 한 나라에 같이 살 수 없다. 역괴가 스스로 모자의 도리를 끊었으니 나에게 있어서는 반드시 갚아야 할 원한이 있고 용서해야 할 도리는 없다."

"간역(奸逆)의 무리가 외방에 흩어져 있으니 뜻밖의 변란이 없지 않을 것입니다. 속히 즉위하여 교서를 반포하고 제때에 체포하여 군정(軍情)을 진무해야 합니다."

승지 이덕형이 아뢰었다.

"별당은 선왕께서 일을 보시던 곳이라 이미 궁인으로 하여금 청소를 하게 하였다."

인목대비는 마침내 능양군이 즉위하는 것을 허락했다. 능양군이 일어나 절하고 물러나와 별당에서 즉위하여 인조가 되었다.


## 반정군의 대장이 포도대장으로

반정이 성공하면서 인조가 즉위하자 피바람이 불기 시작했다. 대궐을 호위하는 군사들은 뿔뿔이 흩어져 달아났다. 반정군은 대궐을 불태우고 내시들을 도륙했다. 대궐은 아비규환의 참상이 벌어졌다. 이이첨을 비롯하여 대북의 많은 대신들이 끌려와 참수되고 포도대장 출신의 한희길과 칠서의 옥을 고변한 박응서도 참수되었다. 평안감사 박엽과 의주부윤 정준을 경상(境上)에서 처형하게 하고 여러 도(道)에 조도사(調度使)를 보내 김순, 지응곤, 김충보, 왕명회, 권충남, 이문빈 등을 처형했다.

반정은 정권을 바꾸는 일이다. 대궐은 불에 타고 광해군에게 아부하면서 권력을 누리던 자들이 줄줄이 철퇴를 맞았다. 처자들은 노비로 전락하고 재물은 압류되었다. 광해군과 왕비 유씨는 강화도로, 세자와 세자빈은 교동도로 유배되었다.

이괄은 광해군을 강화도까지 호송했다. 선조 때 선전관이 되었고 광해군이 재위에 있을 때 총애를 받아 외직을 전전하고 북병사의 고위직까지 올랐다. 그 임금에게 반기를 들고 강화도로 호송하자니 마음이 착잡했다. 산천초목을 벌벌 떨게 했던 광해군이었다. 그 광해군이 폐주가 되어 강화도로 끌려가는 모습을 보자 가슴이 아팠다.

"그대는 학문이 높고 무재武才가 뛰어나다. 아무쪼록 나라의 동량이 되라."

강화에 도착하여 가시울타리에 안치하고 돌아오려고 하자 광해군이 그와 같이 말했다.

"명심하겠습니다."

이괄은 광해군에게 절을 올리고 한양으로 돌아와 포도대장에 임명되었다. 반정 직후의 포도대장이었다. 언제 어디서 반정에 반대하는 세력이 군사를 이끌고 밀어닥칠지 알 수 없었다. 이괄은 한성의 치안에 만전을 기울였다.

"통행금지를 강화하고 기찰을 삼엄하게 하라."

이괄은 한양의 치안을 삼엄하게 했다. 혁명 상황이나 다를 바 없었다. 그러나 반정군이 거리를 돌아다니면서 민폐를 끼치고 있었다. 그들은 피를 본 군사들이었고 왕을 세웠기 때문에 거칠 것이 없었다. 이괄은 반란군이 행패를 부리며 돌아다니자 눈살을 찌푸렸다.

"반정군을 해산해야 합니다."

이괄이 인조에게 아뢰었다. 반정군은 인조를 위하여 목숨을 걸고 싸웠다. 인조는 머뭇거리면서 명령을 내리지 못했다. 반정군은 광해군 치하에서 권력을 누리던 대신들의 집을 약탈했다. 한양은 반정군이 돌아다니면서 약탈을 하고 살인을 자행했기 때문에 어수선했다.

"반정군에게 차등 있게 상을 주어 원직으로 돌려보내라."

마침내 인조가 영을 내려 반정군을 해산했다. 군직에 있던 자는 직급을 높이고 노비는 면천을 시켜주었다.

"백성들을 약탈하는 자는 참수한다."

이괄은 반정군에 엄명을 내렸다. 그때 공조좌랑 홍진도가 편지를 보내 전 부사 박진장이 수상하니 포도군관을 보내주면 자신이 직접 기찰하겠다고 말했다. 이괄은 홍진도에게 포도군관을 보내주었다. 그러자 홍진도는 박진장의 집으로 달려가 그를 포박하고 노모를 때리고 집을 부수는 등 행패를 부렸다. 이웃에 사는 관상감 판관 정승주가 항의하자 포도청으로 끌고 와 물의를 일으켰다.

"이괄이 불법적으로 사람을 잡아들이고 있습니다."

사헌부에서 이괄을 탄핵했다.

"공조좌랑 홍진도가 한 짓입니다."

이괄은 분개하여 인조에게 아뢰었다. 그리고 자신을 탄핵한 인물이 김류의 사주를 받았다는 것을 알고는 망연자실했다. 반정세력은 치열하게 권력투쟁을 벌였다. 반정이 일어나던 날 김류는 망설였고 반정군은 불안에 떨었다. 이에 이괄이 위기에 빠진 반정군을 수습하여 안정시켰다. 이괄은 김류가 기회주의자라고 강력하게 반발했다. 이귀가 화해시키지 않았으면 반정군은 와해되었을 것이다. 김류는 자신을 경멸하는 이괄을 증오했다. 반정공신을 책록할 때 가장 공이 많은 이괄을 2등으로 책록했다. 인조는 고개를 갸우뚱했다.

174

"이괄은 당초 결의한 사람은 아니지만 거사하던 날 칼을 잡고 갑옷을 입고 나서서 뭇사람의 마음을 진정시켰고 부오部伍를 나누어 군용軍容을 갖추는 데는 이괄의 공이 가장 컸기 때문에 2등의 맨 앞에 올렸습니다."

김류가 인조에게 아뢰었다. 그는 공신 책록에 대한 비난이 쏟아지자 당황했다.

"반정하던 날 이괄의 공적이 많았습니다."

이귀가 1등으로 올릴 것을 주장했으나 김류의 반대로 이루어지지 않았다. 공신 책록이 발표되자 많은 대신들이 고개를 갸우뚱했다.

"어제 일은 이괄의 공적이 많으니 병조판서를 제수함이 마땅할까 합니다."

이귀가 인조에게 아뢰었다.

"이괄은 적임이 아닙니다."

김류가 반대했다.

"어제 김류가 뒤에 왔으므로 신이 참수하려 하였는데 이귀의 만류로 인하여 중지하였습니다."

이괄이 분개하여 말했다.

"밤 2경에 모이기로 기약했으니, 먼저 온 자도 또한 참형에 처하여야 합니다."

김류가 얼굴을 붉히고 말했다. 김류는 자신이 망설인 것이 아닌데도 이괄이 자신을 해치려고 했다고 주장했다.

"오기吳起는 그 군사 한 사람이 군령을 기다리지 않고 먼저 적진을 공격했으므로 군령을 어긴 죄로 참형에 처하였거니와 먼저 왔다 하여 참수한 일은 듣지 못했습니다.”

이귀가 어처구니가 없다는 듯이 말했다. 김류가 그 말에 아무 대답도 하지 못했다. 이괄과 김류는 반정공신이면서 대립했다.

“이괄은 무신이다. 무신은 변방에서 외적을 막아야 한다.”

김류는 이괄을 외방으로 쫓아 보내려고 했다. 마침 후금이 강대해져 조선은 방비를 하지 않을 수 없었다. 조선은 도원수에 장만을 임명하고 부원수에 이괄을 임명했다. 이괄은 포도대장으로 한양의 치안에 전력을 기울이고 있었다. 그러나 후금의 압박이 거세지자 부원수 직을 맡지 않을 수 없었다.

“부원수 이괄을 영변으로 보내야 하는데 현재 서로西路의 양곡이 모자라니 매우 염려스럽습니다.”

우의정 윤방이 아뢰었다.

“금년에도 흉년이 들 것 같은데 양곡을 어떻게 조치할 것인가. 모문룡毛文龍(명나라 장수)이 사겠다고 요청한 곡식은 전에 벌써 수만 섬을 수송해 보냈는데도 그의 요구는 끝이 없다. 지금 재해가 이와 같아 안팎이 텅 비었으니 앞으로는 이을 방도가 없을 듯싶다.”

“모쪼록 대신을 파견하여 이런 위급한 실정을 고하고, 허락하지 않으면 다시 도원수를 시켜 말하게 하소서.”

“서로의 군병은 숫자가 얼마나 되는가?”

“대략 1만 2천~1만 3천 명 정도 되는데 도망치는 군사가 서로 잇달아서 결원이 많은 편입니다. 한정閑丁(부역이나 군역에 나가지 않은 장정)을 찾아내면 그 숫자를 충분히 채울 수 있습니다.”

“금년에 방추防秋(북방 이민족을 막는 일)할 군사로 서쪽 변경에 가게 되어 있는 사람이 모두 5천 명인데 이괄이 거느린 군사와 합치면 1만 5천 명입니다. 그러나 이미 그들을 먹일 양식이 없고 그들을 차출할 때 5도 가 또 소란스러울 것이니 교체할 5천 명은 들여보내지 않는 것이 어떻 겠습니까?"

김류가 말했다.

"이것도 온당하지 않다. 양서兩西의 군병에 이미 결원이 많아 현재 남 아 있는 군사가 많지 않으니 각처의 성을 지키기에 부족할 것이다. 부 원수는 지금 내려갈 때를 당하였으니 모르기는 하지만 적군을 어떤 계 책으로 상대할 것인가?"

인조가 이괄에게 물었다.

"마군馬軍은 적을 당해내기가 어려우니 포차砲車를 쓰는 것이 합당합 니다."

이괄이 머리를 조아리고 대답했다.

"요동으로 건너간 뒤에는 포차를 쓰는 것이 당연하겠지만 우리 경내 에서는 어떻게 방어할 것인가?"

"모름지기 험준한 요해처에 웅거하여 굳게 지키며 기다려야 합니다."

"나의 생각에는 반드시 요충지를 가려 지켜야지 곳곳마다 방어하게 되면 힘이 분산되어 당해내지 못할 듯싶다."

"신의 생각에는 구성龜城이 적의 길목에 해당하니 그야말로 반드시 지켜야 될 곳으로 여겨지는데 단지 성지城池(성안의 연못)가 없습니다. 성 을 쌓으려고 하면 공사가 매우 거창할 텐데 어떻게 해야 할지 모르겠 습니다."

"서쪽으로 내려갈 시간이 박두했으니, 마음에 품은 생각이 있거든 말하라.”

“성상께서 신이 재주가 없다는 것을 모르지 않으실 텐데 곤외<sub>關外</sub>(왕성의 바깥)의 중임을 나누어 맡겼으니, 이때야말로 신이 은혜를 갚을 때입니다. 다만 1만 5천 병력으로 강대한 적군을 감당해내지 못할까 걱정입니다. 심광세는 군사에 뛰어난 사람이니, 신이 종사관으로 데려가고 싶습니다.”

이괄이 대답했다.

“도원수와 경이 가니 내가 서쪽에 대한 근심을 잊겠다. 간첩이나 방비하는 여러 일을 마음을 다해 힘껏 하라.”

“신은 이 중임을 받고 밤낮으로 임무를 다할 생각만 하고 있습니다. 금년에 불행하게도 적병이 침입해 오면 군사의 많고 적음과 강하고 약한 차이가 현격하게 다를 것이니 어떻게 당해내겠습니까. 그러나 감히 한번 죽기로 싸워 나라의 은혜를 갚겠습니다.”

이괄이 비장하게 아뢰었다.

“양서의 군대가 거의 2만~3만 명에 이르는데, 번<sub>番</sub>을 나누어 교대로 보낸 뒤에는 다른 도의 군사를 잇달아 보내겠다. 그 다음에 또 다른 계책이 없는가?”

“군사를 모집하는 일은 사세를 보아가며 해야 합니다. 신이 주둔할 곳에 가서 또한 원수와 더불어 상의하여 보고를 올리겠습니다. 대체로 구주<sub>龜州</sub>와 태천<sub>泰川</sub>은 성채<sub>城寨</sub>가 없고 영변이 주둔할 만한데, 병사는 소속된 각 고을로 들어가 지키게 하고 신은 수하에 딸린 군사를 거느리고 적군이 향하는 곳을 따라 그때그때 방비하겠습니다.”

이괄은 마침내 인조에게 절을 올리고 출전했다.

## 이괄의 등을 떠밀어 반란을 일으키게 하다

이괄이 한양을 떠나자 김류는 빠르게 움직이기 시작했다. 그는 이괄과 같은 무신이 공신이 되는 것을 용납하지 않았다. 이괄이 문장과 무예에 모두 뛰어났기 때문에 그를 제거해야 자신이 안전하다고 생각했다. 김류는 이괄이 부원수가 되어 영변으로 떠난 지 얼마 되지 않아 그를 모함하기 시작했다. 김류는 이귀 등과 연합하여 이괄의 아들이 역모를 일으켰다고 인조에게 고했다.

"이괄이 몰래 다른 뜻을 품고 강한 군사를 손에 쥐었으니, 일찍 도모하지 않으면 뒤에는 반드시 제압하기 어려울 것입니다. 더구나 역적들의 공초에 흉모가 드러났으니, 왕옥王獄에 잡아다가 정상을 국문하지 않을 수 없습니다."

이귀가 인조에게 아뢰었다.

"이괄은 충의스런 사람인데, 어찌 반란을 일으키겠는가? 이것은 흉악한 무리가 그의 위세를 빌리고자 한 말이다. 경은 무엇으로 그가 반드시 반역하리라는 것을 아는가?"

인조는 이괄이 반역한다는 말을 믿지 않았다. 반정을 일으킬 때 이괄이 대장이 되어 군을 이끌었는데 반란을 일으킨다는 고변을 믿으려고 하지 않았다.

"이괄의 반역 모의는 신이 잘 모를지라도 그 아들 이전이 반역을 꾀한 정상은 신이 잘 알고 있습니다. 어찌 아들이 아는데 아버지가 모를 리가 있겠습니까."

"사람들이 경이 반역한다고 고한다면 내가 믿겠는가. 이괄의 일이 어찌 이와 다르겠는가."

인조는 이귀를 질책했다.

"고변한 사람이 있다면 어찌 신이라 해서 아주 놓아두고 묻지 않을 수 있겠습니까. 잡아가두고 국문하여 그 진위를 살핀 뒤에 처치해야 할 것입니다."

이귀는 물러서지 않았다. 인조가 완강하게 이괄의 반란을 믿지 않자 이귀는 이괄의 아들 이전을 잡아다가 국문해야 한다고 주장했다. 인조는 그들의 주장을 믿지 않고 금부도사 고덕률과 심대림, 선전관 김지수, 중사中使(내관) 김천림 등을 이괄이 있는 영변으로 보내 조사하게 했다. 그러나 그들이 떠나기 전에 김류는 이괄을 잡아오라는 영을 내렸다. 김류와 이귀는 이미 이괄을 제거할 계획을 세운 것이다. 그러나 그러한 소식은 즉각 이괄에게 알려졌다.

"금부도사가 내 아들을 죽이러 오다니 이 무슨 해괴한 일인가?"

이괄은 대노했다. 반정군의 대장군이면서도 1등 공신에 책록되지 못한 것도 억울한데 반역죄까지 뒤집어씌우려고 하자 분개했다.

'이는 김류와 간신의 음모다. 내가 압송되어 아무리 진실을 밝힌다고 해도 역적으로 몰리면 소용이 없다.'

이괄은 김류의 음모에 분노했다.

"듣거라. 우리는 북방 오랑캐를 막기 위해 이 추운 날 산성에서 고생을 하고 있다. 그런데 한 줌도 안 되는 간신들이 임금 옆에서 우리가 반역을 일으킨다고 무함했다. 우리는 한양으로 달려가 간신들을 제거해야 한다. 그렇지 않으면 우리는 모두 도륙당할 것이다."

이괄이 군사들에게 선언하자 제장들이 경악했다. 그때 한양에서 금

180

부도사와 선전관 등이 들이닥쳤다.

"너희들은 무엇 때문에 온 것이냐?"

이괄이 군사들을 삼엄하게 배치하고 물었다.

"우리는 전하의 영을 받고 이전의 역모 사건을 조사하기 위해 왔소."

금부도사 고덕률이 대답했다.

"닥쳐라. 내가 반정군을 이끌고 임금을 세웠거늘 무엇 때문에 반역을 일으킨다는 말이냐? 너희들은 김류의 도당이니 용서할 수 없다."

이괄은 군사들을 시켜 금부도사와 선전관을 목베어 죽였다. 이괄의 수하 장수들은 당황했다. 이괄이 금부도사와 선전관을 죽였으니 반역이고, 장수들은 이괄의 수하니 반역자와 한 무리가 될 수밖에 없다.

"우리는 문신들에게 배신당했다. 나를 따르는 자는 살 것이고 나를 배신하는 자는 참수할 것이다."

이괄은 수하 장수들을 회유하고 위협했다. 장수들은 이괄이 칼을 뽑아들고 눈을 부릅뜨자 어쩔 수 없이 반란에 가담하게 되었다.

"관서 전 군에 격문을 보내고 군사들을 이동시켜라."

이괄은 한양으로 쳐들어가기 위해 군사를 동원하기 시작했다. 이괄이 반란을 일으켰다는 보고가 빗발치듯 한양으로 날아왔다. 인조는 마지막까지 이괄을 믿으려고 했으나 그가 대군을 휘몰아 한양으로 달려온다는 파발이 잇달아 날아오자 마침내 대신들을 소집하여 대책을 세우기 시작했다.

"역적 이괄이 군사를 일으켰으므로 관서의 인심이 동요될 듯싶으니, 진정하는 방책이 없어서는 안 되겠습니다. 신이 전에 감사로 있을 때에 조금이나마 돌보아주고 안정시켰으므로 떠난 뒤에도 신에 대한 생각을 조금이나마 하고 있으니, 신이 달려가서 역순을 깨우치면 백성의 마음이 혹 이로 인해 진정될 수 있을 듯합니다. 신이 늙고 병들기는 하였으나 어찌 감히 나라를 위하여 목숨을 아끼겠습니까."

영의정 이원익이 아뢰었다.

"관서 사람들이 어린아이가 부모를 사랑하듯이 이원익을 사모하여 생사生祠(살아 있는 사람의 사당)를 세우기까지 하였습니다. 이괄이 어찌 그 어린아이들을 거느리고 그 부모를 칠 수 있겠습니까. 속히 이원익에게 서방으로 가서 서방 백성을 타이르게 하면, 이괄이 어쩔 수 없을 것입니다."

대신들이 이원익을 보내야 한다고 주장했다.

"경이 비록 가고자 하나 다만 늙고 병든 것이 안타깝다. 병든 몸을 이끌고 갈 수 있다면 다행이겠다."

인조는 이원익을 도체찰사에 제수했다. 김류는 이괄이 반란을 일으키자 당황했다. 그는 이괄을 역모로 몰아 제거할 생각이었다. 그러나 이괄이 반란을 일으키자 발 빠르게 움직이기 시작했다. 그는 기자헌을 비롯하여 성철 등 37인을 이괄의 도당이라고 잡아들여 국문했다. 이어 기자헌에게 사약을 내리고 나머지 37인을 참수했다.

이때 갇혀 있는 죄인은 혹 공초하고 그대로 갇혀 있기도 하고 혹 형신을 받아도 승복하지 않아 미처 구명하지 못하였는데, 역적 이괄의 반서反書가 갑자기 이르자 인심이 어수선하였다. 좌찬성 이귀는 국문하여 사실을 밝힌 뒤에 논죄하여 죽이고 귀양보내려 하였으나, 판의금判義禁 김류는 '역적 이괄이 군사를 일으켰는데 안팎이 체결하여 헤아릴 수 없는 변란이 서울에서 일어난다면 장차 어찌하겠는가. 그리고 대신·추관

182

이 날마다 국청에 나아가 참여하면 방어하는 방책을 어느 겨를에 규획規劃하겠는가. 곧 죽여 없애야 한다' 하였다. 김류가 드디어 들어가 임금에게 청하였는데 삼공三公도 이론이 없으므로, 상이 드디어 따른 것이다.

인조 2년(1624) 실록의 기록이다. 김류로 인하여 이괄은 반란을 일으켰고 기자헌 등은 억울하게 죽음을 당했다.

이괄은 반란을 일으키자 한양으로 노도처럼 내달렸다.

"돌격하라. 적을 죽이지 않으면 우리가 죽는다."

이괄은 뛰어난 장수였기 때문에 곳곳에서 관군을 대파하고 파죽지세로 남하했다. 반란군은 파도가 몰아치듯 관군을 휩쓸었다.

인조는 한양에 있던 이괄의 부인과 장인 이방좌, 아우 이돈을 능지처참했다.

정충신과 이중로가 이끄는 관군을 거듭 격파한 이괄의 반란군은 임진강 나루터에서 관군을 다시 격파하고 한양 진입을 눈앞에 두게 되었다. 한양 함락이 눈앞에 닥치자 인조와 서인 정권은 공주로 피난하기로 결정했다. 임진왜란 때 한양을 버리고 피난을 간 지 불과 30년 만의 일이었다.

인조가 공주로 떠나자 이괄은 군사를 일으킨 지 19일 만에 한양을 점령하고 선조의 서자 흥안군을 왕으로 옹립하면서 새 정권을 수립했다.

"조정에서 토벌군을 편성했습니다."

척후병들이 달려와 이괄에게 보고했다.

"적은 오합지졸이다. 두려워할 필요없다."

이괄은 군사를 이끌고 토벌군을 향해 달려갔다. 조정은 이괄의 반

쌍수정사적비. 충남 공주시 금성동에 있으며 비문에는 인조가 이괄의 난을 피하여 공산성에 머물렀던 일이 기록되어 있다. © 향림

란군을 무력화시키기 위해 반란에 가담한 자들을 사면하고 반란군의 괴수를 잡아오는 자들을 포상하겠다고 선언했다. 반란군은 조정의 포고가 나오자 조금씩 이탈하기 시작했다.

"적은 자만에 빠져 있다. 매복하여 격파한다."

토벌군 도원수 장만張晩은 안령에서 대군을 매복시켰다. 이괄의 반란군은 방심하고 안령으로 들어갔다. 그들이 한 골짜기에 이르렀을 때 양쪽 산등성이에서 우레 같은 함성이 일어나면서 화살이 우박처럼 쏟아졌다.

"퇴각하라."

이괄이 칼을 뽑아들고 영을 내렸으나 군사들은 우왕좌왕했다. 이괄은 안령에서 대패하여 이천 묵방리로 퇴각했다. 이괄이 패하자 장수들과 군사들이 빠르게 이탈해갔다.

'내가 방심했다.'

이괄은 사기가 떨어진 군사들을 수습하여 전열을 정비하려고 했다. 그러나 부장이던 이수백과 기익헌이 배신했다. 그들은 이괄이 잠을 잘 때 살해한 뒤에 목을 잘라 인조에게 보냈다.

이괄은 허망하게 죽음을 당했다. 인조반정이 일어났을 때 이귀는 이괄을 두둔했다. 그러나 그는 이괄이 부원수가 되어 영변으로 떠난 뒤 김류에게 포섭되었다. 김류는 권모술수에 능한 인물로 병조호란 때도 많은 실책을 저질렀다. 그 아들 김경징은 강화도방어사가 되었으나 혼자서 달아났다.

무신을 무시하는 조선의 풍조가 이괄과 같은 뛰어난 장수를 반역자로 만든 것이다.

# 6장

# 북벌을 추진한 포도대장

# 이완

"신이 전하께 바라는 것은, 곧은 말을 힘써 받아들이되
그 주장을 받아들이지 않더라도 죄주거나 물리치지 마시며,
공도(公道)를 넓혀 이쪽이니 저쪽이니 따지지 말고
오직 훌륭한 인재만을 쓰시라는 것입니다."

현종 15년(1674) 6월 14일, 더위가 한창일 때 효종과 현종 치하에서 포도대장을 여러 차례 역임한 전 우의정 이완(1604~1649)이 죽었다는 소식과 함께 유소遺疏가 올라왔다. 이완의 유소는 병이 위독하여 입으로 불러준 것을 그의 아들 이인걸이 받아써서 올린 것이다.

신이 실낱같은 목숨이 다하게 되어서 다시는 상上의 은혜를 갚을 길이 없게 되었습니다만 항상 잊지 못하고 있는 일념만은 오직 국사에 있습니다. 신이 전하께 바라는 것은, 곧은 말을 힘써 받아들이되 그 주장을 받아들이지 않더라도 죄주거나 물리치지 마시며, 공도公道를 넓혀 이쪽이니 저쪽이니 따지지 말고 오직 훌륭한 인재만을 쓰시라는 것입니다.

이완의 유소는 피를 토하듯 구구절절 충심이 가득했다. 충신의 유소는 임금을 감동시킨다.

"올린 유소를 보건대, 충심이 북받쳐 말이 매우 절실하였으므로 그지없이 애도하면서 나라를 위한 충성이 죽음에 이르러서도 돈독한 데 대해 더욱더 감탄하였다. 아, 그 사람은 이미 떠났지만 그의 말은 여전히 남아 있다. 허리띠에다 써놓고 보면서 유념하지 않을 수 있겠는가."

현종은 이완의 죽음을 애도하면서 그의 유소를 허리띠에 묶어놓고 보겠다고 했다. 《조선왕조실록》은 유명한 인물이 죽으면 졸기卒記를 남긴다. 졸기는 당쟁에 따라 평가가 달라지기도 한다. 퇴계 이황, 율곡 이이와 같은 성인들의 졸기에도 흠결을 지적했다. 그러나 이완의 졸기에는 뜻밖에 흠결을 전혀 지적하지 않고 있다.

삼가 살피건대, 이완은 쇠퇴한 세상에 불쑥 솟아오른 하나의 인재였다. 인조 때부터 군사를 잘 처리한다고 이름이 났다. 효종 초기에 구인후를 대신해 훈국의 대장이 되었는데 사나운 병사들이 굴복하여 두려워하면서도 사랑하였다. 여러 차례 한성부윤과 형조판서를 지내면서 모두에게 직책을 잘 수행한다고 칭찬을 받았으며, 병조판서를 세 번이나 제수하였으나 굳이 사양하고 취임하지 않았으니 사마공司馬公이 추밀樞密의 벼슬을 사양한 것과 비슷하다고 하겠다. 효종이 일찍이 송시열과 함께 이러이러하게 계획을 세웠으면 하겠다고 상의하고는 송시열을 보내 상의 뜻을 알렸더니 이완은 '결코 그렇게 해서는 안 된다'고 대답하였다. 효종이 듣고 좋아하지 않았으나 이완 역시 자신의 견해를 바꾸지 않았으니 어질지 않고서야 이렇게 할 수 있겠는가. 우의정에 제수되자 뭇사람이 인물을 얻은 데 대해 기뻐하였으나, 조맹趙孟처럼 이미 나이가 많은 데다 왕맹王猛과 같이 빨리 앗아가고 말았으니 애석함을 금할 수 있겠는가. 그의 아버지 계림부원군 이수일이 진무훈振武勳에 녹훈되어 인조 때 이름이 났었는데, 이완은 대개 그 아름다움을 계승한 아들로 그보다 뛰어난 자이다.

190

사관이 내린 평가다. 왕맹은 중국 위진남북조 시대의 정략가로, 왕맹이 전진前秦의 왕인 부견苻堅의 초빙을 받았는데 그 관계가 유비와 제갈량의 사이와 같았다. '왕맹과 같이 빨리 앗아가고 말았으니'라는 것은 부견이 진왕秦王으로 즉위하여 왕맹을 중서시랑으로 임명하고 내외의 정사를 모두 맡겼으나 왕맹이 51세의 나이로 세상을 뜬 일을 비유한 말이다.

## 포도대장 이완은 능히 국법을 준수했다

이완은 포도대장으로서보다 무인과 북벌을 추진한 인물로 널리 알려져 있다. 그러나 그는 포도대장 직을 가장 오래 역임했고, 효종과 현종 두 임금 치하에서 대부분의 기간을 포도대장으로 지냈다. 실록에 기록된 것만 해도 효종 1년 5월 19일, 효종 2년 12월 13일, 효종 7년 5월 12일, 효종 9년 9월 25일, 효종 9년 12월 17일에 기사가 있다. 효종은 10년 동안 재위에 있었는데 효종의 최대 현안은 북벌이었고 문신으로는 송시열, 무신으로는 이완이 그 책임을 맡았다.

효종은 북벌을 위해 근검절약을 몸소 실천했다. 어린 딸 숙휘공주가 비단치마를 해달라고 조르자 국가가 대사를 준비하고 있다면서 냉정하게 거절했다.

효종이 죽고 현종이 즉위했다. 이완은 현종이 즉위한 뒤에도 포도대장을 역임했다. 현종 2년 1월 19일, 6년 11월 13일, 10년 3월 10일, 10년 3월 27일, 10년 7월 23일, 14년 1월 8일 기사가 있다.

송시열의 초상화. 효종의 최대 현안은 북벌이었고 문신으로는 송시열, 무신으로는 이완이 그 책임을 맡았다.

이완은 포도대장으로서 어떤 일을 한 것일까. 포도대장은 도적을 예방하고 도적을 잡는다. 효종 9년 그가 포도대장으로 있을 때 전 장령 이증이 백성 최홍원에게 노비를 빼앗기 위한 송사를 벌였다. 이완은 최홍원이 옳다고 생각하고 판결을 내리려고 했다. 그런데 그날 밤 최홍원이 갑자기 사라졌다.

"최홍원이 사라졌다니 그게 무슨 말인가?"

이완은 어리둥절하여 포교부장을 쏘아보았다.

"최홍원이 며칠 전부터 보이지 않는다고 합니다."

포교부장의 말에 이완은 잠시 생각에 잠겼다. 최홍원이 사라졌다면 노비는 다시 이증의 소유가 된다.

"최홍원을 찾으라."

이완은 포교부장에게 영을 내렸다. 그러나 포교부장이 마을 사람들까지 동원하여 수색했으나 찾을 수 없었다. 최홍원 가족들은 상금까지 걸고 찾으려고 했다.

'최홍원이 사라지면 이중이 이득을 본다.'

이완은 포교부장에게 영을 내려 이중의 종들을 상대로 탐문수사를 하라고 지시했다.

"이중이 길거리에서 노복들을 시켜 최홍원을 때려죽였다는 소문이 있지만 증거가 없습니다."

포교부장이 돌아와 보고했다.

"증인은 있는가?"

"노복들을 잡아다가 형신을 가하지 않으면 자복하지 않을 것 같습니다."

"이중의 종이 수십 명이나 되는데 누구를 불러 형신을 가하겠는가?"

이완은 시체부터 찾으라고 지시했다. 포졸들은 마을 사람들을 동원해 강을 따라 오르내리면서 쇠갈고리 같은 도구를 설치하고 열흘이 지나도록 강물을 휘저어 보았으나 찾아내지 못했다.

'이중이 교활하구나.'

이완은 탄복했다. 이완은 마을 사람들을 동원하여 강변을 수색했다. 이어 포도군관에게 은밀하게 지시했다.

"행동이 시종여일한 자가 있거든 체포하라."

이완의 지시를 받은 포도군관은 변장을 하고 마을 사람들을 감시했다. 마을 사람들은 3~4일, 혹은 6~7일을 헤매다가 지쳐서 돌아가 버리곤 했는데, 어느 한 사람만이 처음부터 끝까지 뭇사람의 틈에 끼어 있으면서 이젠 찾아내기 어렵다고 큰소리로 떠들어댔다. 포도군관이 잡다가 신문하자 이중의 종이었다.

"최흥원을 업고 집으로 돌아왔을 때는 아직 숨이 붙어 있었으나, 상전上典의 명에 따라 때려죽여서 강물에 던져 흔적을 없앴습니다."

이중의 종이 자백했다.

"사람이 있는 곳에서는 구원하는 체하고 사람이 없는 곳에서 죽였습니다. 게다가 숨이 붙어 있는 사람을 다시 때려죽였으니 잔인합니다."

이완이 그 노복의 신문 결과를 효종에게 아뢰었다. 이중이 사헌부 장령을 지낸 사람이었기 때문이었다. 효종은 이중을 잡다 국문하라고 명을 내렸다. 그러나 이중은 끝내 자복하지 않아 옥중에서 죽었다.

"포도청과 형조가 이중의 노복을 추문할 때 그 노복들이 중도에서 작당하여 최흥원을 잡다가 구타한 것이 이중의 사주에 의한 것인지 혹은 그 노복이 스스로 한 짓인지에 대해서는 끝내 추문하지 않았으니, 일이 매우 소루疏漏합니다."

사헌부에서 이완을 탄핵했다. 효종은 이완을 신임하고 있었기 때문에 탄핵을 받아들이지 않았다.

이완이 젊었을 때였다. 하루는 사냥을 갔다가 오다가 나룻배를 타고 강을 건너게 되었다. 그 배에는 젊은 시절의 송시열과 시집을 가는 새색시의 가마가 타고 있었다. 그런데 우락부락하게 생긴 장한이 술에 취해 새색시를 희롱했다. 사람들이 모두 눈살을 찌푸렸으나 사나운 장한의 기세에 눌려 말을 못했다.

"여보게. 나를 위해 저 새를 잡아주지 않겠나?"

송시열이 활을 메고 있는 이완에게 말했다. 이완이 하늘에 있는 새

194

를 향해 활을 겨누더니 갑자기 장한을 향해 화살을 쏘았다. 장한이 어깨에 화살을 맞고 강물로 떨어졌다. 사람들이 모두 통쾌하게 여겼는데 송시열과 이완은 이때의 인연으로 죽을 때까지 친교를 나누었다.

이완이 워낙 유명한 장군이었기 때문에 그에 대한 일화가 야사에 많이 남아 있다. 하루는 이완이 사냥을 나갔다가 날이 저물어 산중에 있는 집을 찾아들었다. 그 집에는 어여쁜 여인이 있었는데 이완과 눈이 맞았다. 동침을 하고 나자 여인이 이완에게 속히 떠나라고 말했다. 그러나 이완은 떠나지 않고 술을 청해 마셨다.

그때 여인의 사내가 돌아왔는데 얼굴이 험상궂고 눈이 부리부리했다. 그는 도적이라 양가의 여인을 납치하다가 아낙으로 삼고 있었다.

"네가 도적질을 하니 내 손에 죽어야 마땅하다. 허나 인생이 불쌍하니 개과천선한 뒤에 나를 찾아오라."

이완은 도적에게 호통을 쳤다. 도적은 이완의 근엄한 얼굴에 놀라 용서를 빌고 떠나갔다. 이완은 이튿날 아침 여인을 데리고 가서 소실로 삼았다. 여러 해가 지나 이완이 포도대장이 되었을 때 도적이 찾아왔다. 이완은 그를 부하로 거두었는데 훗날 방어사가 되었다.

이완에 대한 야사는 그가 효종과 현종에 걸쳐 임금의 절대적인 신임을 받고 도적을 잡는 데 전력을 기울였다는 사실을 보여준다. 이완에 대한 왕들의 신임은 실록에도 나타나고 있다.

이완이 현종 2년에 한성부판윤을 지내면서 포도대장을 겸임하고 있는데 1월 19일 한 여인이 사헌부 이익에게 고발했다.

"어제 한 여인이 신 이익에게 와 울면서 호소하기를 '집에 열다섯 살 먹은 아이가 있는데 새벽에 나무를 하러 갔다가 밤이 깊었는데도 돌아오지 않았습니다. 새벽에 마을 사람이 와서 얼어 죽은 시체가 하나 있다고 전하기에 급히 가보았더니 바로 우리 아이였습니다. 이는 필시 포졸들에게 붙잡혀 밤새도록 구류되어 차가운 비를 맞은 탓이니 마을 사람과 순찰 포졸을 조사해주십시오' 하였습니다. 신이 즉시 우변 포도군관을 불러서 끝까지 조사해야겠다는 뜻으로 판윤 이완에게 전달하였습니다. 그런데 이완은 태연스레 전혀 마음을 쓰지 않고 조사하여 추문하는 일을 끝내 하지 않았습니다. 이완은 지금 한성부판윤으로 있고 또 포도대장을 겸하고 있으니 직무에 매우 충실하지 못합니다. 이완을 무겁게 추고하소서."

사헌부에서 이완을 탄핵했으나 현종은 포도부장을 잡아 가두어 치죄하라고 명하고, 순찰 포졸도 추문하라고 명하였다.

이완은 사헌부의 탄핵을 받았으나 현종으로부터 보호를 받고 있는 것이다.

하루는 통행금지를 위반한 사내를 뒤쫓아 포도부장과 포졸이 인평위 정제현의 집으로 들어갔다. 정제현은 효종의 넷째 딸 숙휘공주와 혼인하여 효종의 부마가 되어 인평위印平尉에 올랐다. 정제현의 집에서 하인들이 인평위의 집이라고 했으나 포도부장과 포졸은 안에까지 들어가 통행금지를 위반한 궁노를 잡으려고 했다. 하지만 숨어서 검거할 수 없었다.

"포도청이 적당을 추적해 체포한다는 이유로 군관을 많이 보내 신의 집을 에워쌌는데 이는 전에 있지 않던 일입니다. 그리고 심지어는 신이 문안차 예궐한 뒤에 포도군관이 차비문 밖에까지 왕래하며 엿보는가 하면 파하고 나오는 길목 곳곳마다 잠복하면서 마치 신의 몸을 염탐하는 것처럼 하였습니다. 신이 형편없기는 하나 의빈儀賓(왕족의 신분이 아니면서 왕족과 통혼한 사람을 통틀어 이르던 말)의 반열에 있는 몸으로 이와 같은 모욕을 받고 있으니 직책에 있기가 정말 어렵습니다. 삼가 원하건대 속히 파직시켜 주시어 일의 체모를 보존하게 하소서."

정제현이 효종에게 상소를 올렸다.

"이는 경에게 잘못이 있어서 그런 것이 아니다. 사직하지 말라."

효종이 영을 내렸다.

"좌우 포도대장을 패초牌招하여 물어보라."

좌부승지 이천기는 효종의 영을 받고 유혁연과 이완을 조사했다.

"좌우 포도대장을 즉시 불러 정제현의 소장 내용을 가지고 물어보았더니, 좌변 대장 유혁연이 말하기를 '도적의 패거리를 추문한 결과 적인 한 사람의 이름이 끌어댄 속에 나오기에 그 즉시 우변 대장 이완에게 통지하여 합동으로 살피기로 했다. 그런데 포도군관이 와서 말하기를 '그 사람은 인평위의 배리陪吏로서 현재 본궁本宮에 있다'고 하기에 이완과 함께 정제현의 조부 정유성에게 통지한 뒤 잡아왔다. 지금 보건대 정제현의 소가 이러하니 황공함을 금할 수 없다. 당초 추적해 체포할 때 4인만을 보냈으니, 이치상으로 볼 때 어떻게 본궁을 에워싸고 곳곳에 잠복할 수가 있겠는가. 그리고 차비문 밖은 더욱이 군관배가 감히 함부로 들어가서 사찰할 곳이 못 된다. 이 모두 신들은 알지 못하는 바로서 또한 이치에도 맞지 않는 일이다' 하였습니다."

"대장들은 부하를 제대로 단속하지 못한 잘못을 면하기 어렵다. 그 군관들은 해조로 하여금 추치推治(추궁하여 다스림)토록 하라."

효종이 영을 내렸다.

"포도군관을 추치하라고 명을 내리셨는데 신들은 의혹이 없을 수 없습니다. 적인을 사찰하여 체포하는 것이야말로 본디 대장의 책임이니, 오직 그가 엄하게 하지 못하고 혹시라도 느슨하게 하는 잘못을 저지르지 않을까 걱정해야 할 것입니다. 따라서 궁가라도 피하지 않고 특별히 더 사찰하는 것이 곧 그의 직분이라 할 것이니, 어떻게 실상이 없다는 것을 미리 알아서 체포하지 않을 수 있겠습니까. 더구나 군관배는 대장의 명령을 수행한 것일 뿐이니, 죄를 주어야 할 잘못이 없을 듯합니다. 지금 만약 이 일로 죄를 준다면, 궁가의 하인이 설혹 횡행하며 도적질을 하더라도 해청에서 앞으로 손을 쓸 수 없을 것이니, 뒷날의 폐단이 이루 말할 수 없게 될 것입니다. 한번 더 생각하시어 포도군관을 추치하라는 명을 도로 정지시키시어 일의 체모를 보존토록 하소서."

승정원에서 아뢰었다.

"내가 말한 뜻이 어찌 적인을 체포하지 말라는 것이겠는가. 끝 부분의, 이른바 일의 체모라는 말은 더욱 이해가 가지 않는다."

"일단 도적을 잡도록 책임이 부여된 자는 대장이고, 대장의 명령을 수행하는 자는 군관이고, 명령의 근거가 되는 것은 국법國法입니다. 그런데 국법을 받드는 자가 존귀한 사람에 대해서는 저지당한 채 국법을 행할 수 없다면 일의 체모의 경중에 비춰볼 때 과연 어떠하겠습니까. 이로써 말하건대 군관배가 설혹 미혹하고 졸렬한 나머지 망령되게 행동한 죄가 있다 하더라도 응당 용서해주어야 할 대상에 포함되겠기에 감히 이렇게 다시 아룁니다."

"그대들이 이미 사정이 그렇지 않았다는 것을 확실히 알았다면, 정제현에게 임금을 속이고 타인을 함정에 빠뜨린 죄로 다스려야 옳을 것이다.”

효종은 승정원의 항의에도 이완을 파직하고 포도군관을 의금부로 끌고 오게 했다.

“신은 이 일에 있어서 기쁜 바가 있습니다.”

송시열이 옆에 있다가 아뢰었다.

“무엇인가?”

“왕자와 공주의 집은 비할 데 없이 높으므로 세상에서 범하기 어렵다 일컫는데, 포도부장은 지극히 미천한 사람이건만 능히 장수의 영을 준수하고 왕궁의 존엄을 알지 못했으며, 대장 이완은 능히 국법을 준수하고 통금을 범한 궁노를 용서하지 않았습니다. 이에 나라에 기강이 있음을 알 수 있습니다.”

“내가 정제현의 일로 인하여 귀중한 말을 듣게 되었다.”

효종은 즉시 이완의 파직과 포도군관의 체포 명령을 취소했다. 이완은 포도대장으로 있으면서 최고 권력자의 수족이 법을 위반해도 가차 없이 잡아들였던 것이다.


## 외로운 성에 달무리 지고

이완은 아버지 이수일을 따라 무예를 연마했다. 그러나 그는 틈틈이 선비들과 교분을 나누면서 학문도 소홀히 하지 않아 대장과 정승을 역임하면서 명성을 떨쳤다. 어려서부터 영리하고 재주가 뛰어났기 때문에 어른들이 나라를 경영할 재목이라고 칭송했다. 그가 과거 시험

李浣 墓碣銘　許穆

公諱浣字子完姓李氏其先延安人
襲洪之後也六世有都觀察使貴山又四世有兵曹
恭議仁文恭議生三陟府使生礪山郡守使
宗郡守生司諫院正言澍正言生觀察使昌庭於公
為皇考以名鄧重於時當光海政亂不甚顯用仁
祖世推拜成鏡道觀察使卒妣貞夫人星州李氏夫
人父應明隱德不見公莊重火言語篤孚諸學以文
學為一時所推重二十二觀察公年八十貞夫人
卒既早失考妣哭泣之哀居喪之卽多勸人者由是
名益顯仁祖十三年為增廣生員明年以薦為東
宮洗馬不就後四年已卯別試丙科及第選為槐院
正字當大凱之後又天大旱上罪已求言公乃上
疏言變通振作之宜凡七條累百言佐郎出為沃溝
縣監海賓斥鹵作不就鑿魚盤為利民食若貧而
太常明年以成均典籍轉禮曹兵曹佐郎以政
侵暴無已漁戶散七公松大空公為政務寬約悉除
無名之征捐邑体以賠民遂子弟勸以學藝數年流
通遷集捕治丁亥俊入禮曹兵曹為正郎移司諫院

《국조인물고》에 실린 이완 모갈명. 《국조인물고》는 조선 정조 때 건국으로부터 숙종 때까지의 주요 인물에 관한 사항을 항목별로 나누어 편집한 책이다.

을 보러갔을 때 옆자리에 간신의 자식이 앉아 있었다. 이완은 그를 보자 배알이 뒤틀려 등에다가 개 견犬 자를 크게 써놓고 나왔다. 친구들이 왜 과거를 보지 않았느냐고 물었다.

"남아가 어찌 그런 더러운 곳에 발을 붙여서야 되겠는가."

이완은 간신의 자식과 함께 과거를 보지 않겠다고 잘라 말했다. 이완의 나이 17세였을 때였다.

이수일이 함경북도병마절도사로 부임하자 이완은 영진營鎭에 머물면서 산천과 도로를 살피고 군사의 포진에 대해서 연구했다. 이괄의 난이 일어났을 때 이수일이 장만의 부원수로 출정했다. 이완이 자청하여 따라가서 적세를 정탐하고 전략을 세우는 일을 도왔다. 인조는 공주로 피난을 가고 적병은 파죽지세로 한양으로 달려왔다.

"마땅히 군사를 해산하고 각기 돌아갔다가 뒤의 거사를 도모해야 한다."

장수들이 다투어 말했다. 이수일은 잠자코 있었다.

"이런 말을 한 자는 참수해야 합니다. 장수 된 자가 어찌 적을 맞아 싸울 생각은 하지 않고 도망갈 생각만 합니까?"

이완이 분개하여 말했다. 이수일은 제장들과 함께 길마재를 점거하고 있었다.

"빨리 삼강三江(한강의 세 부분)의 창곡倉穀(창고에 쌓아둔 곡식)을 점거하여 적에게 빼앗기지 않아야 합니다."

이완은 군량을 지켜야 한다고 주장했다. 이수일이 즉시 군사를 보내 군량을 확보했다. 이완은 불과 17세에 지나지 않았으나 아버지 이수일을 따라다니면서 많은 공을 세웠다. 이괄의 난이 토벌되자 인조는 한양으로 돌아오고 과거가 실시되었다. 이완은 무과에 급제하여 선전관에 임명되었다.

이괄의 난이 토벌되었으나 후금의 위협이 거세어졌다. 인조는 후금과 강화를 맺었다. 이완은 영유永柔현령에 임명되었다. 후금은 강화를 맺고도 오히려 군사를 놓아 노략질을 했다. 이완은 활을 들고 나가 후금 군사를 쏘아 죽였다.

"후금 군사를 죽이면 전쟁이 일어납니다."

영유현의 군사들이 이완을 만류했다.

"우리가 강한 모습을 보여주어야 후금이 노략질을 하지 못한다."

이완은 노략질을 하는 후금 군사들을 과감하게 베어 죽였다. 그러자 후금 군사들이 다시는 노략질을 하지 않았다. 이완이 숙천부사를 지낼 때 명나라 장수 유흥치가 가도假島의 장수 진계성을 죽이고 스스로 그의 군사를 영솔했다. 이완이 계략으로 그 사실을 탐지하고 장계를 올려 조정에 알렸다. 조정에서 군사를 일으켜 그의 죄를 물으려 하자 주장主將 이서에게 말했다. 이서는 인조반정을 일으킬 때 장단부사로 7백 명의 장사를 이끌고 참여했던 인물이다.

"군사를 가벼이 일으켜서는 안 됩니다. 다만 군량 판매로를 차단하여 그를 피곤하게 만들어서 그 변變을 관찰해야 합니다."

이완은 명나라 군사의 군량 판매를 중단시켰다. 군량 때문에 군심을 잃은 유흥치는 과연 자기 부하에게 살해되었다. 이서는 이완의 계략이 성공하는 것을 보고 감탄했다.

"신이 오늘에 이르러 국가를 위하여 큰 장수 될 재목 한 사람을 얻었습니다."

이서가 조정에 돌아와 인조에게 고했다.

"내가 본디부터 알고 있는 터이다."

인조가 흡족하여 웃으면서 말했다. 인조는 이완을 평안도북병사로 발탁했다.

"신의 자식은 나이가 어려서 일에 경험이 없습니다. 자식은 아비가 가장 잘 아는 법이니, 갑자기 중대한 직책에 임명해서는 안 됩니다."

이수일이 임명을 철회해달라고 청했다.

"신하는 임금이 가장 잘 아는 것이니, 경은 너무 염려하지 말라."

인조는 웃으면서 이완을 병사에 임명했다. 이완이 숙천에 있을 때 후금의 장수 용골대가 기병 5백 명을 이끌고 갑자기 안주安州에 이르러

병사 유비柳斐를 협박하여 무역하는 장소를 안주로 옮기려고 했다. 그러나 유비가 따르지 않자, 칼을 뽑아 유비의 갓을 쳤다. 유비의 얼굴이 하얗게 변했다. 용골대는 군사로 성문을 포위하고 위협했다.

"용골대를 잡아 죽이러 가자!"

이완은 그 말을 듣고 즉시 군마를 징발하여 북을 울리면서 성 밖을 지나 산곡 사이에 진을 치고는 밤에 장차 엄격掩擊하겠다고 선포했다. 용골대가 깜짝 놀라 도망갔다. 용골대와 마부대는 시장에 물화가 모이지 않은 것을 트집 잡아 곧바로 압록강을 건너 급히 안주를 향해 왔다. 이완이 병위兵威를 성대하게 갖추고 그들을 만났다.

"물화가 시장에 모이지 않는 것은 바로 우리를 업신여긴 것이다."

용골대가 말했다.

"무역에 대해서는 정해진 조약이 있으므로 한 걸음도 조약을 넘어설 수 없다."

이완이 단호하게 말했다. 용골대와 마부대가 화를 내고 칼을 뽑아들고 협박할 태세를 취했다.

"나와 겨루고 싶다면 얼마든지 상대해주겠다."

이완은 칼을 뽑아들고 그들과 맞섰다. 용골대와 마부대가 군사를 거두어 돌아갔다.

조선과 후금은 팽팽하게 맞섰다.

1636년 2월 24일 후금의 사신 용골대가 한양에 들어왔다. 그들은 후금 태조의 존호를 조선에 알리고 인조의 왕비 한씨韓氏의 문상問喪을 목적으로 왔는데 조선을 후금의 신하의 나라로 취급했다.

우리 한汗(칸)께서는 정토하면 반드시 이기므로 그 공업이 높고 높다. 이에 안으로는 팔고산과 밖으로는 제번諸藩의 왕자들이 모두 황제 자리에 오르기를 원하자, 우리 한께서 '조선과는 형제의 나라가 되었으니 의논하지 않을 수 없다'고 말하였으므로 각각 차인을 보내어 글을 받들고 온 것이다.

용골대와 마부대가 가지고 온 국서로 조선은 발칵 뒤집혔다. 인조는 후금과 강화를 맺기를 원했으나 대신들은 그렇지 않았다. 조선은 국경의 수비를 강화하면서 전쟁 준비에 몰두했다. 김자점을 원수에 임명하여 정방산성을 방어하게 하고 이완을 별장으로 삼았다. 이완은 11월에 수안군수에 임명되었는데 정방산성이 가까웠기 때문이었다.

12월이 되자 마침내 후금이 대대적으로 침략해왔다. 이완은 정방산성 중군에 임명되어 밤을 이용하여 임지로 가기 시작했다. 그때 한 관리가 탈출을 기도하자 즉시 베어 죽이고 또다시 가속家屬을 거느리고 산간으로 들어가는 장교를 만나서 역시 베어 죽이고는, 나무를 깎아 세워 놓고 거기에 써놓았다.

"장교로 국난이 되어 도피하는 자다."

이완은 비장한 각오로 정방산성에 도착했다. 그는 척후병들을 전선에 보내 후금의 군세를 파악했다. 후금은 12만 군사를 휘몰아 조선을 침략해오고 있었다.

'후금은 이렇게 막강한 군사로 침략을 하는데 우리는 무엇을 하고 있는가?'

이완은 후금과의 전쟁에서 승산이 없다고 생각했다. 그러나 장수는 전쟁터에서 죽어야 한다. 이완은 목숨을 걸고 후금을 방어하겠다고 생각했다.

"후금의 기병은 많고도 정예하여 우리가 그들과 대적하기 어려우니, 모름지기 요해처에 복병을 설치하여 그들의 형세를 막아야 할 것입니다. 그렇지 않으려면 제장에게 신칙하여 각 도로 나누어 가서 근왕勤王(군사를 모아 임금의 환난을 구함)하도록 하고 원수부에서는 정예한 군사를 인솔하고서 결정적인 한판 싸움을 벌이다가 불리하면 죽는 것이 옳을 것입니다."

이완이 김자점에게 작전을 보고했다. 김자점은 이완의 작전대로 복병을 매복시키기로 했다. 이완이 골짜기에 복병을 배치하고 얼마 되지 않았을 때 후금의 군사 몇 명이 지나갔다.

"저들은 척후병이니 대진이 곧 뒤따라 올 것입니다."

이완이 김자점에게 말했다.

"동선洞仙 좁은 길목에 군사를 매복시켜 놓았다가 대진이 이르기를 기다려서 포석砲石을 일제히 발사하면 후금 군사를 모조리 죽일 수 있습니다."

이완이 비장하게 말했다.

"그대의 계책대로 하겠다."

김자점이 긴장한 표정으로 말했다. 그때 후금의 기병 3, 4백 명이 흙먼지를 자욱하게 일으키면서 달려왔다. 김자점이 갑자기 성 위에서 북을 울리고 기旗를 흔들었다.

"안 됩니다. 저들은 선봉이니 반드시 대진을 기다려야 합니다. 지금 저들과 싸워서 이긴다 할지라도 얻을 것은 적고 잃을 것이 큽니다."

이완은 김자점에게 공격을 멈추고 기다려야 한다고 말했다. 그러나 김자점은 그의 말을 듣지 않고 계속 북을 쳤다.

"공격하라!"

김자점이 이완에게 명령을 내렸다.

"전쟁의 성패가 이 한 번의 거사에 달려 있으니 죽어도 따를 수 없습니다."

이완은 끝내 군사들에게 공격 명령을 내리지 않았다.

"중군이 감히 원수의 명을 거역하는가? 나에게는 임금께서 하사하신 상방검이 있다. 내 명을 거역하는 자는 참수하라."

김자점이 더욱 노하여 임금이 하사한 상방검을 부하에게 내주었다.

"대사는 이미 틀려 버렸다."

이완은 분개하여 앞으로 나가 적을 유도했다. 후금이 조선 군사가 허약한 것을 보고 즉시 뒤쫓기 시작했다. 이완이 전진과 후퇴를 거듭하는 사이에 기장 김응해가 적에게 포위되어 위급해졌다. 이완이 금갑金甲(황금빛의 갑옷)에 백마를 탄 후금 장수 한 사람을 쏘아 떨어뜨리자 김응해가 위기를 면하게 되었다. 이완이 김응해와 함께 적을 유인하여 산골짜기 가운데로 들어가 호포號砲를 발사하자, 복병이 일제히 공격하여 적이 크게 대패했다. 이완이 군사들을 수합하여 성에 들어가자 사람들이 환호성을 질렀으나 이완은 도리어 실계失計했다고 탄식했다. 그다음 날에 대진이 들판을 새까맣게 덮고 몰려오는데 기치旗幟가 모두 황색이었다.

"이는 반드시 칸汗이다."

김자점은 또 복병을 설치하여 적을 공격하려고 했다.

"어제 살아 돌아간 적이 반드시 보고했을 것이니, 복병은 성공하지 못할 것입니다."

이완이 반대했으나 김자점이 기어이 복병을 매복시켰으나 역습을 받아 대패했다. 때마침 남한산성에서 교지가 왔다. 이때 인조는 비빈들과 봉림대군을 강화도로 피난시키고 남한산성에 들어가 처절한 항전을 벌이고 있었다. 후금의 대군이 조선군이 방어하는 산성을 우회하여 개성을 함락하고 남한산성을 에워싼 것이다.

인조가 이완에게 서찰과 시를 보냈다.

외로운 성에 달무리 지고
위태롭기가 터럭 하나 사이에 있거늘,
경은 어찌하여 월越 나라 사람이 진秦 나라 사람 보듯 하는가.

이완은 통곡하고 군사를 거느리고 전진하여 토산兎山에 이르렀다. 이내 후금의 대군이 파도처럼 몰려왔다. 이완은 후금의 대군과 치열하게 싸웠으나 중과부적으로 패했다. 김자점은 급히 도주하여 산으로 올라가고 이완은 산중턱까지 걸어 올라가 각적을 불어 군사를 불렀다. 겨우 50, 60인의 흩어진 군사가 모였다. 이완은 이들을 모아 원진圓陣을 세웠다. 후금 군사들이 원수로 알고 열 겹으로 포위했다. 이완은 군사를 시켜 돌려가면서 포砲를 발사했다. 아침부터 한낮에 이르러 적의 공세가 더욱 급박해졌다. 군관 윤지륜은 용사였는데, 이때 포위망을 뚫고 들어가서 공에게 적진을 돌파하여 헤쳐 나가자고 청했다.

"여기가 나의 죽을 곳이다."

이완은 피투성이가 되어 치열하게 싸웠다. 이완은 처절한 혈투를 벌이다가 적으로부터 화살 세 대를 맞고 정신이 아득하여 쓰러졌다. 마침 패마敗馬(패전한 말)가 뛰어 도망가면서 그곳을 지나갔다. 이완이 몸을 날려 그 말에 뛰어올라 나는 듯이 달려서 산정山頂에 도착하여 김자점을 만났다.

김자점이 이완의 상처가 깊은 것을 보고 수안으로 돌아가라는 명을 내렸다. 그때 인조가 삼전도에서 후금에 투항했다는 소식이 날아왔다.

'아아, 조선이 망했구나.'

이완은 남한산성을 향해 무릎을 꿇고 통곡했다.

## 북벌의 꿈이 잠들다

인조는 삼전도에서 굴욕적인 항복을 했다. 세자를 비롯하여 많은 대신들과 조선인들이 포로로 끌려가고 인조는 한양으로 돌아왔다. 조선과의 전쟁에서 승리한 후금은 국호를 청나라로 바꾸고 명나라 공격에 나섰다. 그들은 조선에 막대한 군량과 군사 지원을 요청했다. 청나라는 임경업과 이완을 지원군의 장수로 보내라고 지시했다.

"이완은 성품이 강직하여 반드시 그들의 호령에 순종하지 않을 것입니다."

이시백이 인조에게 말했다.

"이번 걸음은 실로 천지의 대의를 범한 일이나, 내가 만일 가지 않으면 조선에 화가 미칠 것이다."

삼전도비. 서울시 송파구 삼전동에 있었던 나루 삼전도에서 인조는 청나라에 항복한다.

　이완은 임경업과 함께 전함을 거느리고 여순旅順에 도착했다. 임경업과 이완은 청나라를 지원하지 않기로 은밀하게 약속했다.

　"며칠 만에야 대릉하大凌河에 당도하겠는가?"

　청나라의 장수가 조선군 진영에 와서 물었다.

　"뱃길은 풍세風勢에 달려 있으므로 예정할 수가 없다."

　임경업이 한숨을 쉬면서 말했다. 그는 청나라에 반격을 가하여 명나라를 도우려는 의도가 있었다. 조선군은 청나라군과 함께 개주에 도착했다. 이완은 저 멀리 돛대가 항구에 은은히 비친 것을 보고 발포하라는 영을 내렸다. 조선군이 명나라군을 향해 일제히 포를 쏘았다. 명나라군이 대군이 공격해 오는 것을 눈치 채고 도피했다.

　"느닷없이 습격하면 마치 주머니 속에 든 물건을 취하듯 쉬운 일인데, 지금 이와 같이 하는 것은 무슨 이유인가?"

청나라의 장수가 조선군 진영을 찾아와 맹렬하게 비난했다.

"우리는 청나라를 도와 명나라군을 공격한 것이다."

이완이 정색을 하고 말했다.

"당신들이 뱃길을 떠난 이후, 일부러 행군을 지연시키고, 남선南船(명나라의 전선)을 만나면 즉시 맞아 싸우지 않았으며, 군량과 병기 등을 이유 없이 던져 버리곤 하였으니, 그 의도가 무엇인가?"

"청나라 장수들이 우리와 같은 배를 타고 왔는데, 내가 어찌 많은 변명을 하겠는가?"

이완이 말했다. 청나라 장수는 하늘에 맹세하라고 요구했다. 이완은 맹세를 하지 않았다.

"당신 혼자만 하늘에 맹세하지 않는 것은 무슨 이유인가?"

"우리나라 사대부는 본디 그런 짓을 하지 않는다. 죽음만이 있을 뿐이다."

청나라 진영에서 다시 등주와 내주로 전진하라고 하자, 이완이 한사코 전진을 거부했다.

"반년 동안 항해한 나머지 사상자가 많고 전선도 죄다 부서졌으며 군량도 거의 다 되었으니, 형편상 다시 큰 바다를 건널 수가 없소. 우리들은 전진해도 죽고 전진하지 않아도 죽게 되었으니, 차라리 여기서 죽겠소."

이완이 강경하게 말했다.

"그렇다면 너희 나라로 돌아가라."

청의 칸이 말했다. 이완이 돌아가겠다고 대답하면 그대로 처벌하려는 생각이었다.

"돌아가라 하니 매우 다행스러운 일이긴 하나, 배가 손상되었으니 어떻게 돌아간단 말이오."

이완은 그 사실을 눈치 채고 칸의 허락을 요구했다.

"내가 이미 돌아가라고 허락하였으니, 수로로 가든 육로로 가든 네 스스로 알아서 하라."

이완이 "그렇게 하겠다"고 승낙하고 즉시 그날 밤으로 배를 부수어 버리고 총과 포를 모두 땅에 묻어서 청나라가 사용하지 못하도록 한 뒤에 반달 먹을 양식만을 가지고 편안히 육로를 따라 돌아왔다.

청나라의 사신이 왔을 때 그를 통역한 정명수는 조선인이었다. 그는 조정을 협박하여 많은 뇌물을 거두고 조정 대신들을 묶어 채찍으로 때리려고 했다.

"너는 정명수 아니냐?"

이완이 칼을 뽑아들고 소리를 질렀다.

"너는 누구냐?"

"나는 이완이다."

정명수가 깜짝 놀라 급히 뜰로 내려가 이완에게 절을 하였다. 정명수는 오랫동안 이수일의 부대에서 군뢰軍牢(군대 안에서 죄인을 다루던 병졸)로 있었기 때문에 이완을 잘 알고 있었다.

"네가 청나라로 돌아가지 않으면 목을 베어 죽일 것이다."

이완이 호통치자 정명수가 얼굴이 하얗게 변해 청나라로 돌아갔다.

홍무적이 고검古劍 한 자루를 가지고 와서 이완에게 주었다.

"이 검은 천지의 지극히 강剛한 기운을 타고난 것이니, 다른 사람은 소유할 수 없다.”

이완은 홍무적이 준 고검을 뽑아들었다.

'내가 이 검으로 반드시 북벌을 이룰 것이다.'

이완은 하늘을 향해 맹세했다.

소현세자와 봉림대군이 심양에 인질로 끌려가 있었기 때문에 인조는 북벌을 단행할 수 없었다. 그러나 소현세자가 8년 만에 돌아와 죽고 뒤이어 봉림대군(효종)이 세자가 되었다가 보위에 오르자 상황이 달라졌다. 효종은 송시열과 이완을 발탁하여 북벌 준비를 했다.

이완은 높은 벼슬에 있었으나 거처할 집이 없었다. 마침내 집 한 채를 지었는데, 이웃 사람이 자기의 땅을 빼앗아 차지했다고 무고하여 대간臺諫의 탄핵이 일어났다.

“이 일을 변명하지 않으면 허물을 입게 된다.”

효종은 해사該司로 하여금 사실을 조사해서 무고한 자를 엄중하게 처벌하고 대간을 배척하여 꾸짖었다.

“신이 집 한 채를 지으면서 거듭 말썽을 불러일으키니, 벌써 고인의 밭두둑을 서로 사양했던 뜻에 어긋난 일인데, 하물며 흉노를 아직 섬멸하지 못한 터에 어찌 집을 짓겠습니까. 신은 실로 이것이 부끄럽습니다.”

이완은 스스로 자책했다. 고인의 밭두둑을 서로 사양했다는 것은 중국의 요순시대 농부들이 순의 어질고 착한 마음을 본받아 밭의 경계로 싸우지 않고 서로 양보했다는 고사에서 나온 말이다.

이완은 어영청의 병제兵制가 뒤죽박죽이었기 때문에 장정만 가려 뽑고 노약자는 빼서 보保로 만들고, 병兵마다 삼보三保를 지급하되, 보마다 두㔤를 징수하여 군량과 기계器械에 소요되는 비용으로 쓰고 이를 12 번番으로 나누어 놓았다. 병兵이 된 자는 천경踐更(병졸로 징발된 자가 자기 대신 사람을 사서 보내는 것)이 드문 것을 즐겁게 여기었고, 보가 된 자는 징수徵收가 적은 것을 기쁘게 여겨 그의 소속이 되려고 서로 다투어서 마침내 대군문大軍門이 되었다. 군사들이 정예해지고 국고를 축내는 폐단도 없어졌다.

"당나라 시대 부병제府兵制의 뜻을 깊이 체득했다."

효종이 기뻐하면서 이완을 칭찬했다.

효종이 하루는 이완을 편전으로 불러들였다.

"국가에서는 예로부터 대장을 마치 가인家人처럼 여겼고, 대장 역시 매월 별도로 기거起居하면서 그대로 입시하여 은밀히 기무機務를 논의하는 법인데 지금 경은 그렇지 않으니, 군신 간의 정의가 서로 신실하지 못한 듯하다."

"신하가 임금을 사사로 뵙는 것은 본디 옳은 일이 아니니, 신이 만일 계달啓達할 일이 있으면 마땅히 정원에 가서 청대請對(임금에게 뵙기를 청함)할 것이요, 전하께서도 의당 정원을 통해서 신을 불러 만나셔야 합니다."

이완이 절하면서 아뢰었다.

"경은 참으로 너무 고집을 피우는 것 같다. 경은 이미 특진관을 겸하였으니, 모름지기 자주 경연에 들어와야 할 것이요, 또한 반드시 불시로 청대해야 할 것이다."

효종이 소환小宦(나이가 젊고 지위가 낮은 환관)을 명하여 어찬御饌을 가져다 대접하고 또 술을 가져오라 하여 술을 권했다.

"우리나라는 조총을 사용하는 것을 장기長技로 삼는데, 한번 만과萬科(무과)를 설치하게 되면 사람마다 총을 내버리고 활을 취할 것이요, 또 허다한 군보軍保를 여기에서 많이 잃게 될 것이며, 수시로 인원을 보충할 즈음에 장차 그 소요騷擾를 감당하지 못할 것이요, 또 그 사람이 이미 정당한 무과 출신이고 보면, 관작을 당장에 취할 수 있다고 여길 것인데, 그들 소망이 뜻대로 이루어지지 않으면 반드시 조정을 원망하게 될 것입니다."

이완은 무과보다 조총으로 군사를 훈련시켜야 한다고 주장했다.

이완은 어영청에 소속된 원군元軍을 2만여 명으로 대폭 확대하고, 이들에게 지급되던 군보軍保도 종전 1보保에서 3보로 늘려 8만여 명의 군보를 확보하는 한편, 안산 덕물도德勿島에 둔전屯田을 설치했다. 훈련대장으로 있으면서 해이해진 군기를 확립하고, 신무기의 제조, 성곽의 개수와 신축 등 북벌 계획과 관련된 대책을 효종에게 건의했다. 그러나 효종이 죽고 현종이 즉위하면서 북벌 계획은 점점 후퇴했다. 이완이 완강하게 반대했으나 많은 조정 대신들을 이길 수가 없었다.

이완은 우의정에 임명되었으나 사양했고, 수어사에 임명되었으나 사양한 뒤에 평생의 꿈인 북벌을 이루지 못하고 죽었다.

214

# 7장

유부녀 납치사건의 희생자
포도대장

# 구일

"허견의 일은 남구만의 상소로 일이 비로소 발로되기는 하였으나,
그 아비 영의정 허적은 비호하고 덮어버려서 남구만은 귀양 가고
허견은 끝내 무사하니, 인심이 더욱 불쾌해 하고 있습니다."

포도청은 범죄를 예방하고 범죄를 다스린다. 조선은 범죄 예방을 위하여 어떤 조치를 취했을까. 조선은 범죄 예방의 목적을 교화에 두고 삼강오륜을 가르치기 위해 노력했다. 그러나 삼강오륜만으로는 범죄가 예방되지 않는다. 조선은 한양에 경수소警守所(일종의 파출소)를 설치하고 통행금지를 실시했다. 통행금지를 위반한 자는 경수소에 가두었다가 통행금지가 끝나면 보내준다. 조선조 초기 세조가 의정부에 내린 교지를 보면 범죄를 예방하기 위한 조치를 살필 수가 있다.

1. 초범한 절도竊盜가 1관貫 이상이 되면 얼굴에 자자刺字하게 한다.
1. 경수소를 소리가 서로 들리는 곳에 배치하여, 강도가 인가 및 거리를 겁략하여 사람을 구타 상해했는데도 경수와 절린切隣(이웃)으로 구원하지 않는 자는 지정불수율知情不首律(대명률 형법 조항)로써 1등급을 내려 논죄하게 한다.
1. 빈 집에 들어가 거처한 황당한 사람은 형조와 한성부의 오부에서 추쇄한 후에, 만약 들어가 거처한 자가 있으면 관령管領(한성 오부의 장)

이 지정불수율로써 1등급을 내려 논죄하게 한다.

1. 2경 1점點에서 4경更이 마칠 때까지는 비록 평민이라도 모두 가두게 한다. 그 중에 만약 질병이나 사상이나 고병告病이 있어 일체 긴급한 사정과 부득이한 일이 있으면 순관巡官이든지 또는 경수에게 고하여서 압송하여 이튿날엔 그 진위를 가리게 한다.

1. 표신標信을 가진 사람 이외의 높고 낮은 사람은 나와 다니지 못하게 한다. 만약 범한 자가 있다면 3품 이하의 관원은 모두 가두고, 당상관 이상의 관원은 종을 가두게 한다.

1. 외방에 나누어둔 도적 등이 도망하면, 이르는 곳의 인리隣里(가까운 마을) 색장色掌(담당자) 등으로서 고발하지 않는 자는 지정장익죄인율知情藏匿罪人律(《대명률》 형법 조항)로써 논죄하되, 1인을 고발하면 면포 10필을 주고, 매 1인마다 2필을 더 주고, 10인 이상을 고발하면 면포 50필을 주게 한다.

1. 강도는 비록 1인을 잡더라도 관직이 없는 사람은 관직을 상주고, 본래 관직이 있는 사람은 높여서 서용하도록 하고, 벼슬하는 일을 감내하지 못할 사람은 면포 50필을 준다. 포악하고 한독悍毒하여 무리를 만들어 여러 해 동안 환해患害된 자를 잡은 사람은 인원의 수효에 구애하지 않고서 3등급을 뛰어 올려 관직을 상주고, 천구賤口는 역役을 면하게 하고, 사천私賤은 도관都官과 전농시典農寺의 노비로써 바꾸어주고, 모두 범인의 가산을 주게 한다.

1. 도적이 자수했는데도 그들 중에서 잡아 고발한 것이 9인 이하는 면포 50필을 주고, 10인 이상은 면포 1백 필을 주고, 포악하고 한독하여 무리를 만들어 여러 해 동안 환해된 자를 잡아 고발한 사람은 제6조에

218

의거하여 논공행상하도록 한다.

1. 병조에서 순찰하는 외에 의금부와 형조의 낭청은 영사<sub>令史</sub>, 장수<sub>杖</sub>
<sub>首</sub>, 나장<sub>螺匠</sub>, 백호<sub>百戶</sub>를 거느리고 일정한 때가 없이 돌아다니면서 순찰
하도록 한다.

1. 외방의 한량<sub>閑良</sub>과 인리<sub>人吏</sub> 내에서 포도패<sub>捕盜牌</sub>를 골라 정하여 밤
중을 이용하여 여러 곳으로 돌아다니면서 능히 도적을 잡은 사람은 논
공행상하도록 한다.

1. 향리로서 능히 강도를 잡은 것이 세 번이나 되는 사람 중 우두머
리가 되는 사람은 자기 몸의 역<sub>役</sub>을 면하게 한다.

1. 도적을 잡은 해당 관리는 차례를 밟지 않고서 포상하도록 하고,
도적을 잡지 못한 자는 파출하도록 한다.

1. 임금이 거둥하거나 조하하는 등의 날에는 통행 표기를 순청<sub>巡廳</sub>에
세우고, 이날에는 밤이 새도록 금하지 않는다.


세조가 내린 교지에는 경수소와 도적을 잡은 자에 대한 포상까지
상세하게 다루고 있다. 그러나 예방조치와 포상만으로 범죄가 근절되
지 않는다. 범죄는 사람들이 사는 곳에서 필연적으로 발생하게 되고,
범죄가 발생하면 범인을 검거해야 한다. 그렇다면 범인을 검거하기 위
해 조선시대에는 어떤 노력을 기울였을까? 범인을 검거하는 기관은 포
도청, 형조, 한성부, 그리고 지방 관아다. 조선시대에 이루어진 범죄인
체포 과정은 정약용의 저서 《흠흠신서》에 '곡산부 강도 김대득 추적보
고서'를 보면 자세히 알 수 있다.

## 조선 수사관의 범인 검거 일지

정조 21년(1797) 7월, 곡산에서 살인사건이 발생했다. 절충장군을 지낸 김오선이 함경도 영풍현에서 소를 사가지고 돌아오다가 곡산에서 강도에게 살해된 것이다. 정약용은 곡산부사로 8월에 보고를 받고 이화동梨花洞 김오선의 집으로 달려갔다. 김오선의 아들 김완보는 뜻밖에 "아버지는 병으로 죽은 것이지 살해당한 것이 아니다"라고 주장했다. 정약용은 김완보의 진술을 선뜻 이해할 수 없었다. 살해당했다는 소문이 나돌고 있는데 가족은 병으로 죽었다고 말하고 있는 것이다. 김완보는 김오선의 장례를 치르고 매장까지 마친 상태였으나 강도에게 살해당했다는 소문은 그치지 않았다.

'결국 사건 현장을 직접 조사해야 하겠구나.'

정약용은 검지檢地(사건 현장)로 조사를 나가기로 했다. 곡산부 이화동에서 사건 현장까지는 1백여 리나 되었다. 곡산부의 사람들이 모두 반대했으나 정약용은 1백 리를 걸어서 영풍으로 갔다. 영풍으로 가는 길은 산이 높고 골이 깊어서 평소에도 도적들이 자주 출몰하는 곳이었다.

정약용은 함경도 영풍 문암동門巖洞에 이르자 탐문수사를 벌여 이봉위와 이창인이라는 소년으로부터 살인사건을 목격했다는 진술과 범인이 김이라는 성씨의 사내라는 사실을 알게 되었다. 작년 12월 이봉위와 이창인 두 소년이 영풍 범곳 마을의 장터에서 재목을 소에 실어 나르는 김가金哥라는 사내와 이야기까지 나누었는데 그가 살인을 하는 것을 목격했다는 것이다. 이봉위와 이창인은 7월 26일 곡산에서 소를 타고 문암동 수구水口를 지나는데 갑자기 길가 풀숲에서 비명이 들리고 소가 콩밭에 누워 있는 것이 보였다. 그 모습이 마치 소가 싸우려고 하는 것처럼 보였다.

"소가 싸우려고 한다. 저 소를 잡아라."

이봉위와 이창인은 깜짝 놀라 크게 소리를 질렀다. 그러나 자세히 보자 검은 물체가 사람을 타고 앉아 마구 찔러대고 밑에 있는 사람이 처절하게 비명을 지르고 있었다. 사내는 그들의 고함을 듣고 이쪽을 힐끗 돌아보았다. 두 소년은 소름이 오싹 끼쳤다. 사내가 벌떡 일어나자 손에 날이 시퍼런 부엌칼이 들려 있었다.

"이놈들, 소리를 지르면 나는 너희를 찌르리라."

사내가 칼을 들고 달려오면서 소리를 질렀다. 칼에서는 피가 흘러내리고 있었다. 이봉위와 이창인은 공포에 질렸다. 사내는 이봉위와 이창인에게 달려오다가 웅덩이에 발을 헛디뎌 꼬꾸라졌다. 두 소년은 그 틈에 재빨리 소에 채찍질을 가하여 허겁지겁 달아났다.

두 소년의 목격담이었다.

'이들의 진술은 조금도 허술해 보이지 않는다.'

정약용은 이봉위와 이창인으로부터 목격자 진술을 확보하자 기포장교譏捕將校(수사장교)인 김광윤과 심창민에게 추적하게 했다.

"얼굴도 이름도 모르는데 어찌 범인을 잡겠습니까?"

김광윤이 불만스럽게 말했다.

"범인을 다 알면 왜 기포장교가 있겠나? 철저하게 탐문수사를 하게. 수사를 하다가 보면 건질 것이 있을 것이네."

정약용이 명을 내렸다. 김광윤과 심창민은 영풍으로 가서 범인의 추

정약용 초상화. 정약용은 《흠흠신서》에
뛰어난 형사 일지를 남겼다.

적에 착수했다. 그들은 사복을 입고 일일이 탐문조사를 했다. 이봉위
와 이창인에게도 작년 12월 김가라는 자가 재목을 사간 범곳 마을 일
대를 샅샅이 누비면서 조사하게 했다. 김가라는 자가 재목을 사갔기
때문에 재목을 판 집을 조사하여 어느 집에서 사갔는지 탐문을 계속
했다.

　범인을 추적하는 일은 어려웠다. 그들은 범인의 얼굴도 이름도 몰랐
다. 그들이 알고 있는 것은 이봉위와 이창인이 진술한 범인의 인상착
의와 범곳 장에서 재목을 사갔다는 것뿐이었다.

　김광윤과 심창민은 오랫동안 조사를 계속했다. 재목을 사간 집을
찾아가서 탐문하면 김가라는 사람을 모른다고 했고, 아니라고 말했다.

김광윤과 심창민은 수사 방향을 바꾸었다. 그들은 영풍 일대에서 집을 나가 돌아오지 않는 사람을 탐문하기 시작했다. 살인범이 살인을 하고 집에서 달아났으리라고 생각한 것이다. 그리하여 영풍의 본리에서 김대득이라는 자가 사건 발생 이후 집을 나가 돌아오지 않았다는 사실을 알게 되었다.

'김대득이란 자가 수상하구나.'

이봉위와 이창인이 진술한 인상착의와 김대득은 유사했다. 그들은 김대득의 지인들을 조사하기 시작하여 김대득이 사건 현장에서 80리나 떨어진 안변 땅 노인령 아래의 인적 없는 깊은 산속에서 숨어 있다는 사실을 알게 되었다. 김대득은 집에 없었다. 김광윤과 심창민은 두 소년을 데리고 잠복했다. 해질 무렵이 되자 김대득이 지게를 지고 나타났다. 김광윤과 심창민은 재빨리 김대득을 덮쳐 검거했다. 김대득의 집을 수색하자 김오선의 옥권玉圈(옥으로 만든 망건의 관자)이 나왔다. 증거까지 확보되자 김대득에 대한 신문이 시작되었다. 김대득은 처음에 완강하게 부인하다가 신문이 계속되자 마침내 자복했다. 김대득이 자복을 하자 재판이 시작되어 그에게 사형이 선고되었다. 김대득은 난장형을 선고받아 곤장을 맞고 죽었다.

'김대득 추적보고서'는 드물게 남아 있는 조선시대 형사 일지다.


유부녀 납치사건이 당쟁에 불을 지르다

조선은 권력자와 기득권을 보호하는 시대였다. 무전유죄 유전무죄라는 말이 조선 사회를 휩쓸었다. 조선의 신분제도는 자식은 부모를 고발하지 못하고, 부인은 남편을 고발하지 못하고, 노비는 주인을 고발하지 못한다. 아랫사람이 윗사람과 동등해지는 것을 제도적으로 금지하고 있는 것이다. 이러한 사회니 권력자들의 범죄가 많았고, 수령들이 백성들을 수탈해도 하소연할 곳이 없었다. 탐관오리의 수탈을 견디지 못한 백성들은 도적이 되고, 수령들은 이러한 도적을 추포하는 악순환이 되풀이 되었다.

숙종시대 영의정을 지낸 남인의 영수 허적에게는 서자 허견이라는 인물이 있었다. 허견은 서자이기 때문에 과거를 보지 못하고 음직으로 교서관정자를 지냈다. 허견은 부친인 영의정 허적의 위세를 믿고 여러 가지 패악한 일을 저지르다가 부녀자를 납치하여 강음하는 범죄를 저질러 한양 장안을 발칵 뒤집어 놓았다.

한성부좌윤으로 있는 남구만이 허견의 부녀자 납치사건을 가지고 숙종에게 상소를 올렸다.

남구만은 조선 개국공신 남재의 후손으로 효종 2년에 진사시에 합격하고, 현종 1년에 이조정랑, 집의, 대사간, 이조참의, 대사성을 거쳐, 전라도관찰사와 함경도관찰사를 역임했다. 임꺽정을 체포하여 명성을 떨친 남치근의 후손이다. 숙종이 등극하자 대사성과 형조판서를 거쳐 숙종 5년에 한성부좌윤이 되었다. 시조 '동창이 밝았느냐'가 《청구영언》에 남아 있는 유명한 문신으로 서인에 속했다.

"남의 아내를 빼앗은 사건이 발각되어 형조와 포도청에서 조사해보니 이동귀의 딸 이차옥은 서억만의 아내였습니다. 허견에게 빼앗긴 사건이 발각되었으나 허적의 압력을 받아 일이 실없이 되었습니다."

남구만은 현직 영의정의 서자 허견을 탄핵했을 뿐 아니라 영의정이 압력을 넣었다고 노골적으로 비난한 것이다.

"남의 재물을 훔친 자를 도둑이라고 말합니다. 남의 부녀자를 빼앗은 자는 도둑 중에서도 가장 흉악한 도둑이니, 마땅히 포도청으로 하여금 엄중하게 조사하여 다스리도록 하소서."

남인을 탄핵할 절호의 기회를 맞이한 서인 병조판서 김석주도 아뢰었다.

숙종은 포도대장 구일(1620~1695)에게 영을 내려 사건을 조사하라고 지시했다. 구일은 판서를 지낸 구인기의 아들로 인조 때 진사가 되고, 효종 때는 금부도사로 벼슬이 올랐다. 횡성현감을 역임할 때 묵은 땅을 개간하는 등의 치적이 있어 송덕비가 세워졌다. 구일은 이후 무과 별시에 급제해 황해도병마절도사를 거쳐 한성부우윤으로 승진되고 포도대장을 겸하고 있었다.

'사건이 단순한데 권력자들이 개입하고 있으니 골치가 아프구나.'

포도대장 구일은 사건이 공론화되자 난감해졌다. 그는 사건을 포도부장에게 맡기지 않고 자신이 직접 처리하기로 했다. 피해자인 이차옥은 양반의 딸이고 시집도 양반가였다. 가해자는 현임 영의정인 허적의 서자였다. 허적은 적장자가 없었기 때문에 첩에게서 낳은 아들 허견을 애지중지했다.

구일은 사건을 신중하게 처리하기 위해 양반인 이동귀를 소환하지 않고 종인 득민을 불러다가 조사했다.

"네 주인의 딸을 납치한 자가 누구인지 사실대로 고하라. 추호도 거짓이 있어서는 안 된다."

구일이 득민에게 영을 내렸다.

"방목교防木橋 근처 이씨 집에서 술자리를 차리고 친정 나들이를 한 아씨를 맞아들였습니다. 아씨는 날이 저물어 집으로 돌아가는 길에 납치되었습니다. 납치한 자는 바로 허견입니다."

이동귀의 종 득민이 벌벌 떨면서 대답했다. 포도청에는 의장기가 하늘 높이 펄럭이고 종사관을 비롯하여 포도부장, 포도군관, 형장 사령들이 삼엄하게 도열해 있었다.

"이차옥이 납치된 것을 본 자가 있느냐?"

"숙지가 보았습니다."

"숙지는 무엇을 하는 자냐?"

"아씨의 몸종입니다."

구일은 이차옥의 몸종 숙지를 소환했다. 숙지는 십대 후반의 나이 어린 계집종이었다.

"네가 이차옥의 몸종이냐?"

"예."

"이차옥이 어찌하다가 납치되었는지 소상히 고하라."

"아씨께서 저를 데리고 방목교 지난 곳에 있는 친정에 나들이를 했습니다. 친정에서 즐겁게 보내고 서족庶族의 배웅을 받으면서 시집으로 돌아가는 길이었습니다. 이미 해가 기울고 있었는데 갑자기 안장을 얹지 않은 말을 끌고 한 사내가 다가왔습니다."

"그가 누구냐?"

"모르는 사내입니다."

"그가 무엇이라고 했느냐?"

226

"그가 다급하게 말하기를, '서동지(이차옥의 남편 서억만의 아버지) 아내가 갑자기 병이 위독해졌는데, 마침 집 안에는 심부름할 사람이 없어 나에게 마중을 부탁했다'고 하였습니다."

"그럼 이차옥의 시어머니가 아팠다고 말한 것이냐?"

"그렇습니다."

"그래서 어찌되었느냐?"

"아씨께서 깜짝 놀라 황급히 그 말을 타고 갔는데 말을 모는 사람이 채찍을 쳐서 마구 달려갔습니다. 저희들이 이상하게 생각하여 뒤따라 가려고 했으나 미처 따라가지 못했습니다. 길에서 한 사람에게 물었더니, 머리를 덮어씌운 한 여인이 급히 사직동으로 향했는데 영의정 허적의 집으로 가는 것 같다고 했습니다."

"그 후 어찌 되었느냐?"

"사방으로 아씨를 찾아 헤맸으나 찾을 수 없었습니다."

"이차옥은 어떻게 돌아온 것이냐?"

"그 후 5, 6일이 지난 어느 날 황혼에 아씨께서 주인집(서억만의 집) 문 밖에 버려졌습니다. 주인집에서 아씨를 받아들이지 않았습니다."

"그럼 이차옥은 어디로 간 것이냐?"

"친정에서 그 이야기를 듣고 나리(이동귀)께서 데리고 와서 납치당한 연유를 물으니, '사직동 오른쪽에 한 집이 있는데, 집이 높다랗고 크며 마당이 널찍하였다' 했습니다."

여종 숙지의 말을 들은 구일은 탄식했다. 이차옥은 허견의 종들에게 납치되어 5, 6일 만에 서억만의 집 문 앞에 버려졌다. 5, 6일 만에 풀려났으니 서억만의 집에서는 정조를 잃은 것으로 판단하여 이차옥을 집에 들이지 않은 것이다.

피해자인 이차옥은 비통했다. 그녀의 시집과 친정도 망연자실했다. 여자의 정조를 목숨처럼 생각하던 조선시대라 두 집안은 분개했다.

이동귀는 허견을 포도청에 고발했다. 포도대장 구일은 사건을 조사하고도 선뜻 처리하지 못했다. 그는 서인 계열이었기 때문에 남인의 영수인 허적의 아들 허견을 잡아들이면 당쟁을 일삼는다고 비난받을 우려가 있었다. 그런데 강경한 남구만이 사건을 공론화시켜 버린 것이다.


## 진실이 가려지는 세상


유부녀 이차옥 사건은 이제 공론화되었다. 서인은 이를 빌미로 남인을 공격했고, 남인은 서인이 모함을 한다고 비난했다. 한양 장안도 온갖 부언浮言(뜬소문)이 난무하여 떠들썩해졌다.

허견이 이차옥을 납치하여 유린한 사건은 강상의 죄에 해당된다. 강상의 죄는 삼강오륜을 위반한 죄다. 삼강은 군위신강君爲臣綱, 부위자강父爲子綱, 부위부강夫爲婦綱을 일컫는 것이고 오륜은 군신유의君臣有義, 부자유친父子有親, 부부유별夫婦有別, 장유유서長幼有序, 붕우유신朋友有信을 말한다.

삼강오륜은 조선의 국시였기 때문에 이를 위반하면 십악대죄로 다스렸다. 십악대죄는 모반謀反, 모대역謀大逆, 모반謀叛, 악역惡逆, 부도不道, 대불경大不敬, 불효不孝, 불목不睦, 불의不義, 내란內亂을 일컫는다. 이러한 죄를 저지르면 당사자는 사형을 당하고 처자는 노비로 전락한다. 죄인의 집은 헐어서 연못을 만든다. 고을은 호칭이 격하되고 수령은 파면을 당한다.

포도대장 구일은 허견이 영의정의 아들이라고 해도 강상의 죄를 저질렀기 때문에 숙종에게 보고했다. 숙종은 구일에게 안장 얹지 않은 말을 몰고 온 사람을 연행하여 심문하라는 영을 내렸다.

"전하께서 영을 내리셨으니 의심스러운 자를 잡아 오라."

포도대장 구일이 포도청 종사관들에게 영을 내렸다. 종사관들이 포졸들을 이끌고 이차옥이 납치되었던 방목교 인근에서 탐문수사를 하기 시작했다.

"여인을 납치한 자를 본 적이 있느냐?"

포졸들은 방목교 일대를 샅샅이 조사했다.

"그 자를 본 적이 있습니다."

오랫동안 탐문수사를 하자 마침내 목격자가 한 사람 나타났다.

"그 자가 누구냐?"

"영의정 허적의 서자 허견의 종인 순기順己라는 자입니다."

목격자의 진술에 포졸들은 깜짝 놀랐다. 포졸들은 포도청으로 돌아와 구일에게 보고했다.

"이제는 증인까지 나타났구나."

구일은 탄식했다.

"이제 어찌합니까? 허견을 잡아들입니까?"

종사관들이 근심스러운 표정으로 구일에게 물었다.

"우선 순기라는 종을 잡아들여라."

구일은 사직동에 있는 허적의 집으로 포졸들을 파견했다.

"이 댁의 종들 중에 순기라는 자가 있다고 들었소. 그 자는 죄인이니 우리에게 넘기시오."

종사관이 종들에게 말했다.

"이 댁에 순기라는 종은 없소."

허적의 종들이 냉소적인 표정을 짓고 말했다.

"이 댁에 있다고 들었는데 어찌 죄인을 내놓지 않는 것이오?"

"그런 사람이 없다는데 굳이 내놓으라고 시비를 거는 이유가 무엇이오? 영의정 대감을 업신여기는 것이오?"

포도청 종사관과 허적의 종들은 옥신각신했다.

"내 집에는 순기라는 종이 없으니 썩 돌아가라."

그때 영의정 허적이 나와서 종사관들에게 호통을 쳤다.

"목격자가 이 댁에 있다고 진술했습니다."

종사관이 허리를 숙이고 대답했다. 상대는 만인지하 일인지상萬人之下 一人之上이라는 영의정이다. 종사관은 영의정 앞에서 위축될 수밖에 없었다.

"그놈이 거짓을 말한 것이다."

"그렇다면 들어가서 수색해도 되겠습니까?"

"닥쳐라. 너희들이 감히 영의정을 우습게 보는 것이냐?"

허적은 펄펄 뛰면서 수색을 거부했다. 포도청 종사관들은 감히 허적의 집을 수색할 수 없었다.

"영의정이 죄인을 내놓지 않으니 방법이 없구나. 그 집을 에워싸고 범인이 나올 때까지 기다려라."

포도대장 구일은 포도청 군사들로 하여금 영의정 허적의 집을 에워싸게 했다. 이는 조선왕조 5백 년 역사에서 처음 있는 일이었다.

포도청과 허적의 종들은 삼엄하게 대치했다. 허적이 위기에 몰리자 남인들은 서인들이 자신들을 공격하는 신호탄이라고 생각했다. 그들은 즉시 반격에 나섰다.

구일은 남인들이 긴박하게 움직이기 시작하자 사건의 피해자인 이차옥을 불러 조사했다. 이차옥이 양반가의 여인이었기 때문에 다모茶母를 동원해 진술을 받았다.

이차옥은 울면서 허견에게 끌려가 음행을 당한 일을 낱낱이 진술했다. 그녀가 저항을 하자 허견은 발로 차고 옷을 찢고 유린했다. 그렇게 능욕을 당한 뒤에 이차옥은 거지꼴로 서억만의 집 대문 앞에 버려졌다고 진술했다.

'허견은 짐승 같은 놈이다.'

구일은 이차옥의 진술서를 읽고 분개했다.


## 남인들의 반격

포도청의 가장 중요한 임무는 도적을 잡는 일이다. 형조는 평민들의 고소와 고발 사건을 조사하거나 재판한다. 이차옥 사건 역시 형조에서도 조사가 이루어졌다. 남인들은 이차옥의 옥사를 뒤집기 위해 반격에 나섰다. 먼저 좌의정 권대운과 우의정 민희 등이 숙종에게 차자箚子(간단한 서식의 상소문)를 올렸다.

"요즈음 남의 아내나 첩을 빼앗는다는 이야기가 항간에 퍼지고 있습니다. 세도가 크게 무너져 와전된 말이 날마다 꼬리를 물고 일어납니다. 전에도 마음과 귀를 깜짝 놀라게 하는 말들이 한두 번이 아니었으나, 끝내는 사실무근으로 밝혀져 자연히 소멸된 적이 많았습니다. 포도청이 주관하는 일은 도둑을 다스리는 일이며, 간음한 죄나 속이는 죄는 말할 것도 없이 법조法曹에서 다스리는 것이 당연합니다."

권대운과 민희는 은근하게 남인들이 장악하고 있는 형조나 의금부에서 이들을 신문해야 한다고 주장했다.

"이차옥의 옥사는 간음사건이니 의금부에서 조사하라."

숙종이 영을 내렸다. 이에 이차옥의 아버지 이동귀를 비롯하여 종들이 의금부로 끌려가 조사를 받았다. 포도청은 이동귀의 종들에 대한 조사를 계속했다. 의금부와 형조, 포도청에서 조사가 따로따로 이루어지자 사건이 제대로 드러나지 않았다.

"아! 인심과 세도가 날로 더욱 간악해져 대낮에 이와 같은 약탈 사고가 일어났으니, 한탄스러운 일로서 이보다 더 심한 것이 없다. 그런데 해조에서는 공연히 사사로운 마음을 품고 되풀이해서 엄하게 조사하는 조치를 끝내 취하지 않으니, 지극히 놀랍다. 사건을 포도청으로 이송하여 이미 남김없이 실정을 받아냈으니, 형조에서 허술하게 다루었다는 사실을 이로 미루어 알 수 있다. 이동귀가 비록 무과 출신이기는 하지만, 이렇게 막대한 옥사를 따로따로 심문하다가는 사실을 밝혀내기 어려우니, 곧 포도청으로 하여금 그들 모두의 자복을 받아낸 뒤에 형조로 이송해도 늦지 않다."

숙종은 포도청에 엄중하게 조사하라는 영을 내렸다. 그러나 의금부에서도 이동귀를 조사했다. 이동귀는 의금부의 가혹한 조사에 굴복했다.

"저희들은 포도청에서 거짓 자백을 했습니다."

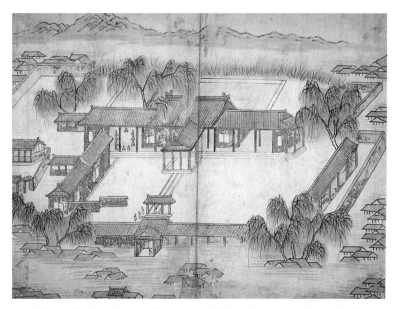

금오계첩. 금오(金吾)는 의금부의 별칭이다. 〈금오계첩〉(1739)은 의금부 관원들의 계모임을 기념하기 위해 작성한 것으로, 의금부 관원들이 계회를 하는 모습을 담았다.

"어찌 거짓 자백을 했느냐?"

"포도청에서 가혹하게 고문하여 어쩔 수 없이 자백했습니다."

"그럼 허견이 이차옥을 납치했다는 것이 거짓 자백이란 말이냐?"

"과연 그러합니다."

판의금부사 오시수 등이 아뢰었다.

"여러 사람들이 말을 둘러대니, 진실로 형신을 청해야 마땅하겠지만, 포도청이 행한 혹독한 형벌로 인하여 중상을 입고 넋을 잃었으니, 우선 형신을 시행하지 마시고 허견부터 잡아 심문하소서."

오시수는 허견을 잡아들이자고 숙종에게 보고했다.

"이동귀가 포도청에서 고문을 당했느냐?"

숙종이 탄식하면서 오시수에게 물었다.

"고문을 당해 여러 번 혼절했다고 합니다."

"허견을 잡아들여 신문할 필요가 없다. 포도청에서 고문을 했다고 하니 어찌 진실이겠는가?"

숙종은 판의금부사 오시수의 청을 거절했다. 오시수는 허견을 잡아들이자고 요구하면서도 포도청이 기혹하게 조사를 했다고 아뢰었다. 숙종은 그 바람에 포도청의 조사를 신뢰하지 않게 되었다.

"의금부에서 이동귀가 경의 아들을 무고했다고 아뢰었다. 경은 이일로 상심하지 말고 정사에 진력하라."

숙종은 허견이 무죄라고 결론을 내리고 영의정 허적을 위로했다.

"신의 자식이 만약 남의 아내를 빼앗아 신의 집에 두었다가 돌려보냈다면, 어찌 신이 집에 있으면서 알지 못할 리가 있습니까? 만약 신이 알면서도 아뢰지 않았다면, 이는 신의 죄입니다. 성상께서 물불 가운데서 건지시어 편안한 자리에 놓아주시니, 신은 실로 죽을 곳을 알지 못하겠습니다."

허적이 감격하여 아뢰었다.

"뜻을 잃은 무리들이 밤낮으로 원망하고 독을 품어 기어이 일을 저질러 교묘하게 맞추려고 하고 있습니다. 조정에 있는 여러 신하들은 일찍감치 물러나는 것이 좋으며, 신들도 돌아가 전리田里에서 죽도록 하여 주소서."

좌의정 권대운은 서인들이 자신들을 모함한다고 하며 향리로 돌아가겠다고 말했다.

"포도청은 도둑을 살피기 위하여 만들었습니다. 신은 대신의 자리에 있으면서 그 살핌의 대상이 되었으니, 어찌 감히 편안할 수 있겠습니까? 구일이 신의 집에서 순기를 찾기에, 신이 '우리 집에는 본래 순기가 없다. 만일 믿지 못하겠거든 가서 장적帳籍(노비 문서)을 보아라'고 했습니다. 그 뒤에 그는 '안장 얹지 않은 말을 몰고 온 사람을 추문하지 못했다'고 아뢰었으니, 더욱 이상합니다. 신이 아무리 보잘것없지만 어찌 감히 속이겠습니까?"

허적이 포도대장 구일을 비난했다.

"경은 안심하라. 내가 자세히 알고 있다."

숙종이 대답하고 이어서 영을 내렸다.

"남구만이 좌윤 벼슬이 제수되자 부모의 병 때문에 내려갔는데, 이내 이런 소를 올린 것은 마음씀씀이가 비뚤어졌으며 속마음이 이미 노출된 것이다. 좌윤 남구만을 멀리 유배하라."

숙종이 영을 내렸다. 남구만은 허적을 탄핵하다가 오히려 유배를 가게 되었다. 진실이 허위로 둔갑한 순간이었다.

허적은 좀스런 작은 그릇으로 본시 학식이라곤 없는데, 자신이 영의정 자리에 있으면서 임금에게 아부하였다. 서자를 지나치게 사랑하였는데, 부도한 행동을 하고 남의 아내를 빼앗는 것은 다만 여사餘事일 뿐이었으므로, 말썽이 자자하여 열 손으로도 가리기 어려웠다. 남구만은 마침내 희망한 일에 죄를 입어 먼 곳에 유배되었는데, 허적과 허견은 탈없이 여전하니 형벌을 적용함이 이렇게 전도되었는가? 허적은 임금 지척에서도 임금을 속이고 숨기는 일을 해냈으며, 권대운 역시 사실 무근한 말로 무죄를 동조함으로써 임금을 속이는 죄과에 함께 돌아가게 되었으니, 아! 통분하다.

《조선왕조실록》에서 사관들이 허적을 맹렬하게 비난했다. 그러나 이차옥 납치사건은 남인과 서인의 치열한 당쟁을 불러왔다. 이러한 경우에는 임금의 복심에 따라 사건이 달라진다. 숙종이 마침내 판부判付(판결문)를 내렸다.

이 사건은 포도청에서 꾀어 거짓 자백을 받은 것이 명약관화하다. 차옥의 시고모가 죽음으로써 원통함을 하소연한 것도 바로 이 옥사의 분명한 증거가 된다. 구일은 포도대장의 신분으로 막중한 옥사를 최대한 꼼꼼하고 조심성 있게 다루었어야 할 텐데, 오히려 중요한 곳에서는 대충대충 지나갔을 뿐 아니라 묻지 않은 것은 일찍이 들었다고 했으며, 허견의 죄를 조작하여 영의정의 집을 몰래 살폈다. 체통이 비록 무너졌다고 하지만 멸시하기를 감히 그렇게까지 하는가? 심지어 대신의 노복들을 아울러 다 추문했는데 계목啓目 가운데 '안장 얹지 않은 말을 몰고 온 노자奴子들을 차례로 추문했다'는 말을 썼으니, 위에 속여 보고한 것이 더욱 놀랄 일이다. 우선 구일부터 먼저 잡아 문초하여 죄를 정하고, 허견을 비롯한 갇혀 있는 자들을 방송放送하라. 또 포도청 군관과 하인 중 죄인을 꾄 자는 각각 순차로 논죄하라.

숙종의 판부를 읽으면 사건은 오리무중에 빠지게 된다. 숙종은 '안장 얹지 않은 말을 타고 온 남자 종'을 체포하지 않았으면서도 이들을 차례차례 조사했다는 허위 보고서를 올렸다고 비난한 것이다. 그러나 이 사건은 남인과 서인의 당쟁으로 발전하면서 미궁으로 빠진다. 실록은 판의금 오시수가 허적에게 은밀하게 협조했다고 기록하고 있다. 숙종은 이런 판부가 내려왔으니 남인이 그냥 있을 리가 없다.

"옥사를 다스리는 체통은 십분 분명하고 신중해야 합니다. 만약 그 럴싸하게 없는 죄를 꾸미고 교묘하게 현혹시킨다면 이야말로 간인奸人의 수단입니다. 지난번 떠도는 말로 빚어진 옥사는 포도청으로 돌아갔는데, 구일은 대장의 신분으로 요행히 남을 모함할 기회를 얻어 사인私人을 배치하여 백방으로 꾀를 내어 곧 그 비부婢夫를 시켜 성명을 가르쳐주고 죄인에게서 거짓 자백을 강요했던 것입니다. 이러한 의도를 심복 부하에게 은밀히 지시하고 위협도 하고 꾀기도 하여 전혀 근거 없는 것을 만들어냈습니다. 심지어 이름 없는 종을 잡아오고 병졸을 풀어 정승의 집을 몰래 살피게 하였으니, 이는 실로 전에 없던 파렴치한 짓 거리입니다. 그 의도가 어찌 하찮은 허견 하나 때문에 나왔겠습니까? 가벼운 벌을 주는 것은 도저히 옳지 않으니, 먼 변방으로 유배를 보내소서."

지평 윤의제가 기다렸다는 듯이 포도대장 구일을 탄핵했다. 숙종은 지평 윤의제의 상소를 받아들여 구일을 유배 보냈다.

'죄인을 수사한 내가 유배를 가다니……'

구일은 유배를 가면서 씁쓸했다.

'아아, 어찌 이럴 수가 있는가?'

포도대장 구일이 귀양을 가면서 실제 피해자인 이차옥은 원통하여 피눈물을 흘렸다.

"허견의 일은 남구만의 상소로 일이 비로소 발로되기는 하였으나, 그 아비 영의정 허적은 비호하고 덮어버려서 남구만은 귀양 가고 허견은 끝내 무사하니, 인심이 더욱 불쾌해 하고 있습니다. 의리를 버리고 세리勢利를 좇는 무리가 안팎으로 늘어서서 문정門庭이 저자와 같고 뇌물이 줄을 이으며, 귀척과 환관이 깊이 관계를 맺고, 아첨하고 아양 떠는 자와 친히 지내니 주상께서 이 사람과 더불어 국사를 꾀한다면 나라가 잘 다스려지기 어려울 것입니다. 바라건대 전하께서는 잘 살피소서.

판부사 허목이 영의정 허적을 다시 탄핵했다.

"경의 차자箚子 내용을 보니 나도 몰래 마음이 오싹하고 뼈가 선뜩해진다. 지금 와서 함께 공경하며 같이 다스리는 의를 생각지 않고 준절히 시기하는 무리의 모함하는 말에 동요되어, 신하로서 차마 듣지 못할말을 하고 있다. 무지막지한 죄를 영의정에게 씌워서 장차 조정을 파멸시키고 국사를 파괴하려 하니, 이 무슨 꼴이며 이 무슨 짓인가? 내가 실로 마음이 아프고 한숨이 나온다. 안팎으로 결탁하여 기만하고 영합한다는 등의 말을 영의정에게 억지로 씌운다면 군부君父를 어떤 처지에 갖다 두겠다는 말인가? 이는 실로 나의 부덕함에 말미암은 것이다. 그저 스스로 통탄스럽고 부끄러울 따름이다."

숙종은 허목을 맹렬하게 질타했다. 숙종은 아직 정권을 서인들에게 내주고 싶지 않았던 것이다. 정권은 남인이 계속 잡게 되었다.

숙종은 재위에 있는 동안 필요에 따라 여러 차례 환국을 일으킨 임금이다. 그는 인현왕후를 폐위시켰다가 복위시키고 장희빈을 왕비로 책봉했다가 사약을 먹여 죽인 임금이다. 그는 남인들이 안하무인으로 권력을 휘두르자 불쾌하게 생각했다.

경기도 고양시 용두동 서오릉에 있는 조선 제19대 국왕 숙종의 명릉. 숙종과 계비 인현왕후를 모셨다. 숙종은 재위에 있는 동안 필요에 따라 여러 차례 환국을 일으킨 임금이다. 인현왕후를 폐위시켰다가 복위시키고 장희빈을 왕비로 책봉했다가 사약을 먹여 죽였다.

'이제 정권을 바꿀 때가 되었구나.'

숙종은 서인들에게 정권을 내주기로 결심했다. 그 일환으로 포도대장에 서인 김석주를 임명했다. 때마침 대사간 유상운, 정언 박태손, 이언강이 이차옥 사건을 다시 거론하면서 허견을 탄핵했다.

"전前 교서 정자 허견은 성품이 음란한데, 겸하여 문묵文墨이 있음으로써 아비의 적자嫡子가 없음을 다행으로 삼고 아비의 늙음을 타서 아비의 권력을 빙자하여 교만, 사치, 음란, 방탕한 행동과 간사하게 취하고 속여서 빼앗는 일은 나라에 말이 시끄럽게 전파되고 청간請簡을 만들어 팔도에 두루 다니면서 수로로 수송하고 육로로 운반하여 뇌물이 저자와 같으며, 상인商人에게 반만半萬의 금金을 약탈하고 영역嶺驛에 백명이 넘는 종을 협박해 빼앗았으며, 기타 간사한 짓을 한 것은 다 헤아리기가 어렵습니다. 이는 나라의 요인妖人이며 가정의 난자亂子라고 이를 만하니, 청컨대 절도에 안치하기를 명하소서."

서인들은 강경하게 허견을 몰아세웠다. 허적을 직접 거론하지 않았으나 아비의 권력을 빙자했다고 비난했다.

"어제 대계臺啓(사헌부나 사간원의 대간들이 벼슬아치의 잘못을 임금에게 보고하던 글)를 보건대, '허견이 명류를 친압하고 효변驍弁을 체결한다'고 한 것은 진실로 매우 헤아릴 수 없으니, 해부該府로 하여금 기한을 작정하여 배소配所에 보내게 하되, 즉시 사유를 써서 들이게 하라."

숙종이 영을 내렸다. 이는 숙종이 정권을 서인들에게 내주겠다는 신호탄이었다. 서인들은 허적과 권대운 등을 맹렬하게 탄핵하여 조정에서 물러나게 만들었다. 그러나 그것으로 끝나지 않았다. 김석주 등은 허견이 복창군 형제와 역모를 일으켰다고 주장했다. 허견은 역모에 연루되어 혹독한 고문을 당한 뒤에 사사되었으며, 남인은 큰 타격을 받고 실각했다.

허견은 부녀자를 납치하여 강음을 했으나 역모사건으로 죽음을 당했다. 결국 천벌을 받은 셈이다.

구일은 유배지 김해에서 한가한 나날을 보내다가 서인들이 집권을 하게 되자 특별히 한성부판윤 겸 총융사에 임명되고, 1688년 지돈령부사가 되었다. 1689년 기사환국으로 또다시 대간의 탄핵을 받아 삭직당해 송추에서 은거했다. 1694년 갑술환국으로 지훈련원사 등에 제수되었으나 병으로 사직한 뒤에 숙종 21년 75세로 세상을 떠났다.

# 8장

검계를 일망타진한
포도대장

# 장붕익

"오늘부터 도적과 전쟁을 선포한다.
도적들이 횡행하는 것은 적국(敵國)이나 다를 바 없다."

범죄에 있어서 절도나 강도가 개인적이거나 우발적일 때는 큰 사회문제가 되지 않는다. 그러나 도적이 무리를 지어 활개를 치면 군도群盜가 되고 산에서 무리를 지어 강도짓을 하면 화적火賊이 된다. 조선조 초기에는 화적들이 많았다. 그러나 조선조 중기에 이르면 사람이 많은 도성이나 도회에서 무리를 지어 활개를 치는 도시형 도적들, 이른바 무뢰배들이 나타났다. 《조선왕조실록》의 사관이 갈파했듯이 이러한 도적의 무리는 국가가 선정을 베풀지 않았기 때문에 나타난다.

## 조선의 뒷골목을 휩쓴 검계

도적이 되는 사람들은 대부분이 천민이었고 탐관오리들의 수탈로 농지를 빼앗긴 농민들이었다. 도적들 중에는 단순한 강도뿐만 아니라 양반들을 조직적으로 살해하는 검계들도 등장했다.

무뢰한 무리들이 서로 모여 계契를 만드니, 혹은 살략계殺掠契라 하고, 혹은 홍동계鬨動契라 이르고, 혹은 검계劍契라 하였다. 혹은 밤에 남산에 올라 태평소를 불어서 군사를 모으는 것같이 하고, 혹은 중흥동에 모여 진법을 연습하는 것같이도 하며, 혹은 피란하는 사람의 재물을 추격하여 탈취하기도 하여 간혹 인명을 살해하는 일까지 있었다. 청파 근처에 또 살주계殺主契가 있었는데, 목내선의 종도 또한 들어 있어 목내선이 즉시 잡아 죽였다. 좌우 포도청에서 7, 8명을 체포하여 그 계의 책자를 얻었는데, 그 약조에, '양반을 살육할 것, 부녀자를 겁탈할 것, 재물을 약탈할 것' 등이 있었고, 또 그 무리들이 모두 창포검菖蒲劍을 차고 있었다.

우대장 신여철은 관대히 용서하는 경우가 많았고, 좌대장 이인하는 매우 엄하게 다스렸다. 적당들이 숭례문 및 대간의 집에 방문榜文을 걸기를, "우리를 만약 모두 죽이지 못하면 종말에는 너희들 배에다 칼을 꽂고 말 것이다" 하였다. 경기도 광주에 한 과부의 서얼 사촌이 있었는데, 검계의 일당이었다. 교하交河의 깊은 산골에 촌사람이 많이 모였는데, 어떤 한 사람이 말하기를, "장차 난리가 일어나면 우리도 양반을 아내로 삼을 수 있다" 하니, 숙수熟手 개천開川이란 자가 큰소리로 말하기를, "양반의 음문은 심히 좋다는데 이제 얻을 수 있게 되었다" 하였다. 그 마을의 양반이 듣고 사형私刑으로 50대의 볼기를 쳤는데, 들은 자가 모두 그놈을 광주의 도적과 함께 베어 죽이지 못함을 한하였다. 광주의 도적을 잡아 문초할 때에, 청탁의 편지가 연달아 날아 들어오고 과부가 날마다 관문官門에 와서 울부짖다가 적을 죽이니, 과부도 또한 스스로 목매어 죽었다.

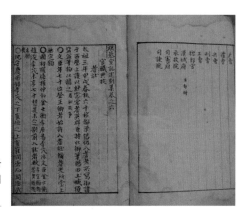

《연려실기술》은 조선 후기의 학자 이긍익이 지은 조선시대 야사총서(野史叢書)이다.

이긍익의 《연려실기술》에 있는 기록이다. 숙종 때 두 포도대장 이인하와 신여철은 검계와의 전쟁을 벌였다. 포도대장들이 대대적으로 검계를 소탕하자 그들은 '너희들의 배에 칼을 꽂겠다'라고 무시무시한 협박을 하기도 했다. 검계는 이처럼 무서운 존재들이었다. 나라가 어지러우면 사회악이 기승을 부린다. 검계들이 백성들을 공포에 떨게 하는가 하면 걸인들이 군대의 대장을 협박하는 일도 벌어졌다.

영조 36년(1760)에 큰 풍년이 들자, 임금께서 서울과 지방에서 잔치를 베풀어 즐기라고 명하셨다. 용호영의 악대는 오군영五軍營 중에 으뜸이었는데, 그중에 이씨李氏 성을 가진 자가 악대의 대장으로 그를 패두牌頭라고 불렀다. 이 패두는 평소 호걸이라고 소문이 나서 도성의 기생들이 모두 그에게 쏠렸다. 당시에는 금주령이 매우 엄격하여 높고 낮은 관리의 연회에 오로지 기녀와 음악만을 숭상하였으므로 용호영의 악대를 데려다가 음악을 연주하면 훌륭한 잔치이고, 그렇지 못하면 수치로 여겼다.

이씨는 연회에 자주 초청되어 피곤하였으므로 때로는 병을 핑계로 집에 있기도 하였는데, 어느 날 갑자기 어떤 거지가 찾아와서 부탁하였다.

"거지 왕초 아무개가 삼가 패두님께 아룁니다. 다행히 국가의 명령으로 온 백성들이 함께 즐기게 되었으니, 저희가 비록 거지이지만 또한 국가의 한 백성입니다. 아무 날에 여러 거지들이 모여 연융대鍊戎臺(창의문 밖의 군사를 훈련시키던 곳)에서 잔치를 하려 하니, 수고로우시겠지만 패두님께서 음악을 도와주신다면 저희들은 감히 그 은덕을 잊지 않겠습니다."

이씨가 매우 화를 내며 꾸짖기를,

"서평군 이요李橈와 낙창군 이탱李樘의 부름에도 내 가지 않았는데, 어찌 너희 거지들을 위해 음악을 연주한단 말이냐?"

하고는 종을 불러 쫓아내니, 거지가 웃으면서 물러갔다. 이씨는 더욱더 분노하며 비통해했다.

"나는 악대 노릇이 이처럼 천한 직업인 줄은 생각지 못하였다. 거지까지 나를 부리려 하다니."

잠시 후 어떤 사람이 와서 매우 거칠게 문을 두드리기에 이씨가 나가 보니, 다 떨어진 옷을 입고 있으나 몸은 매우 건장한 이가 있었는데 바로 거지 왕초였다. 그는 눈을 부릅뜨고 이씨를 노려보며 말했다.

"패두님의 머리통은 구리로 되었고 집은 쇠로 지었습니까? 우리 무리 수백 명이 성안에서 흩어져 돌아다니면 순라군도 묻지 않습니다. 저희들이 몽둥이 하나에 횃불 하나씩 들고 오면 패두님의 무사함을 보장할 수 있겠습니까? 어찌하여 우리를 이토록 깔보십니까?"

이씨는 예전부터 악대를 따라 사람들과 가까이 어울려서 거지들의 생활상을 잘 알고 있었으므로 웃으며 대답했다.

"자네는 참으로 사내대장부일세. 내가 잘 몰라서 오해했네. 지금 바로 자네 말대로 하겠네."

그러자 거지 왕초가 이렇게 말하였다.

"내일 아침 식사 후에 공公은 아무 기생 아무 악공과 함께 총융청摠戎廳(군영) 앞에 있는 집으로 오셔서 음악을 크게 연주하시되, 부디 시간을 엄수해주십시오."

이씨가 웃으며, "알았네" 하고 대답하자, 왕초는 한참을 응시하다가 눈도장까지 찍고 갔다. 이씨는 곧 자신의 무리를 부르되 거문고와 피리, 비파와 북 등을 모두 새것으로 준비해 가지고 오게 하였으며, 명기名妓 몇몇도 불렀다. 이들이 어디로 가는 것이냐고 물었으나 이씨는 웃으며, "일단 나를 따라와 봐" 하였다.

이씨가 약속한 곳에 이르러, "음악을 연주하라" 하자 악공들은 모두 음악을 연주하고, 기녀들은 모두 춤을 추었다.

이때 짚옷을 걸치고 새끼로 허리띠를 맨 거지들이 떼 지어 춤을 추며 몰려들었는데, 마치 개미떼가 개미집에 모이는 것 같았다. 이들은 춤이 멈추면 노래하고, 노래가 멈추면 다시 춤을 추며,

"좋을시고, 좋을시고! 우리에게도 이처럼 좋은 날이 있구나."

하며 즐거워하였다. 거지 왕초가 높은 자리에 앉아 내려다보며 매우 만족하니, 기녀들이 모두 낄낄대며 계속 웃어 댔다. 이씨가 눈짓으로 못하게 하며 말했다.

"웃지 마라. 저 왕초는 나도 죽일 수 있는데 하물며 너희들이겠느냐."

해질 무렵에 뭇 거지들이 차례에 따라 앉아서는 각기 동냥자루를 뒤

져 고기 한 덩이를 꺼내기도 하고 떡 한 덩이를 꺼내기도 하니, 모두 잔 칫집에서 구걸해온 것들이었다. 이 음식들을 깨진 기왓장에 담고 풀이 나 짚으로 엮어 만든 그릇에 받쳐서 잡다하게 올리며,

"저희들이 잔치를 열었기에 감히 공께 먼저 올립니다."

하자, 이씨가 웃으며 사양하였다.

"내가 그대들을 위하여 음악은 연주하겠지만 그대들이 주는 음식은 받을 수 없네."

거지들은 웃으면서 절하며,

"공들은 귀인이니 어찌 거지의 음식을 맛보려 하시겠습니까. 그대를 위하여 다 먹겠습니다."

하였다. 이씨는 더욱더 기생들에게 춤추게 하고 악공들에게 연주하게 하여 흥을 돕게 하였는데, 잔치가 끝나자 여러 거지들이 다시 일어나 춤을 추었다.

잠시 후에 또 깨진 과일과 문드러진 육포를 꺼내어 기생들에게 주며,

"이 수고에 보답할 길이 없으니, 이것을 가져다가 여러분의 어린아이와 어린 손자에게 주십시오."

하였다. 기생들이 모두 사양하니, 거지들이 또 깨끗이 먹어 치우고 나서 절하며 감사의 말을 하였다.

"여러분 덕택에 배불리 먹었습니다."

저녁이 되자 거지 왕초가 앞으로 나와 절하며 말했다.

"저희들은 이제 저녁밥을 구걸해야 하니, 감히 여러분의 수고에 감사 드립니다."

기생들은 배도 고프고 피곤하여 이씨에게 불평을 해댔는데, 이씨는

감탄하며 말했다.

"내 오늘에서야 호쾌한 남자를 보았도다."

그 후 이씨는 거지들을 마주칠 때마다 마음속으로 그때 일을 떠올렸는데, 끝내 그 거지 왕초는 만나지 못하였다.

성대중의 《청성잡기》에 있는 글로 거지들이 악대의 대장을 협박하고 있다는 사실을 알 수 있다. 나라의 군대를 우습게 보는 걸인들이 있고 국가기관인 공조를 우습게 보는 검계도 있었다.

이영李瀛이란 자는 본시 천얼로서 적족嫡族을 배반하고 무뢰배와 결탁하여 멋대로 여항閭巷을 횡행하였습니다. 그러던 중 이영이 돌보던 창녀娼女가 공조에 숨어 있었던 것으로 인하여 칼을 뽑아 들고 낭관의 직소直所에 돌입하여 방자하게 소란을 일으키니, 온 공조가 두려워하여 놀란 나머지 이졸吏卒들이 사방으로 흩어져 달아났습니다.

영조 때 사간 김정운이 보고한 내용이다.

숙종 2월 12일 좌의정 민정중이 숙종에게 검계를 처단할 것을 아뢴 일이 있다.

"도하의 무뢰배가 검계를 만들어 사사로이 서로 습진합니다. 여리閭里가 때문에 더욱 소요하여 장래 대처하기 어려운 걱정이 외구外寇보다 심할 듯하니, 포청을 시켜 정탐하여 잡아서 유배를 보내거나 효시하는 것이 어떠하겠습니까?"

숙종은 포도대장 신여철과 이인하에게 영을 내려 검계를 소탕하게 했다. 숙종의 영이 떨어지자 검계, 이른바 조직폭력배와의 전쟁이 벌어졌다. 포도대장들은 포졸들을 파견하여 조직폭력배를 대대적으로 잡아들였다. 일제 단속이 벌어지면 예나 지금이나 반발이 심해진다. 곳곳에서 검계들이 포졸들에게 항의하고 포도청에 잡혀 와서도 자해 소동을 벌였다.

"포청에 갇힌 검계 10여 인 가운데에서 가장 패악한 자는 칼로 살을 깎고 가슴을 베기까지 하여 흉악한 짓이 그지없다 합니다. 이제 느슨히 다스려서 그 무리가 번성하게 되면 그 걱정되는 것을 이루 말할 수 없을 것이니, 우두머리는 중법重法으로 처결하고 붙좇은 무리는 차등을 두어 죄를 다스려서 관련된 자가 옥에서 지체되는 일이 없게 하는 것이 좋겠습니다."

민정중이 다시 아뢰었다.

"경중을 가려서 아뢰게 하여 강력하게 처벌하라."

숙종이 영을 내렸다. 그러나 범죄가 줄어들지 않듯이 조선시대 검계도 줄어들지 않았다. 숙종조에 대대적인 소탕을 벌였으나 영조, 순조대에 이르면 검계들이 또다시 나타나 무리를 지어 활개를 친다.

순조 3년 사간 이동식이 상소를 올렸다.

　문무백관이 게으르고 법강이 해이해졌으며, 검계의 이름이 나오기에 이르러 풍속이 허물어지고 세도가 무너짐이 극도에 달했습니다. 일종의 무뢰한 무리들이 사람들을 불러모아 당黨을 이루고, 소와 송아지를 팔아서 검劍을 차고 다니며 하늘을 두렵게 여기지 않고, 돈을 추렴하여 개와 돼지를 잡지 않는 날이 없으며, 약탈하는 것을 가계家計로 삼고, 능범

凌犯(무리하게 침범)하는 것을 장기로 삼고 있습니다. 심지어 양반가에 횡행하여 재상을 꾸짖어 욕보이고, 깊은 규방에 돌입하여 부녀자를 때리는 등 분의分義를 멸절시키고 기강을 어지럽히는 일이 되풀이되고 있습니다. 주머니를 털고 상자를 열어 물건을 훔치는 것은 단지 자질구레한 일일 뿐입니다. 따라서 오늘날 법을 집행하는 자는 더욱 엄중한 법과 혹독한 형벌로써 간악한 자들을 징치함이 마땅할 것인데, 이미 죄를 범한 사람을 잡아 허술하게 감단勘斷하고도 단서가 거의 드러났는데 소혈巢穴을 끝까지 조사하지 못하고 싹이 이미 텄는데도 그 뿌리를 캐지 못하고 있으니, 어찌 방금邦禁을 관장하는 뜻이 있겠습니까? 더욱이 지금 징토懲討가 엄중하지 못하여 죄다 제거하지 않았으므로, 사옥邪獄의 여얼餘孼들이 다시 치열해질 근심이 없지 않으니, 곧 이는 검계가 함부로 날뛰는 이유입니다. 그런데 도성의 백성들이 점차 물들어 서로 이끌고 저들 편에 들어가고 있는 것은 술 탓이라고 하지 않을 수 없습니다. 아! 도하의 쌀은 모두 술을 만드는 집에 들어가고, 저자의 어육魚肉은 죄다 술집에 돌아가니, 근래에 물가가 오르고 백성들의 생활이 고통스러운 것은 바로 이 때문입니다. 포도청에 신칙해서 무릇 간귀姦宄한 이름이 검계에 들어간 자는 한결같이 모두 기포譏捕해서 기필코 초절初絶할 것이며, 도하都下의 큰 양호釀戶도 또한 엄금함으로써 그 근원을 막게 할 것입니다.

"상소한 내용은 묘당으로 하여금 품처稟處하도록 하겠다."
순조가 영을 내렸다.
살인계는 지방에도 광범위하게 조직되어 있었다. 한양과 연계되어 있지는 않았으나 살인계의 기록이 실록에 틈틈이 보인다. 실록에 보면 인조 8년 3월 23일에 전라병사 정응성이 살인계에 대하여 보고하고 있다.

"남원은 풍속이 모질고 사나운데, 평소 살인계란 것이 있다고 일컬어져 왔습니다. 그런데 이달에 구례현의 민가에 도적떼가 갑자기 들이닥쳐 살인하였는데, 본부가 길목에서 기다렸다가 20여 명을 체포하였습니다."

같은 해 4월 10일에는 전라감사 송상인이 살인계에 대해 보고를 한다.

남원의 적이 지금 더욱 세력이 강해져서 사람을 죽이고 재물을 약탈하는 환난이 날이 갈수록 심해지고 있는데 부근의 고을 가운데 적이 없는 곳이 없습니다. 부사 박정이 중군 김급과 천총 김상견으로 하여금 씩씩하고 날랜 자 70여 명을 이끌게 하여 신의 군관 박세중과 함께 일시에 떠나보내 25명을 붙잡았는데, 죄의 경중을 조사하고 심문하여 사실을 알아냈습니다. 그런데 효시하는 일이 본래 아무 때나 쓰는 법이 아닌 만큼 신이 여쭈어서 처리해야 한다는 것을 모르는 바는 아닙니다. 그러나 신이 일찍이 본부에 취임하였을 때부터 적도들이 수령을 죽이고 죄수를 탈취하려고 모의한다는 정보를 들었는데, 현재 죄수가 옥에 가득차 있는 상황에서 혹시라도 측량하기 어려운 화가 발생한다면 후회해 보았자 소용이 없을 것입니다. 그래서 할 수 없이 별도로 처단하여 징계의 본보기로 삼았습니다.

송상인은 전라도에서 조직폭력 소탕 작전을 벌였다. 감옥에 적들이 가득 찼다고 하는 것은 이미 많은 살인계 계원들을 체포했다는 증거다. 남원과 구례의 살인계원들이 두목을 구하기 위해 습격을 할 가능성이 있어서 조정에 보고하기 전에 처벌했다는 내용이다.

"남원의 적들이 살인계를 만들었는데 그 무리가 날로 불어나 인명을 해쳐왔습니다. 지금 두목이 처형되었습니다만 그 도당도 별로 경중의 차이가 없으니, 모두 끝까지 문초한 뒤 처단하게 하소서. 그리고 부사 박정은 계략을 꾸며 무려 25명이나 덮쳐잡았으니 공로가 적지 않고, 중군 김급, 천총 김상견, 전 첨사 박세중 등도 병사를 이끌고 뒤쫓아 붙잡았으니 또한 매우 가상합니다. 모두 예에 비추어 논상해야 할 것입니다."

형조에서 살인계에 대해 엄중하게 대처할 것을 주청했다.


## 검계와의 전쟁을 선포한 포도대장 장붕익

검계를 비롯하여 도적들은 조선의 주류사회에서 소외되고 밀려난 사람들이었다. 그들은 조선의 주류사회를 형성하고 있는 양반들에게 수탈 당해 도적이나 검계가 되었다. 조선의 주류층인 양반들은 이들을 토벌하지 않을 수 없었다. 장붕익(1646~1735)은 포도대장이 되자 대대적으로 검계 소탕작전을 벌였다.

박지원의 〈광문자전〉에 나오는 표철주는 검계였다. 언제나 기녀들을 데리고 놀고 술은 말술을 마셨다. 쇠지팡이를 짚고 다녔는데 칼 대신 쓰였을 것으로 보인다. 장붕익의 검계 소탕작전으로 표철주는 오랫동안 장안에 나타나지 못하다가 장붕익이 죽은 뒤에야 늙어 꼬부라져서 나타난다.

검계들은 장붕익을 증오하여 영조 9년 5월 11일 훈련대장에 보임되어 있던 장붕익의 집을 침입하여 암살하려고 한다. 이규상의 문집《일몽고—夢稿》〈장대장전張大將傳〉에도 기록이 있고 실록에도 그 기록이 남아 있다.

도적이 훈련대장 장붕익의 집에 들었다. 이때에 장붕익이 도성 안의 중요한 병권을 오래 장악하였기 때문에 사람들이 많이 시기하여 검객을 모집하여 살해를 도모하였던 것이다. 임금이 듣고 장붕익을 내일 주강晝講에 입시하라 명하였다.

훈련대장 장붕익이 특진관으로 입시했다.

"경의 집에 자객이 침입했다고 하는데 어떠한가?"

영조가 자객에 대한 일을 물었다.

"신이 잠결에 창밖의 사람 그림자를 보고서 칼을 들고 나가니, 사람이 칼을 가지고 대청마루 위에 섰다가 이내 뛰어서 뜰 아래로 내려가므로 함께 칼날을 맞대고 교전하여 외문까지 옮겨 갔는데 그 자가 몸을 솟구쳐 담에 뛰어올라 달아났습니다."

장붕익이 공손히 아뢰었다.

검계들은 장붕익의 소탕 작전에 대항하여 자객을 파견하여 죽이려고까지 했다. 장붕익은 치열하게 자객과 칼싸움을 벌이기까지 했다. 영조와 정조는 검계들이 활약하는 것을 방치하지 않았다.

장붕익은 인조 24년 교리 장차주의 손자로 태어나 숙종 25년 무과에 급제한 뒤 선전관으로 있을 때 소론 김일경 등에게 탄핵을 받아 파직되는 등 일찍부터 노론과 소론의 당쟁으로 어려움을 겪었으나 다시 기용되어 경상도좌병사를 지냈다.

경종 3년(1723) 신임사화 때 김재로, 신사철 등과 함께 노론 김창집의 당으로 연루되어 함경도 종성에 유배, 2년 뒤 영조가 즉위하자 풀려나왔다.

영조의 총애를 받아 군기시제조, 어영대장, 훈련대장, 형조참판, 우포도대장 등을 역임한 뒤, 영조 3년(1727) 훈련대장 재직시 무신으로서 파당派黨에 관여하고 있다 하여 일시 파직되었다. 이인좌의 난이 일어나자 한성부좌윤으로서 진어대장鎭禦大將에 임명되어 북한산성을 지키며 반란 주모자의 한 사람인 평안병사 이사성의 체포에 공을 세웠다. 이어 총융사가 되어 종사관 이덕재와 함께 수원에 출진, 난군의 일당 이배를 잡아 포송함으로써 반란군 토벌에 큰 공을 세운 인물이다.

장붕익은 영조 1년에 우포도대장에 임명되었다. 영조가 즉위하기 전이나 즉위한 뒤에도 노론과 소론이 첨예하게 대립하고 있어서 왕권이 안정되지 않았다. 영조를 즉위하게 한 세력은 노론이었으나 목호룡의 고변(1722, 신임옥사)으로 정권은 소론이 잡고 있었다. 영조는 왕권을 강화하기 위해 노론 계열의 장붕익을 포도대장에 임명했다.

"도성 안팎에서 날뛰는 검계를 모조리 잡아들이라."

영조가 장붕익에게 영을 내렸다. 도적을 잡아들이는 일은 치안을 확보하는 일이다. 그러나 즉위 초에 이런 영을 내린 것은 정적인 소론을 압박하기 위한 것이었다.

"오늘부터 도적과 전쟁을 선포한다. 도적들이 횡행하는 것은 적국敵

영조의 어진. 영조, 순조 대에 이르면 검계들이 무리를 지어 활개를 치고 다녔다.

國이나 다를 바 없다."

장붕익은 검계와의 전쟁을 벌이기 시작했다. 장붕익은 검계들을 대대적으로 검거하여 조사한 뒤에 죄의 경중에 따라 패두 급들에게는 월족형을 가했다. 월족형은 발 뒤꿈치를 베는 형벌로 아킬레스건을 끊는 것이다. 검계들은 장붕익의 가혹한 처벌로 도성 일대에서 사라지게 되었다. 그러나 이들은 근절되지 않았다. 검계들은 마포나루, 용산나루, 송파나루 같은 경강 일대에서 활약하거나 기생집에서 기둥서방을 하기도 했다.

포도대장은 정권의 안정에도 기여해야 했다. 영조 2년 포도대장 장붕익이 청대하여 알현했다.

"함우신이라고 이름한 자가 포청의 기포讥捕에 걸려 들어왔는데, 언

256

문 서간 2장의 내용이 흉패凶悖하였습니다."

장붕익이 언문 문서 두 장을 소매 속에서 꺼내 바쳤다.

"허망함이 심하다."

영조는 언문을 다 읽고 분개한 표정을 지었다. 장붕익은 조용히 머리를 조아리고 있을 뿐이었다.

"함우신이 말한 바가 어떠한가?"

"함우신의 서간에 이르기를, '제가 병리病理를 조금 해득하였으므로 나인들의 병을 치료하느라 항상 왕래했다.' 배창석의 누이는 바로 상궁 나인인데 저에게 말하기를, '그 약을 사서 임금 및 중궁을 시해하려고 하는데, 그 약이 매우 독하다'고 하였으니, 국청을 설치하는 거조가 있어야 마땅할 것입니다."

장붕익은 국청을 설치하여 함우신 일당을 조사하자고 주장했다. 포도대장이니 왕실을 보호해야 하는 것이다.

"그 무리가 나에게 무슨 독을 쓸 일이 있겠는가? 지난번에 목호룡의 일로 말하더라도 만약 국청을 설치하여 조사하지 않았다면 마침내 무고로 돌아갔을 뿐이다. 그때의 일을 내가 지금까지 몹시 미워하고 있는데, 이와 같이 허망한 일을 어찌 국문하겠는가?"

영조는 국청이 필요없다고 잘라 말했다. 영조는 목호룡의 고변사건으로 많은 사람들이 억울하게 죽음을 당한 일을 잊지 않고 있었다. 즉 목호룡의 고변사건이 한낱 무고에 지나지 않았는데 국청을 설치하여 조사하는 바람에 노론의 4대신을 비롯하여 수십 명이 억울하게 죽었으니 함우신 때문에 국청을 열 필요가 없다는 것이다.

"함우신을 처벌하는 것이 마땅합니다."

장붕익은 국청을 설치하지 않는 대신 함우신을 처형하자고 말했다. 임금을 독살한다는 말을 했으니 처형을 해야 마땅한 것이다.

"그렇다. 옥중에서 끌어내다가 거리에서 효시하라. 주서注書(승정원의 7품관)는 이 글을 기둥 밖에서 불사르라."

영조가 장붕익과 주서에게 영을 내렸다. 영조는 총명한 임금이라 함우신의 언문 서찰로 옥사를 일으키지 않은 것이다.

"결안結案(재판)을 받들지 않는 것은 법례에 위배됨이 있습니다.'

승지 이의천이 아뢰었다.

"춘추시대 오기가 말하기를, '배舟 가운데 사람들이 모두 적국敵國이라'고 하였는데, 내가 만약 덕이 박하면 궁중의 사람들이 모두 적국이 될 것이니, 어찌 홀로 함우신만을 추궁해 심문하겠는가? 의금부의 당상으로 하여금 거리로 달려 나아가 큰길 가운데서 효수하게 하라. 승지가 감독하라."

영조는 승지에게 사형을 집행하는 것을 감독하게 했다.

장붕익은 영조 치하에서 여러 차례 포도대장을 역임하고 훈련대장과 어영대장 등 중요한 군 직책을 맡았다. 장붕익이 좌포도대장을 맡았을 때의 일이다.

영조 10년 5월 3일 어보御寶(임금의 도장)를 위조하고 남을 역적으로 무함한 죄인 서진적이 사형되었다. 서진적은 장례원掌隷院의 아전 출신으로 어보를 위조하여 공명첩空名帖을 만들어 함경도에 매매하다가 발각되자 엉뚱한 고변을 한 것이다. 관찰사 조원명이 보고서를 올리고 압송하자 영조는 포도대장 장붕익과 신광하에게 철저하게 조사하라는 영을 내렸다.

"저의 아비는 바로 청파인青坡人 박초의 종이었으므로, 저는 일찍이 박초의 집에 왕래하였습니다. 호남 사람 나만적의 아들 나숭훈이 청파에 거주하면서 박초와 친밀하게 상종하였는데, 호서에 거주하는 이생원이라는 자도 또한 왕래하며 친밀하게 지냈습니다. 그런데 무신년에 이르러 역적의 괴수 이인좌의 머리를 보니, 바로 그는 박초의 집에 왕래하던 이생원이었습니다. 또 철원 사람 황수몽과 박초의 족인族人 박첨이 반촌泮村에 모여서 말하기를, '우리가 비록 무신년에는 법망을 빠져 나왔지만 반드시 후환이 있을 것이니, 착실하게 도모하라' 하였습니다. 상주 사람 최유공도 또한 박초와 더불어 서로 말하기를, '국가가 요란하니 우리 무리가 마땅히 만민을 위해 탕평을 도모하여야 한다'고 하였는데, 청파 사람 오명건도 또한 그 모의에 참여하였습니다. 그리고 또 황수몽은 그의 족인 황수인과 모여서 의논하기를, '지금 회령부사가 체결하면 성사할 수 있다' 하고, 이어서 저로 하여금 회령부사 허인에게 서신을 전달하도록 하였는데, 허인이 질병을 핑계하고 나와 보지 않고 답장을 써서 주었으므로 황수몽에게 이를 전하였습니다."

서진적은 박초 일당을 이인좌의 잔당이라고 모함한 것이다.

"이 공초를 어떻게 보는가?"

영조가 장붕익에게 물었다.

"터무니없는 모함으로 보입니다."

"그렇다. 이 자는 살기 위해 주인을 모함한 것이니 강상의 죄를 위반했다. 다시 신문하라."

영조가 영을 내리자 장붕익이 다시 서진적을 조사했다.

"어보를 위조한 사건이 발각되어 잠시나마 목숨을 연장해 보려고 모함하였습니다. 저의 어머니는 바로 서행진의 가비家婢로서 양민이 된 뒤에 박초가 그 속권을 빼앗아가 마음속으로 항상 한스럽게 여겼습니다. 황수몽, 최유공, 박첨, 오명건은 모두 사사로운 원한이 있었기 때문에 모두 무고하였습니다."

영조는 우의정 김흥경, 판의금 윤순, 형조판서 윤양래, 포도대장 장붕익과 신광하 등을 불러 형률을 의논했다.

"종이 주인을 고발하는 것은 죄가 교형絞刑에 처하는 데 그치지만, 남을 악역惡逆으로 무함하는 것과 어보를 위조하는 것은 모두가 극률極律에 해당하니, 서진적은 마땅히 무거운 형률에 따라야 합니다."

장붕익 등이 아뢰었다.

"옳다. 서진적을 참수하라."

포도대장 장붕익을 기리는 선정비. 경남 창원시 동정동 94-3 천주산길 입구 소재.

서진적은 다른 사람을 모함하다가 참수형을 당했다.

영조시대도 당쟁이 치열했다. 영조는 탕평책을 실시하려고 했으나 뿌리 깊은 당쟁은 그치지 않았다. 노론과 소론이 대립하고, 노론 중에도 벽파와 시파가 대립했다. 이러한 당쟁에 영조가 버틸 수 있었던 것은 장붕익이 포도대장으로 훈련대장으로 받쳐 주었기 때문이었다.

장붕익은 1734년 형조판서에 올랐다. 이때 별군직別軍職 윤필은尹弼殷이 써올린 '전선개조책戰船改造策'을 보고, 전선과 거북선의 '개조도改造圖'를 새로 작성해 해전의 전술과 해상의 방어책을 세우는 데 전력을 기울이기도 했다.

훈련대장 장붕익이 졸卒하였다. 장붕익은 거칠고 호탕한 기질이 많았는데, 젊은 나이에 무술을 닦아서 자못 교만하다는 이름이 있었으나 훈련대장에 제배되자 그 호령이 엄하고 밝아서 사졸들의 마음을 얻었다. 이때에 이르러 졸하니, 장사들이 그를 추모하여 마지 않았다.

실록의 졸기는 그가 뛰어난 포도대장이라는 사실을 증명한다.

장붕익은 영조시대를 풍미한 포도대장이었고 강직하여 명성을 얻었다. 영조는 그의 죽음을 안타까워하면서 좌찬성에 추증했다.

# 9장

고문을 당해 죽은 포도대장

# 장지항

"근일 형조와 의금부에서 죄수에게 남형을 하여
발가락을 자르는 데까지 이르니, 서울에서도 오히려
이와 같은데 하물며 외방에 있어서이겠는가."

포도대장은 권력의 핵심이기도 하지만 목숨이 위태로운 자리이기도 하다. 임금의 신임을 얻으면 권력을 누리면서 승진하지만 신임을 잃게 되면 탄핵을 받는다. 포도대장은 왕의 측근으로 능행을 호위하고 치안을 담당한다. 그런 까닭에 임금의 측근을 제거하기 위한 음모도 끊이지 않았다. 정조 때 포도대장을 지낸 장지항(1721~1778)은 영조 때의 포도대장 장붕익의 손자였다. 그 할아버지가 영조시대에 명성을 떨쳤기 때문에 아버지 장태소는 통제사를 역임했다. 3대가 무신으로 조선의 병권을 장악했다.

장지항은 영조 말년에 온갖 모함을 받았는데, 홍인한과 정후겸, 화완옹주 등이 장지항을 연루시켜 세손인 정조를 괴롭혔다. 정조는 영조가 죽기 전 1년 동안 부언浮言이 난무하여 괴로웠다고 《존현각일기》에서 토로하고 있다.

부언이 날로 심해져 나를 핍박할 뿐만 아니라, 아무 궁관이 입대하여 어떤 말을 하였고, 아무 궁관이 입대하여 어떤 일을 논하였다고까지 한다. 이른바 어떤 일, 어떤 말은 모두 시사時事를 의논하고 대신을 평론

화성능행도. 정조가 경기
도 화성에 있는 사도세자
의 무덤인 현륭원에 행차
했을 때 거행된 행사를 8
첩 병풍에 담은 그림이다.
포도대장은 치안이 첫 번
째 임무였으나 능행(陵幸)
을 호위하기도 했다.

하였다는 것이고, 또 내가 저 무리들을 마음으로 매우 미워한다는 것이다. 먼저 스스로 의심하고 두려워하여 앞다투어 부언을 지어내어 화의 기틀이 점점 긴박해지니, 내 몸을 위태롭게 만들려고 모의하는 흉도들은 모두 먼저 궁료를 제거하여 위태롭게 핍박하려는 것이다.

정조는 슬픔에 잠겨 한탄하고는 했다. 이 당시 정조는 거의 고립무원 상태에 빠져 있었다. 홍인한과 정후겸은 세손인 정조를 협박하기까지 했다. 노론 벽파와 시파는 치열하게 권력투쟁을 벌였다. 시파인 홍인한과 정후겸 등은 정조를 모함하는 것에 그치지 않고 장지항까지 모함했다.

내가 거처하는 외실外室이 바로 존현각이다. 각이 흥태문興泰門 안에 있는데 각 뒤로 포장을 둘러쳐서 막아 밤이면 궁 안 사람이나 궁 밖 사람을 막론하고 감히 출입하지 못하는 곳이다. 작년 겨울 어느 날, 밤이 깊어진 뒤에 내가 마침 한가히 앉아 있는데 포장 뒤에서부터 점점 가까워지는 사람 발소리를 들었다. 포장 뒤 가까운 곳에 이르러 뚝 끊어져서 다시 들리지 않았다. 마음속으로 매우 괴이하게 여겨 중관으로 하여금 나가서 살피게 하니, 이 중관은 곧 어린 것이라서 급히 달려와 은밀히 나에게 말하기를, 과연 어떤 사람이 포장에 귀를 대고 안을 엿듣고 있었다고 하였다. 이에 내가 듣고 놀라고 괴이하여 다른 중관으로 하여금 촛불을 비춰보게 하였는데, 아무도 없었다.

정조는 세손 시절 반대파로부터 철저하게 감시를 받았다. 영조 말년

수원 화성 장안문. 정조는 세손 시절부터 반대파로부터 철저하게 감시를 받았다. 왕이 된 정조는 수원에 화성을 건설하여 왕권을 새로이 확립하려고 했다.

에는 세손이 즉위하는 것을 노골적으로 반대하려는 움직임까지 있었다. 정조는 한편으로는 감시를 받고 한편으로는 위협을 받으면서 《존현각일기》를 썼다. 눈이 오는 겨울에는 자고 일어나면 아침에 발자국이 찍혀 있기도 했다.

궁인과 중관들이 밤이면 몸을 감춘 채 나오지 않고 낮이면 서로 말을 전하여 궁 안에 와전되어 자객이 궁중에 들었다, 혹은 철갑鐵甲을 입었더라, 혹은 장검을 들었더라, 하여 분분했다.

"근래 들으니, 장지항이 자객을 궁중에 들여보냈는데 주전鑄錢할 때 남은 만금을 주고 구해 얻었다고 한다."

장지항이 자객을 매수했다는 말이 대궐에 파다하게 나돌기도 했다.

"장지항이 자객을 들여보냈다는 말이 이처럼 분분하니, 밤에는 반드시 문을 잠그고 주무시고 왕래하실 때에도 반드시 종인從人을 많이 거느리시는 것이 좋을 것입니다."

화완옹주가 정조에게 말했다.

"자객이 어찌 궁중에 들어올 리가 있겠습니까. 몰래 들어오려고 해도 순라가 엄하고 담장이 견고하니, 필시 궁인과 중관 무리의 거짓말일 것입니다."

정조는 화완옹주의 말을 믿지 않았다.

"말루하(동궁)께서 장지항의 본심을 어찌 아시고 이처럼 장담을 하시는 것입니까?"

"모두가 부언입니다."

"근래 이른바 장지항이 동궁에게 뇌물을 썼다는 말이 과연 헛된 말이 아닌가 봅니다."

화완옹주는 새침하여 돌아갔다. 화완옹주는 사도세자가 뒤주에서 갇혀 죽는 데 역할을 한 인물이다.

## 당쟁으로 모함 당한 포도대장

정조는 대궐에 만연한 부언에 진저리를 쳤다. 장지항은 무과에 등과하여 여러 무관직을 역임하고, 전라좌도수군절도사가 되었다. 그 뒤 용호위대장, 어영대장, 한성부우윤, 총융사를 역임하고서 1776년 금위대장이 되었다. 이듬해 정조가 즉위하면서 훈련대장이 되고, 이어 포도대장이 되었다. 정조는 자신이 세손 시절 온갖 부언에 시달리던 장지항을 권력의 핵심에 포석한 것이다. 그러나 그의 포도대장 시절에도 모함은 그치지 않았다.

장지항이 포도대장으로 있을 때에 한 아낙네가 찾아와 호소했다.

"제가 나이 오십이 되어서야 비로소 아들을 하나 보았습니다. 지아비는 죽었고 아이는 지금 여섯 살인데 잃어버린 지 이틀이 되었습니다. 꿈에 아이가 나타나 말하기를 '저는 지금 죽었습니다. 사대문을 기찰해보면 저를 죽인 흉적을 반드시 잡을 수 있을 것입니다' 하였습니다. 꿈이 너무나 생생해서 감히 아뢰는 것입니다."

장지항이 즉시 포교를 보내서 그의 말대로 기찰하게 하였더니, 과연 수구문水口門에서 범인을 잡을 수 있었다. 죽인 아이의 간을 보자기에 싸서 수구문으로 들어온 자는 어떤 노파였는데, 심문해보니 바로 김양택의 처가 돈을 주고 시킨 짓이었다. 김양택은 두 명의 첩을 거느리고 있었는데 그의 처가 이를 몹시 질투하여 아이의 간을 써서 저주하려 했던 것이다.

당시에 김양택의 권세가 대단하였으므로 장지항은 감히 발설하지 못하고 급히 그 노파를 곤장 쳐 죽게 하였으니, 누가 장지항이 용맹하다 하는가.

실록의 기록이다. 장지항이 아이를 죽여 간을 가지고 수문으로 들어오던 노파를 곤장으로 때려죽였다는 것이다. 이는 김양택 일가를 비판하기 위한 모함으로 추정된다. 장지항은 정조 2년 또다시 모함을 받았다. 장지항은 이때 어영대장에 임명되어 있었다.

"신이 강화도 어사로 창고를 조사할 적에 훈련대장 장지항이 영營에 있는 장부를 등서하여 인장을 찍고 수결하여 보냈는데, 영에 있는 내용과 다른 곳이 없었습니다."

교리 심염조가 아뢰었다.

"그런데 신이 연경에 갔다가 돌아온 뒤에 훈국訓局을 조사한 문서를 보았더니, 강화도 선원고仙源庫의 면포 1백 동을 정월에 신고 와서 발매發賣했는데, 그가 공대供對한 것 또한 미처 곧 보고하지 못했다고 말하였습니다. 정월에 옮겨온 1백 동의 숫자는 애당초 12월에 마감한 문서에 기록하지 않은 채 단지 6동 7필로 무단히 줄여서 장부의 내용을 기재하여 조사를 피할 계책을 삼았으니, 이 사람이 또한 이렇게 마음속에 접어두고 공교히 속이는 일을 하리라고 생각이나 하였겠습니까?"

심염조는 훈련대장 장지항이 문서를 위조했다고 탄핵한 것이다.

"장신은 체모가 중한 것이어서 영을 거두는 것은 어려운 점이 있다. 강화 선원고의 장부에 관한 일은 이런 세세한 일을 어찌 그처럼 문서에 인장을 찍으면서 마음에 두고 한 것이겠는가?"

정조는 불문에 붙였다. 그러나 탄핵이 되자 장지항은 조사를 받고 문외 출송되었다. 그러나 그는 10일밖에 되지 않아 다시 역모를 저질렀다고 고발을 당했다. 장지항이 영암으로 귀양 가 있을 적에 요사한 점쟁이를 맞이하여 흉언을 전파하고, 내시와 짜고 역모를 도모했다고 고발당한 것이다.

장지항과 장지항의 서사촌 장지손, 중관 김흥수, 김응택, 손효충, 내시 안국래의 양자인 민덕태, 이덕수 등이 끌려와 조사를 받았다. 숙장문肅章門에서 친국하다가 다시 추국을 실시했다. 민덕태가 장지항이 밤에 편복으로 안국래를 찾아가 만나서 임금의 동정을 살펴보기를 요구하고, 이어 서로 교결하여 장차 시해하려는 계교를 도모했다고 공초를 바친 것이다.

"맹인 점쟁이를 만나 귀양에서 풀려날 시기를 물어본 것은 사실이지만, 내시들과 교결했다는 것은 있을 수 없습니다."

"자복하라."

정조가 장지항을 쏘아보면서 다그쳤다.

"신이 어찌 역모를 꾀하겠습니까? 신은 결단코 하지 않았습니다."

장지항은 비통한 목소리로 역모를 도모한 일이 없다고 주장했다.

"장지항이 자복을 하지 않으니 형신을 가해야 합니다."

추국을 하는 위관들이 아뢰었다.

"장지항은 숙장宿將(공로가 많은 장수)이니 차마 형신을 못하겠다."

정조는 장지항을 형신하지 못하겠다고 말했다.

"역모의 옥사를 다루는데 체모를 차릴 순 없습니다. 장지항을 반드시 형신하여 자복을 받아야 합니다."

위관들이 강경하게 요구했다. 정조는 장지항을 형신하라고 영을 내리고 군사들을 사열하러 나갔다.

'전하께서 나를 믿지 않으니 어찌하는가?'

장지항은 비참하여 눈물을 흘렸다.

"다른 자들은 모두 자복했는데 너는 어찌하여 자복을 하지 않는 것이냐?"

위관들이 차갑게 말했다.

"나는 할 말이 없다."

"저 자가 자복을 하지 않으니 형신을 가하라."

위관들이 사납게 영을 내렸다. 장지항은 잔인하게 고문을 당했다. 살점이 떨어지고 피가 형틀 아래 낭자하게 흘러내렸다. 형신은 죽이기 위해 때리는 것이 아니라 고통을 주어 자백을 받으려는 것이다. 그러나 어찌된 일인지 장지항에게는 가혹한 형신이 계속되었다. 장지항은 고문을 당하다가 결국 형틀에서 숨이 끊어졌다. 위관들이 당황하여 군사들을 사열하고 있는 정조에게 보고했다.

"형신을 얼마나 가혹하게 했으면 형틀에서 죽는가?"

정조는 취타대의 연주를 중단하게 했다. 심염조 등은 장지항이 죽자 역적을 처벌했다고 보고를 올렸다.

"장지항의 일은 그가 나라를 저버린 것이 여기에 이를 줄 누가 생각이나 했겠는가? 지금에 와서 드러난 정절이 지극히 흉참하였다. 부녀자와 내시와 교통하여 위의 동정을 살피기에 이르렀을 뿐만 아니라, 먼 지방의 백성을 속여서 현혹시키고 헤아릴 수 없는 일을 은밀하게 모의했다. 이런 일이 장지항에게 있어서는 작은 일 가운데 작은 일이었으니, 놀랍고 통분한 일이다."

정조는 장지항을 맹렬하게 비난했다.

"장지항은 장수 집안의 자손이다. 그의 할아비가 나라에 자못 훈로勳勞를 세웠고, 그 또한 종래 흉당에게 시기와 미움을 받았다. 그래서 내가 왕위에 오른 이래 그에게 병권을 주었으니, 의지하여 맡긴 바가 가볍지 않고 중하였다. 그런데 그가 적소謫所에 있을 때에 좋지 않은 소문이 있었다. 무장이 된 몸으로 이러한 죄명을 입었으니 분명하게 밝히지 않는다면 무슨 죄를 얻게 되겠는가. 이에 한 번 자세히 조사하여 그

허실을 밝히지 않을 수 없었기 때문에 친히 국문하는 거조가 있었는데, 전하는 말에 이러니저러니 한 말들은 이미 단서가 없는 것들이었고 환수가 끌어들인 것도 증거가 없는 것이었다. 나는 곧 그를 위하여 분명하게 밝혀주려고 하였는데, 그가 이미 불행히도 지레 숨졌다. 마침 거둥하였다가 궁궐로 돌아오는 길에서 갑자기 의금부에서 아뢰는 것을 들었는데 마음이 매우 측은하여 고악鼓樂을 중지하라는 명을 내리기까지 하였으니, 그 당시의 기주記注를 보면 알 수 있을 것이다."

정조는 4년이 지나자 장지항을 사면한다.

이유원의《임하필기林下筆記》에 의하면 우포도청 현판을 쓸 정도로 장지항은 학문이 뛰어났고 필체 또한 일가를 이루고 있었다.


## 조선시대의 남형濫刑

장지항은 반대파에 의해 고문을 당해 죽었다. 오초현 삼 형제가 장살을 당해 죽은 사실에서 알 수 있듯이 법대로 곤장을 때리면 죽지 않는다. 그러나 법대로 때려도 급소를 맞으면 죽는다. 조선시대는 유난히 장살이 많았다. 이는 법을 집행하는 관리들이 남형을 일삼기 때문이다. 포도대장을 지낸 장지항이 장살로 죽었다면 일반 백성들은 어떠했을까. 백성들은 포도청에 들어가는 것을 호랑이굴에 들어가는 것처럼 두려워했다. 포도청에 들어가면 죄가 없어도 뇌물을 바치지 않으면 살아서 나올 수가 없었다.

박일원이 쓴《추관지秋官志》에 보면 영조 16년 비변사에서 남형을 금지하는 절목을 올린 일이 있다.

1. 팔과 어깨에 자자할 때 쓰는 자표字標는 급히 불태우게 하라. 주리를 트는 형문은 비록 도둑을 치죄할 때 사용하는 일이 있으나 옥석을 구분하지 않고 자복을 받기에 급급해 이 형벌을 쓰는 것은 놀랄 만한 일인데 전도주뢰剪刀周牢는 더욱 참혹하다. 일체 금한다.

1. 신장訊杖의 체제는 규격이 있다. 지금부터는 일체 규격에 의해 만들어 쓰라. 원장圓杖이라는 것은 법 밖의 것이니 더욱 금한다.

1. 나무칼의 무게는 정해진 중량이 있다. 그런데 전목全木으로 칼을 만드는 것, 두 개의 나무칼을 겹쳐 씌우는 것, 혹은 한 개의 나무칼을 마주 씌우는 것을 금한다.

1. 도둑을 다스릴 때 간혹 나무집게로 죄인의 요해처를 찔러서 자복을 받는 일이 있는데 이는 참혹하고 독하기가 주뢰보다 심하여 금한다.

1. 곤장의 모서리로 사람의 정강이뼈나 혹은 발뒤꿈치를 치며, 사람을 묶어놓고 곤장의 끝으로 문질러 엉덩이의 살가죽을 벗기는 것을 금한다.

1. 시골의 호강한 양반들이 노비가 도망을 갔을 때 잡아서 사람을 거꾸로 매달아놓고 콧구멍에 잿물을 붓거나 거핵기去核機(목화씨를 뽑아낼 때 쓰는 기구)에 넣고 보라목으로 때리는 것도 금한다.


남형은 조선시대 내내 사회문제가 되었다. 역대 왕들이 남형을 금지하라는 영을 내렸으나 좀처럼 시행되지 않았다. 특히 지방으로 갈수록 남형이 광범위하게 퍼져 백성들을 고통에 빠트렸다.

근일 형조와 의금부에서 죄수에게 남형을 하여 발가락을 자르는 데까지 이르니, 서울에서도 오히려 이와 같은데 하물며 외방에 있어서이겠는가.

세조 7년(1461) 3월 16일 세조가 형조와 의금부에 영을 내렸다. 의금부와 형조 당상관들은 얼굴을 들지 못했다. 발가락을 자를 정도로 형리들이 잔인하게 남형을 가하여 세조에게 보고되었던 것이다. 그러나 이러한 일은 빙산의 일각에 지나지 않았다.

세조 7년 조수문이 탄핵을 받았다. 조수문은 경상좌도절제사가 되었을 때, 군관과 진무 등이 영전營田(군대의 농지)의 소출을 남용하고 또 관비를 간음하여 불법을 자행하므로, 감영의 종 몇 사람이 서울에 하소연하고자 하였는데 군관들이 쫓아가서 잡아 가두고, 조수문이 세 사람을 곤장을 때려 죽였다.

절제사 조수문은 종들을 셋이나 때려죽였다. 탐욕스럽고 잔인한 관리였다.

"조수문이 영노營奴 박산 등이 진무鎭撫를 고소한 것에 노하여 큰 장杖을 써서 발바닥을 고문하여 발이 끊어져 열흘이 못되어 죽었으니 죄가 참형에 해당합니다."

사헌부에서 참형을 시켜야 한다고 아뢰었다. 세조는 조수문을 귀양을 보냈다.

남형은 지방 곳곳에서 이루어졌다. 백성들은 임금의 자식이 아니라

버러지만도 못한 존재였다. 관리들은 백성들을 마치 파리처럼 죽이고 있었다.

중종 11년 경원부사 이계장과 판관 홍우석은 각각 아내衙內(관청 안)
에서 누에를 치면서 백성이 뽕따는 것을 금하고 부임한 이후부터 성 안
주민들이 누에를 칠 수 없게 하며, 마구 탐심을 부리며 박해하여 사람
상하기를 기탄없이 하므로 백성이 많이 도망하여 흩어지고, 성 밑 호인
胡人들도 또한 침해를 견디지 못하여 원성이 하늘을 찔렀다.

실록의 기록에 따르면 경원부사 이계장과 판관 홍우석의 남형은 혀
를 내두르게 한다. 그들은 벼슬을 돈벌이 수단으로 치부하여 관청에서
누에를 쳤다. 백성들이 누에 치는 것을 금지하여 비단 생산을 독점했
다. 백성들이 말을 듣지 않으면 닥치는 대로 잡아들여 곤장을 때렸다.
이계장의 학정을 견디지 못한 백성들은 뿔뿔이 흩어져 달아났다고 하
니 그 참혹한 정상을 살필 수 있다.

원교 이광사는 필법으로 조선 후기에 높게 평가 받은 인물이다. 그
의 아버지가 소론 강경파였기 때문에 영조가 즉위하자 노론의 탄핵을
받아 함경도 부령으로 귀양을 갔다. 그는 그곳에서 많은 선비들에게
학문을 가르쳤는데 신지도로 유배지가 바뀌었다. 이광사를 사랑한 부
령 기생 장애애는 절개를 지키려다가 부령부사 유상량에게 곤장을 맞
고 죽었다.

'참으로 잔인한 자다.'

1801년 신유옥사辛酉獄事(천주교 박해사건)가 일어나 부령으로 유배를

온 문인 김려는 그 이야기를 듣고 분개하여 〈정안전〉이라는 글을 지었다. 〈정안전〉은 장애애를 칭송하고 유상량을 비난하는 글이었다.

"글짓기 조심하셔요."

김려의 배수첩인 연화가 말했다. 배수첩은 유배를 온 선비의 빨래를 해주는 기생이다. 김려가 쓴 〈정안전〉은 기생들을 통해 순식간에 부령에 파다하게 퍼졌고 유생 김종원이 이를 유상량에게 밀고하는 바람에 무시무시한 옥사가 일어났다. 유상량은 성문을 닫아걸고 〈정안전〉을 누가 썼는지 대라며 기생들을 가혹하게 고문했다. 그러나 많은 기생들이 김려를 보호하느라고 〈정안전〉을 쓴 사람을 밝히지 않았다. 부령의 기생인 소혜랑을 비롯하여 임요조, 영산옥이 부중으로 끌려들어가 엉덩이가 너덜너덜해지도록 곤장을 맞았다. 김려는 자신 때문에 많은 사람들이 곤장을 맞자 비로소 후회하며 한 편의 시를 남긴다.

묻노니 그대는 무엇을 그리워하는가
나는 북쪽 바닷가 미인을 그리워한다네
연화가 권하는 말 듣지 않고서
내키는 대로 붓을 휘둘러 정안전을 썼더니
어찌 알았으랴. 그 글이 화를 부를 줄을
미친 개 왈왈 대듯 펄펄 뛰면서
성문에 계엄을 실시하고 밤새도록 사람들을 잡아들여
길길이 날뛰면서 곤장을 때리네
사내와 아낙들이 피눈물을 흘리니
굶주린 호랑이의 먹잇감이 되었구나

세 치 혀를 놀리지 않았다면 이런 일이 없었을 것을
밤 깊도록 생각하니 그저 부끄럽고 슬프다네


함경도관찰사 이병정은 염호鹽戶(소금 굽는 사람)를 닦달했다. 염호는 대부분 부역을 하는 사람들이 맡고 있었다. 그러나 소금을 굽는 염호에게 이병정이 목표량을 채우라고 요구하고 부사 유상량은 관찰사에게 잘 보이려고 염호들을 마구 매질했다.

"부사라는 자가 어찌 저리 인정사정없는가?

김려가 분개하여 소리를 질렀다. 관찰사 이병정이 염호를 닦달하는 바람에 소금을 만드는 사람들이 모두 달아나 염전이 텅텅 비었다. 소금 값은 다락같이 치솟고 백성들이 소금을 사지 못해 맨밥을 먹어야 했다.

# 10장

해적들을 벌벌 떨게 한
포도대장

# 이유수

"10여 명을 살해하고 수만 전(錢)의 재물을 약탈하였으니
결코 심상한 수적(水賊)이 아니므로,
널리 탐문 조사하여 기어이 체포하려고 합니다."

조선에서 범죄자를 검거하는 기관은 포도청만이 아니다. 한양과 경기도 일대에서는 포도청이 범죄자를 검거하지만 지방에서는 각 고을의 수령이 범죄자를 잡아 문초를 하고 감영으로 이송한다. 감영은 범죄자를 재판하고 재수사를 하기도 한다. 각 도의 관찰사는 판사도 되고 포도대장도 되는 것이다. 각 도에서 정무를 보고 재판을 하는 곳을 감영監營, 관찰사가 직접 정무를 보는 곳을 선화당宣化堂이라고 부른다. 지방의 수령들이 정무를 보는 곳은 동헌이다.

실제로 조선에서 일어난 범죄의 80%는 지방에서 발생했고 수령과 관찰사가 검거했다. 포도청에서 관할하는 한양 일대의 인구는 30만, 조선의 인구는 1809년 기준 약 1,846만 명이라는 점을 감안하면 범죄 발생도 그에 비례한다고 볼 수 있다.

그렇다면 조선의 최고 도적은 누구일까. 혹자는 임꺽정, 홍길동, 장길산 등을 꼽는다. 그러나 임꺽정 외에는 홍길동이나 장길산에 대한 기록은 몇 줄 되지 않는다. 홍길동은 《조선왕조실록》 연산군 6년 10월 22일에 검거 기록이 있다.

"들건대, 강도 홍길동을 잡았다 하니 기쁨을 견딜 수 없습니다. 백성

공주 선화당. 각 도에서 정무를 보고 재판을 하는 곳을 감영. 관찰사가 직접 정무를 보는 곳을 선화당이라고 부른다.

을 위하여 해독을 제거하는 일이 이보다 큰 것이 없으니, 청컨대 이 시기에 그 무리들을 다 잡아들이도록 하소서."

영의정 한치형, 좌의정 성준, 우의정 이극균이 아뢰었다. 홍길동에게 어떤 처벌을 내렸는지, 그가 어떤 죄를 지었는지는 전혀 기록이 없다.

장길산은 날래고 사납기가 견줄 데가 없다. 여러 도로 왕래하여 그 무리들이 번성한데, 벌써 10년이 지났으나 아직 잡지 못하고 있다. 지난번 양덕에서 군사를 징발하여 체포하려고 포위하였지만 끝내 잡지 못하였으니, 역시 그 음흉함을 알 만하다. 여러 도에 은밀히 신칙申飭(단단히 타일러서 경계함)하여 있는 곳을 상세하게 정탐하게 하고, 별도로 군사를 징발해서 체포하여 뒷날의 근심을 없애는 것도 의논하여 아뢰도록 하라.

장길산은 숙종 18년에 기록이 나온다. 그러나 장길산은 끝내 검거되지 않았기 때문에 종적이 더욱 묘연하다.

"장길산이 해서를 횡행했는데 길산은 원래 광대 출신으로 곤두박질을 잘하고 용맹이 뛰어났으므로 드디어 괴수가 되었던 것이다."

이익의 《성호사설》에 나오는 이야기다.

홍길동이나 장길산이 한 시대를 횡행한 도적인 건 분명해 보인다. 그에 못지않은 도적 중에 해적 김수온이 있다. 그 역시 조선을 발칵 뒤집어 놓았던 대도적이다.

## 서해안을 주름잡은 해적

사건은 순조 29년(1829) 9월 19일 경기도 통진부에 있는 강녕 포구의 한 어민이 시체를 발견하여 신고하면서 비롯되었다. 통진부사 구재묵이 즉시 현장으로 달려가서 검시를 했다. 조선시대는 시체가 발견되면 해당 수령들은 반드시 현장에 달려가 검험檢驗(검시)을 하게 되어 있다. 검험도 초검과 재검으로 나뉘어 하게 되고 삼검은 감영이나 특별히 임명된 관리가 한다. 구재묵이 검시를 하자 시체는 칡넝쿨로 양팔이 묶인 흔적이 있고 오른쪽 눈이 빠져 있었다. 얼마나 오래 되었는지 시체는 물에 퉁퉁 불어 보기에 역겨웠다. 구재묵은 시체가 타인에게 결박을 당하여 물에 던져진 것이 확실하다고 생각하고 임시로 매장한 뒤에 표標를 세우고 경기도관찰사에게 보고했다.

'잔인하게 죽었구나.'

경기도관찰사 김렴은 보고서를 보고 한숨을 내쉬었다.

"이제 어떻게 합니까?"

종사관이 김렴에게 물었다.

"시체의 가족을 찾아야지."

김렴은 통진부사 구재묵에게 특명을 내려 사건을 조사하게 한 뒤에 각 고을에 관문關文(상급 관청에서 하급 관청에 보내는 공문서)을 보내 시체를 찾아가라고 지시했다.

9월 28일 경강京江(한강)의 상인 김종형과 난지도에 살고 있는 김득성이 정장呈狀을 올렸다.

"지난 8월 21일 무미전貿米錢(쌀을 거래하는 돈) 1만 7천 3백 냥을 난지도의 차여진 소유의 배에 싣고 뱃사공 14명이 떠났습니다. 한 달이 넘어도 끝내 도착하지 않는 까닭에 놀랍고 괴이하게 여겨 널리 탐문하니, 파괴된 배가 강녕포 바닷가에 엎어져 있고, 결박당한 시체 10여 구가 조수를 따라 출몰하였는데, 1구는 통진으로부터 나온 관리가 건져내어 검험하였고, 1구는 본리本里에 거주하는 백성이 자발적으로 묻어두었으며, 또 3구의 시체가 강화 장곶포에 표류해 왔는데 모두 칡넝쿨로 결박하여 눈을 제거하고 이빨을 빼버렸고, 입은 찢어지고 얼굴은 깨뜨려진 상태였으며, 선체는 강녕포에 사는 임만석 등 여덟 놈이 탈취해 갔습니다."

김종형과 김득성의 정장을 받은 김렴은 몸을 부르르 떨었다. 그들의 정장에 의하면 참혹하게 죽음을 당한 시체가 10여 구나 발견된 것이다.

'대체 어떤 놈들이 이와 같이 잔인한 짓을 저지르는가?'

김렴은 사건이 심상치 않다고 생각했다. 그때 강화유수에게서 보고서가 올라왔다.

"9월 21일 썰물에 익사한 3구의 시체가 장곶포에 표류해 왔는데, 혹은 칡넝쿨로 결박하고 혹은 삼[麻]으로 꼰 새끼로 두 손을 묶었으며, 1구의 시체는 호패가 있었는데, 한산[韓山]에 사는 양귀룡으로 나이가 59세였으므로 묻어두고 표를 세웠습니다."

김렴은 각 고을로 관문을 보내 범인들을 수사하라는 영을 내리고 경기 감영의 종사관과 포도군관을 파견했다. 잔인하게 살해된 10여 구의 시체가 발견된 것은 전례가 없는 일이었다. 그러나 종사관으로부터 특별한 보고는 받을 수 없었다.

'내가 직접 조사를 해야겠구나.'

김렴은 즉시 통진으로 달려갔다. 한양에 있는 경기 감영에서 통진까지는 150리 정도가 된다. 말을 타고 가자 하루 만에 도착할 수 있었다. 통진부사와 종사관은 별다른 소득이 없다고 보고했다.

"변장을 하여 조사하게. 허름한 농사꾼으로……."

김렴은 종사관에게 지시하고 현장을 살폈다. 그러나 현장에서도 특별히 수상한 점은 찾을 수 없었다. 김렴은 배를 타고 강화도로 건너갔다. 그는 강화도의 현장도 샅샅이 살폈다.

"임만석을 검거했습니다."

김렴이 강화도를 살피고 통진으로 돌아오자 종사관이 보고했다.

호패. 조선시대에 16세 이상의 남자들이 가지고 다녔던 일종의 신분증 (오늘날의 주민등록증).

"임만석은 무얼 하는 자인가?"

"강녕포에 사는 자인데 갈대숲에 걸려 있는 배를 발견했다고 합니다."

"임만석을 엄중하게 문초하라."

김렴은 감영으로 돌아오지 않고 종사관에게 영을 내렸다. 종사관이 곤장을 때리며 문초하자 갈대숲에서 난파한 배를 발견한 임만석 등 8명이 배에서 약 1800냥의 돈을 찾아 나누어 가졌다고 자백했다. 그들은 살인과 관계가 없었다.

"10여 명을 살해하고 수만 전錢의 재물을 약탈하였으니 결코 심상한 수적水賊이 아니므로, 널리 탐문 조사하여 기어이 체포하려고 합니다. 임만석 등이 사건을 목격하지 못했다고 말하더라도, 처음에 관아에 고하지 않고 타인의 재물을 몰래 가져간 정상은 매우 해괴한 것입니다. 도적놈들을 잡아오는 동안 임시로 엄중히 가두고, 우선 급히 보고합니다.

김렴은 즉시 순조에게 보고를 올렸다.

"이 장계를 보건대, 단지 마음으로 놀랄 일이라고만 말할 수 없을 뿐 아니라, 10여 명의 인명을 한꺼번에 바다에 던져버리고, 만여 냥의 돈을 어려움 없이 약탈하였는가. 이것은 수십 명의 강도가 할 수 있는 바의 일이 아니다. 또 도성 인근에서 이런 변이 있기에 이른 것은, 어찌 소름 끼치는 일이 아니겠으며 한심한 일이 아니겠는가? 다섯 진영에 엄히 신칙하여 그들로 하여금 빠른 시일 안에 잡아들이게 하라. 만약 제때에 잡아오지 못하면, 별도의 엄중한 처분이 있어야 할 것이니 경각심을 가지고 거행하라."

순조가 영을 내렸다. 순조는 군대가 주둔하고 있는 진영에도 범인을 검거하라고 영을 내렸다. 서해안 일대의 민심은 흉흉했다. 범인이 검거되지 않아 온갖 소문이 난무했다.

"속히 범인을 잡아들이라."

김렴은 거의 매일같이 수령들을 닦달했다.

11월 9일 마침내 강화유수 신위가 수적 괴수 김수온 등 5명을 체포했다고 보고했다. 시체가 발견된 지 한 달 반 만의 일이었다.

"이달 초6일 신 영문營門의 포교가 와서, 수적의 괴수 김수온 및 공모한 도적 박완식, 김이온, 박창인, 김철이 등 다섯 놈을 파주 문산포에서 추적해 체포하여 한꺼번에 모두 잡아왔으며, 도적놈들의 증거품도 압수해 왔다고 고하였습니다. 신이 본영의 중군 채학영과 더불어 놈들을 철저하게 신문하고 누차 대질한 결과, 14인의 인명을 바다 가운데서 결박해 던지고 만여 금의 전재錢財를 탈취한 것은 모두 김수온이 계획하고 주모하였습니다. 비단 그가 자복하였을 뿐만 아니라 돈과 물건이 간 곳 또한 만나 건네준 사람이 있으니, 그들이 지난번 범행한 수적들이 확실하다는 데 의심이 없었습니다. 그러나 그 많은 인명을 살해하고 돈과 재물을 약탈한 것은 오히려 여사餘事에 속하며 문목問目을 취초한 결과, 하나하나 직접 공초한 내용이 아주 더없이 흉패하여 격식을 갖추어 엄중히 투옥시키고 처분을 기다립니다."

순조는 강화유수에게 죄인들을 포도청으로 이송하고 조사하라는 영을 내렸다.

## 해적 김수온을 문초하다

당시 포도대장은 이유수였다. 이유수는 순조와 헌종 시대에 여러 차례 포도대장을 역임할 정도로 신임을 얻고 있었다.

'이놈들이 어찌 이런 짓을 저지른 것인가?'

포도대장 이유수는 형장을 벌려놓고 신문을 하기 시작했다.

"너는 무엇을 하는 자냐?"

"저는 우피와 홍삼을 가지고 연경에 가서 장사를 하는 상인입니다."

김수온은 포기한 듯이 순순히 자백했다. 김수온은 장년 사내로 수염이 덥수룩하고 눈빛이 사나웠다.

"헌데 어찌하여 수적질을 하였느냐?"

"장사를 하다가 실패하여 재산을 모두 탕진하였습니다."

"누구와 공모하였느냐?"

"완력이 있고 담차며 꾀가 많은 자들인 박완식 형제와 장운흥, 원명숙, 김금철, 장여남과 그의 5촌숙인 장중진, 그리고 안광식, 임득철, 이명상, 장천운 등을 끌어들였습니다."

"그들과 무엇을 공모했느냐?"

"바다를 오가는 배들을 습격하기로 공모했습니다."

"어디서 그와 같은 계획을 짰느냐?"

"만봉에서 천제를 지내고 맹세했습니다."

"차여진이 돈을 실을 것을 어찌 알았느냐?"

"배들을 염탐하여 돈을 실은 배를 찾았습니다."

이유수는 김수온의 진술을 받으면서 소름이 끼치는 것을 느꼈다.

김수온은 장여남에게 철릭天翼(무관이 입던 옷)을 입게 하여 포도청 종사관으로 위장하게 하고, 박완식은 전복戰服을 입혀 포교, 이명상, 장운흥, 임득철, 박창인 등은 포졸로 변장하게 했다. 그들은 안광식을 붉은 오라로 결박하고는 죄를 지은 사람이라고 공갈했다.

"우피는 본래 금하는 물건인데, 너희들이 김수온과 같이 몰래 실어 갔다고 하였으므로, 우리들이 이 죄인을 잡아가지고 증거를 찾아내기 위하여 내려왔다."

장여남이 차여진에게 말했다. 차여진은 당황한 표정이었다.

"이 자들이 김수온이 보낸 사람이다."

장여남은 김이온과 김금철을 가리키며 말하고 차여진과 뱃사람 14명을 차례차례 결박하여 작은 배에 옮겨 가둔 후, 1명씩 불러 올려서 돈 30, 40냥씩을 내라고 하며 포박하여 물에 던졌다. 그들은 돈 1만 2천 냥을 그 자들의 배에 옮겨 실었다. 장천운이 도주하려고 하자 두들겨 패서 물에 던졌다. 약탈한 돈은 물화를 사기도 하고 혹은 집에 보내주기도 했다. 그들은 송도에 몰려가서는 비단과 명주를 사가지고 호복胡服 16벌과 기치旗幟를 만들었다. 칼, 채찍과 창검 등의 물건을 배에 보관해두었다.

"우리들 6, 7인이 호복을 입고 창검을 지참하여 숭례문 안으로 들어가서, 미전米廛(쌀가게)에 불을 지르고 또 육조 앞에 있는 가게방에 불을 지른 후에, 새문 밖[新門外]으로 나가 옷을 갈아입고 배를 타고 멀리 달아난다면, 우리를 잡지 못할 것이다."

김수온은 수적들을 지휘하여 도성에 침입하여 약탈하기로 계획을 세우기도 했다. 지략과 용력이 있는 사람을 끌어들이기 위해 장운흥과 임득철을 관동과 호남에 나누어 보내 사람들을 모집하여 오게 했다. 포도대장 이유수는 김수온을 상세하게 조사한 뒤에 순조에게 보고했다.

"김수온은 경향京鄕에 출몰하면서 항상 범행할 마음을 품고는, 도당徒黨을 불러모아 매양 난동을 일으킬 계략을 가지고 수만금의 재물을 약탈하였으며, 허다한 인명을 죽였고, 병서와 지도를 간직하고 있었다. 이들을 대역모반죄로 처형하라."

조정에서는 영을 내려 김수온 등을 모두 참수하여 효시했다.


## 일곱 번이나 포도대장을 역임한 이유수

이유수가 실록에 등장하는 것은 순조 12년(1812)의 일이다. 1811년 말 관서지방 일대를 휩쓴 홍경래의 난이 일어났을 때 평안감사 정만석의 보고서에 처음으로 이름이 등장한다.

"이제 막 순무 중군 박기풍의 첩보를 받아보았더니, 이번 19일 파루罷漏 뒤 6로의 군사로 나누어 성 아래로 바싹 진격했는데, 숙천부사 이유수는 동쪽을, 이정회는 남쪽을, 파총把摠 윤지겸은 동남쪽을, 가산군수 정주성은 북쪽을, 기사 백총騎士百摠 박징희는 서쪽을 공격했고, 초관哨官 이기정은 서문에서 조금 먼 곳에 매복하였습니다. 그리고 중군이 정주목사 서춘보 및 여러 장령 등과 더불어 동문 밖으로 달려가서 뒤에서 독전하여 한편으로는 습격하고 한편으로는 성을 넘을 즈음에 성 위의 활과 총이 일제히 발사되어 성을 넘을 수가 없었고, 경군京軍, 향군鄕軍 중에 사상자가 36명이 되었는지라 부득이 군사를 물렸습니다'

라고 하였습니다."

홍경래는 박천 전투에서 패하여 정주성에 틀어박혀 저항하고 있었으며 이유수는 홍경래의 반란군과 치열하게 전투를 벌인다.

"숙천부사 이유수는 전 선전관 이용현, 의병장 송지렴 등과 함께 윤제를 이끌고 동북쪽으로 들어갔는데, 회灰 2천여 석을 운반해 한쪽 편에다 쌓아 화살과 탄환을 막고, 겸하여 성을 넘을 사다리를 만들었습니다. 그리고 굴토군掘土軍 11명에게는 몸을 막을 수레를 만들어주어 일시에 공격하도록 하였습니다."

토벌군은 맹렬하게 전투를 벌였으나 실패한다. 이유수도 물불을 가리지 않고 홍경래군과 전투를 벌였다. 4월 19일 관군이 성 밑에 굴을 파고 화약을 폭파시켜 성을 무너뜨리고 진격하자 반란군은 마침내 진압되고 홍경래도 교전 중에 총에 맞아 죽었다.

홍경래의 난이 진압되자 논공행상이 따랐다.

"숙천부사 이유수는 난이 일어나자마자 친병親兵을 거느리고 성을 견고하게 수비하였습니다. 급할 때 처하여 단속함이 이러하니, 평일의 행실을 알 수가 있으며, 홍경래를 토벌하고 군민을 다스리는 데 전력을 다했으니 현직現職보다 조금 나은 자리에 조용調用해야 합니다."

홍경래의 난을 토벌할 때 공을 세웠으니 벼슬을 높여주라는 보고서다.

이유수는 홍경래의 난이 일어났을 때 공을 세워 전라도병마절도사, 함경남도절도사, 포도대장에 임명되고 이때부터 헌종 때까지 여러 차례 포도대장과 총융사, 훈련대장 등을 역임하고 한성부판윤, 공조판서, 금위대장을 지냈다. 그에 대한 탄핵이 거의 없는 것으로 보면 강직하고 청렴했던 무신으로 보인다. 그는 단 한 번 홍문관의 연명 차자로 인하여 업무를 보지 않아 탄핵을 받았다. 홍문관은 당시 김로와 이인부의 죄를 탄핵했는데 이유수가 그들과 가깝다고 말한 것이다. 이에 이유수는 그들의 상소에서 자신의 이름이 거론되었다면서 포도대장의 업무를 보지 않았다. 그러자 순조가 벌을 내리라고 영을 내렸고 의금부에서 잡아서 조사를 했으나 혐의가 없었다.

"이유수는 감히 업무를 보지 못하겠다는 것으로 순작巡綽(순찰)을 폐하고 빠뜨렸으므로, 잡아다 추문한 뒤에 조율照律하도록 명하였는데, 의금부에서 대언臺言(사헌부나 사간원에서 논핵하는 일)이 바야흐로 펼쳐진다고 하면서 즉시 거행하지 않았습니다."

사헌부에서 아뢰었다.

"이유수의 일은 해당 부서에서 거행하지 않는데, 장차 옥중에서 늙어 죽게 하려는가? 순작을 빠뜨린 죄는 삭직하는 것이 가하다. 삭직하여 방송하게 하라."

순조가 영을 내렸다. 이유수는 순찰을 하지 않았다는 이유, 즉 포도대장의 임무를 소홀히 했다는 이유로 파직되었다. 그러나 이유수는 1년 만에 다시 포도대장에 임명되어 한양의 치안을 담당하고 헌종 때까지 자그마치 일곱 차례 포도대장을 역임한다.

# 11장

# 법에 충실한 포도대장

# 신명순

"금번 진주 난민들의 소동은
오로지 전 우병사 백낙신이 탐욕을 부려
침학한 까닭으로 일어난 것이었습니다."

포도청은 권력기관이다. 권력기관이기 때문에 권력을 가지고 군림한다. 포도청의 많은 관리들이 백성들 위에 군림했다. 조선시대 관리들의 부패와 수탈은 구조적인 모순이 있기 때문이다. 관리들의 녹봉이 넉넉하게 지급되지 않고 균역의 형태로 복무하는 일이 많았다. 관리들이 생활에 지장이 없을 정도의 녹봉을 받았다면 백성들을 수탈하는 일은 훨씬 줄어들었을 것이다.

　　서애가 세상을 떠남에 이르러 집에는 남은 재산이 없어 여러 아들이 추위와 굶주림에 시달려 거의 살아갈 도리가 없었다.

《성호사설》에 있는 글이다. 서애 유성룡은 선조의 총애를 받아 10년 이상 정승으로 높은 벼슬에 있었다. 그런 사람도 벼슬에서 물러나자 고향의 가족들이 나물밥을 먹어 청백리에 선정되었다. 그처럼 높은 벼슬에 있는 사람도 비리를 저지르지 않으면 굶주릴 수밖에 없는 구조에서 말단 관리들은 더 말할 필요가 없다.

　　목구멍이 포도청이라는 속담이 있다. 먹고 살기 위해서는 포도청에 들어갈 일, 법을 위반하는 일도 한다는 뜻이다. 반대로 해석하면 포도청이 평민들에게 그만치 무서운 곳이라는 뜻이다. 포도청의 설립 목적은 범죄를 막아 백성을 평안하게 살기 위한 것이다. 그러나 포도청이 권력기관이 되면서 백성들 위에 군림하게 되었다.

한양을 비롯하여 지방에는 경수소가 설치되어 있었다. 경수소는 통행금지를 위반하는 사람들을 통행금지가 해제될 때까지 억류해두는 곳이었다. 벌금을 내게 하지도 않았고 곤장을 때리지도 않았다. 만약 질병이나 사상死傷, 고병告病이 있어 일체 긴급한 사정과 부득이한 일이 생기면 순관巡官이든지 또는 경수에게 고하여서 압송하고 이튿날에 그 진위를 가리게 한다. 이처럼 경수소의 설치 목적은 백성들을 보호하고 범죄를 예방하기 위한 것이었다. 그러나 경수소 역시 포도청처럼 통금 위반자나 범죄자들로부터 뇌물을 받았다.


주먹이 법이다


1797년(정조 21) 7월 죽산의 포교 이보부는 유장柳匠(버드나무 그릇 만드는 사람) 김시동을 도둑으로 의심하여 사사로이 고문하여 그날로 죽게 했다. 상처는 액골額骨(이마)이 부서졌으며, 두로頭顱의 살가죽이 붙었고 딱딱하게 굳었다. 즉 구타당해 죽은 것이었다.

"버드나무를 꺾는 사람을 우연히 만나 함부로 도둑이라고 의심하여 포학하게 마구 채찍질을 가하였고 시체를 몰래 묻어 자취를 숨겼습니다."

경기도 감영에서 보고를 올렸다.

"채찍질을 낭자하게 해놓고 바위에 굴러 떨어져서 그런 것으로 둘러 댔습니다. 비록 70일이 지난 뒤에야 파내어 검시하였지만 두 곳의 상처가 오히려 훤히 드러났습니다."

형조에서 정조에게 보고했다.

"포교가 사사로이 죄인을 단련함으로 인하여 뜻밖에 사람을 죽이는 변고가 근래 여러 도의 옥안에 많이 있는데, 이보부는 피살자가 비록 기찰하여 체포한 도적이라고는 하나 경솔하게 모질고 사나운 손찌검을 하여 이미 죽이고 또 시체를 묻어버렸으니, 온갖 악독함이 다 갖추어졌다고 하겠다. 이보부에게 형신을 가하여 즉시 자백을 받으라고 도신을 엄히 신칙하라."

정조가 영을 내렸다.

신수놈이 포졸로서 담군擔軍(가마꾼)이 즉시 모이지 않는다고 꾸짖으며 최복인을 구타해 4일 만에 죽게 하였다. 상처는 겨드랑이가 자색이고 단단하였다. 사망 원인은 구타당한 것이다. 병진년(정조 20, 1796) 5월에 옥사가 성립되었다.

《심리록》에는 포졸들의 횡포가 적지 않게 기록되어 있다. 1796년 한양에서 일어난 사건이다. 조선의 법은 신기한 면이 있다. 조선의 법은 경미한 법을 위반하면 곤장을 때리고 석방한다. 재미있는 것은 지각을 하거나 결근을 해도 곤장을 때린다는 점이다.

태종 때 관리들이 묘시卯時(새벽 5시부터 7시 사이)에 출근하고 유시酉時

(오후 5시부터 7시 사이)에 퇴근하는 묘유사卯酉仕 법이 법제화되었다. 이는 너무나 빠른 시간이어서 조선의 하루는 밤 열두 시가 조금 지나서부터 시작된다고 할 수 있을 것이다. 《세종실록》에는 묘유법을 위반한 자들에 대한 처벌에 대해서도 논하고 있다.

"관리들로서 조령條令을 범한 자를 논란함에 있어 많은 차이와 착오를 일으키고 있는데, 그 두드러진 착오의 한 예로서 하루 결근한 관리는 《대명률》 가운데 아무 이유 없이 공석에 참예하지 않은 조문에 따라 1일에 태형 10대로 이를 논단하고, 늦게 출근한 자와 일찍 파하고 돌아간 관리는 묘사유파법卯仕酉罷法을 위반했다는 죄로 태형 50대로 논단하고 있으니, 이는 결근한 자는 그 죄가 오히려 가볍고, 늦게 출근하였거나 일찍 퇴근한 자가 도리어 무거운 것이다. 그러므로 이를 잘 살펴서 형벌을 가해야 한다."

세종이 형조에 내린 영이다. 묘사유파법은 이유 없이 제시간에 출근하지 않거나 조퇴를 하는 관리는 엄벌에 처하고 있다. 세종의 지시는 태만한 관리에게 행하는 형벌이 형평에 맞지 않은 것을 고쳐서 벌을 주라고 한 것이다.

이 기록으로 보면 조선의 아침은 상당히 분주했던 것 같다. 관리들이 묘시에 출근하려면 날이 밝기도 전에 일어나야 한다. 지금과 같은 교통편이 없기 때문에 대부분 걸어서 출근했다. 종2품 이상 되는 대신들만 초헌軺軒(종2품 이상의 벼슬아치가 타던 수레)을 탈 수 있어서 3품 이하의 관리들은 말을 타거나 걸어서 출근을 하게 된다. 그러므로 자정이 조금 지나 기상하여 세수를 한 뒤에 의관을 갖추고 책을 읽는다. 날이 밝기 전에 아침을 먹고 종자를 대동하여 출근한다. 가만히 생각해보면 한양 장안은 날이 밝지 않은 새벽부터 출근하는 관리들의 발걸음으로 부산했을 것이다.

법을 집행할 때 곤장을 때리는 일이 많아지자 곤장을 대신 맞아주는 매 품팔이라는 직업도 나타났다.

안주의 백성 중에 볼기 품을 팔아 먹고사는 자가 있었다. 다른 고을의 한 아전이 병영兵營에서 곤장 일곱 대를 맞게 되었는데, 엽전 다섯 꿰미를 걸고 대신 맞아 줄 사람을 구하자 그가 흔쾌히 대신 맞기로 하였다.

곤장 치는 자는 그가 자주 오는 것이 밉살스러워 일부러 매우 세게 쳤다. 그는 곤장이 갑자기 이처럼 매서워질 줄을 예상치 못하였다. 그러나 우선 한 번은 꾹 참았는데 두 번째는 더 이상 참을 수가 없었으므

조선시대에는 곤장을 대신 맞아주는 매품팔이라는 직업도 있었다. 김윤보의 〈형정도첩〉 중 일부.

로 대번에 다섯 손가락을 굽혀 보였다. 이는 엽전 다섯 꿰미를 뇌물로 주겠다는 표시였다. 곤장 치는 자가 못 본 척하고 더욱 매섭게 치자, 그는 곤장을 다 맞기도 전에 자신이 죽을 것을 직감하였고 다섯 손가락을 모두 폈다. 이는 엽전 열 꿰미를 뇌물로 주겠다는 표시였다. 곤장 치는 자는 그제야 가볍게 치기 시작하였다. 그는 병영에서 나와 사람들에게 으스대며 말하였다.

"내 오늘에야 돈이 귀한 줄 알겠네. 돈이 없었다면 나는 꼼짝없이 죽었을 게야."

그는 열 꿰미의 돈이 죽음을 면하게 해준 줄만 알고 다섯 꿰미의 돈이 화를 부른 줄은 알지 못하였으니 너무나도 어리석다.

이보다 더 어리석은 자도 있었다. 형조에서는 곤장 백 대에 속전贖錢이 일곱 꿰미였고, 대신 곤장 맞는 자도 일곱 꿰미를 받았다. 대신 곤장 맞는 것으로 생활하는 어떤 자가 한여름에 하루 백 대씩 두 차례나 볼기 품을 팔고는 돈꿰미를 차고 으스대며 집에 돌아왔다. 그의 아내가 웃는 얼굴로 반갑게 맞이하며 말했다.

"백 대 맞을 돈을 또 받아 놓았소."

남편은 이맛살을 찌푸리며,

"오늘은 너무 지쳤어. 세 번은 안 돼."

하였다. 아내는 탄식하며,

"당신이 잠시만 힘들면 우리는 며칠을 배불리 먹으며 잘 지낼 수 있고 게다가 이미 돈까지 받아 놓았는데, 못 맞겠다고 하면 어떻게 합니까?"

하고는 곧 주안상을 차려 와서 남편에게 먹였다. 남편은 취기가 돌자 볼기짝을 쓰다듬고 웃으면서 말했다.

"좋아."

그러고는 형조에 가서 곤장을 맞다가 그만 죽고 말았다.

이 일이 있은 후 동네 사람들은 모두 욕심 많은 그의 아내를 미워하고 따돌리며 상대해주지 않았다. 그의 아내는 결국 길에서 빌어먹다가 죽고 말았다.

성대중의《청성잡기靑城雜記》에 있는 이야기다. 조선은 예禮의 나라였고 곤장의 나라였다. 포졸들은 양민들에게 권력을 휘둘렀다. 숙종시대부터 영·정조시대까지 포도대장들을 통해 강력하게 치안을 다스렸기 때문에 왕권은 강화될 수 있었으나 포도청의 권력이 강화되면서 부작용이 나타났다. 포졸들은 범죄자를 검거해야 했으나 죄 없는 양민들을 검거하고 뇌물을 받았다. 포졸들은 도둑을 잡는다는 핑계로 양민들에게 폭력을 휘둘러 사회 불안의 근원지가 되었다. 이에 대한 반발로 포도청을 습격하거나 포도대장의 집을 습격하는 사건까지 일어났다.

1860년 5월 주례라는 여인이 포도대장을 지낸 신명순(1798~1870)의 집에 침입하여 그를 찔러 죽이려고 한 사건이 발생했다. 그러나 성공하지 못하고 주례는 하인들에게 잡혀 조사를 받았다. 그녀는 50대 여인으로 아들이 죄 없이 포도청에 끌려와 곤장을 맞고 죽자 신명순에게 원수를 갚으러 온 것이라고 진술했다. 그러나 여인은 원수를 갚지도 못하고 효수 당해 죽었다.

이 사건을 잘 살피면 조선시대 사회사를 살필 수 있다. 여인은 아들이 억울하게 죽음을 당했으나 하소연하거나 소송을 할 수 없었다. 그녀는 분한 마음을 풀지 못해 당시 포도대장인 신명순을 죽이려고 했으나 실패하고 살인미수 죄 때문에 목이 잘리는 사형을 당한 것이다. 조선시대 평민은 관리를 고발할 수 없고 관리를 살해하려고 하면 사형을 당하는 불합리한 제도 때문에 고통을 당한 것이다.


## 포도대장의 두 얼굴

철종 때 포도대장을 지내고 고종 때 역시 여러 차례 포도대장을 역임한 신명순은 명문가 출신이었다. 그는 1798년 좌찬성을 지낸 신서의 아들이었다. 무신이면서 문장에도 뛰어났다.

순조 20년(1820) 음보蔭補로 선전관이 되었고, 같은 해 무과에 급제했다. 그는 무과 출신이었으나 명문가 출신이었기 때문에 1826년 6년 만에 함흥부사가 되었다. 그는 지방 수령을 지내면서 비교적 선정을 베풀었다. 함흥에 크게 흉년이 들자 관청의 창고를 열어 빈민과 이재민을 구제했다.

'나는 훌륭한 목민관이 될 것이다.'

신명순은 스스로 백성을 위해 봉사하겠다고 다짐했다. 그는 함흥에 출몰하는 도적을 엄정하게 처벌하여 칭송을 받았다.

신명순은 헌종 4년(1838) 봉산군수가 되었다.

"학문을 한다고 해서 무예를 모르쇠 해서는 안 된다."

신명순은 유생들에게 무예 연마를 주창하고 강무講武를 열었다.

"선비들에게 강무를 하라니 이게 무슨 해괴한 짓인가?"

봉산군의 유생들이 일제히 반발했다. 그러나 흉년이 들었을 때 신명순이 곡식을 내어 백성들을 구제하자 그를 칭송했다. 신명순은 철종이 즉위하자 전라우도수군절도사를 거쳐 좌포도대장이 되었다.

철종시대는 조선이 무너져가고 있던 시기였다. 조선은 철종대에 이르러 삼정三政이 문란해진 데다 해마다 거듭되는 호열자와 흉년으로 수많은 백성이 속절없이 죽어가고 있는 실정이었다. 그러나 조정의 대신들은 매관매직을 일삼고 지방의 수령 방백들은 백성의 고혈을 짜내는 일에만 열중했다. 백성의 원성은 하늘을 찌를 듯했고 질병과 굶주림으로 죽음의 고통 속에서 떠돌던 백성은 민란을 일으키기 시작했다. 철종 말기에 전국을 휩쓴 수백 건의 민란은 그 당시 백성의 삶이 얼마나 고통스러운 것이었는지 여실히 증명한다.

신명순이 포도대장에 임명된 것은 철종 말기였다. 철종은 강화도에서 나무꾼으로 자랐기 때문에 교육을 제대로 받지 못해 실질적으로 안동 김씨가 조선을 다스렸다.

안동 김씨의 좌장은 김좌근이었다. 그에게는 나주 출신의 기생첩 양씨가 있었다. 사람들은 나주 기생 양씨를 나주 합하라고까지 불렀다. 줄여서 나합이라 불린 양씨는 김좌근이 70객의 노인이라 아래 상것들과 사간邪姦을 서슴지 않았을 뿐 아니라 관직까지 팔았다. 황음하기 짝이 없는 여자였다. 장안의 온 성민이 나합과 김좌근을 비난했다. 나합이 방생을 할 때는 쌀 수십 섬으로 밥을 지어 한강에 나가 물고기 밥으로 던져주곤 했다. 그러면 굶주리던 백성들이 물속에 들어가 물고기를 먹으라고 던져준 밥을 건져먹었다.

해마다 흉년과 전염병도 휩쓸었다. 가뭄은 6월까지 계속되었고 7월 초순에야 비로소 늦장마가 시작되었다. 그 장마는 보름 동안이나 계속되었다. 그러나 노랗게 타버린 농작물을 구제하기에는 늦어버린 장마였다. 오히려 장마는 물난리와 함께 무서운 괴질인 호열자를 불러왔을 뿐이었다. 전라도 어느 지방에서 호열자가 창궐했다는 소식이 한양까지 올라오기도 전에 호열자는 무서운 기세로 삼남지방을 휩쓸고 경기도와 한양을 거쳐 관서지방까지 내달렸다.

가는 곳마다 백성들의 시체가 무더기로 나뒹굴었다. 남루하고 헤어진 옷, 구멍 뚫린 신발, 누렇게 부황이 든 얼굴을 한 백성들이 고열에 신음하고 토사를 하면서 죽어갔다. 한 마을이 떼죽음을 당하는가 하면 호열자가 발생했다고 하여 집과 농토를 버리고 달아나기 일쑤였다. 그러나 조선 팔도 어디라도 안전한 곳이 없었다. 집을 떠난 백성들은 길거리에서 병들어 죽고 굶어 죽었다. 그런데도 조정의 대신들은 매관매직을 하고 목민관이나 아전들, 양반들과 토호들의 수탈은 끝이 없었다.

신명순은 포도대장이 되자 순찰을 강화하고 도적을 막는 데 최선을 다했다. 그 과정에서 포도청이 주례라는 여인의 아들을 잡아들여 물고를 낸 것이다.

그렇다면 주례라는 여인이 사형을 선고받아야 했는가. 이를 당시의 관점으로 살펴야 한다. 조선은 평민이 관리를 살해하는 것을 대역죄로 다스렸기 때문에 어쩔 수 없는 일이었다. 포도대장의 임무를 충실하게 하는 것은 이런 범죄자들을 엄벌에 처하는 것이었기 때문에 신명순을 비난할 수는 없다.

신명순은 철종 13년(1862) 경상도 진주에서 민란이 일어나자 경상도 절도사가 되었다. 진주 농민들이 농사짓는 토지의 대부분을 양반과 토호들이 소유하고 있었다. 진주 관리들과 아전들은 그러잖아도 빈한하게 살고 있는 농민들을 부세를 이용해 가혹하게 수탈했다. 농민들은 아전과 관리들의 수탈을 견디다 못해 경상 감영에 도결都結(세금)과 통환統還(환곡 분배 방식의 하나)의 철폐를 요구했다. 농민들 중에는 몰락한 양반들도 적지 않았다. 유계춘도 몰락한 양반이었고 이계열은 양반이면서도 몰락하여 나무꾼으로 살고 있었다.

진주목사는 모친의 생일이 되자 농민들에게 돈을 거두어들였다. 돈을 내지 않으면 잡아들여 곤장을 때려 농민들이 죽는 사태가 벌어지기도 했다. 이에 분노한 농민들은 마침내 관아로 쳐들어가 불을 지르고 가마를 타고 도망가는 목사의 어머니를 끌어내어 길에다 팽개치고 욕설을 퍼부었다.

"탐욕스런 목사를 낳은 계집년의 음문이 어떻게 생겼나 보자."

농민들은 목사의 어머니 옷을 벗기고 몰매를 가했다. 민란은 진주에서 주위로 번져갔다. 그들은 양반과 토호들의 집을 습격했다.

조정에서는 부랴부랴 안핵사로 박규수를 파견하고 절도사로 신명순을 파견했다.


금번 진주 난민들의 소동은 오로지 전 우병사 백낙신이 탐욕을 부려 침학한 까닭으로 일어난 것이었습니다. 병영의 환포와 도결을 시기를 틈타 아울러 거행함으로써 6만 냥의 돈을 가호家戶에 배정하여 백징白徵(세금을 물어야 할 의무가 없는 사람에게 억지로 거둠)하려 했기 때문에 군정軍情이 들끓고 여러 사람의 노여움이 일제히 폭발해서 드디어 격발하여 전에 듣지 못하던 변란이 돌출하기에 이른 것이었습니다.

박규수가 보고서를 올렸다. 신명순은 박규수와 함께 백성을 위로하고, 곡식을 풀어 민란을 가라앉혔다.

1863년 조선을 무너지게 하는 데 일조한 철종이 죽고 고종이 즉위했다. 고종은 불과 12세였기 때문에 대원군 이하응이 실질적으로 조선을 다스렸다. 대원군은 조선을 대대적으로 개혁했고 신명순은 그의 개혁을 뒷받침했다. 대원군과 친분이 두터웠던 신명순은 어영중군, 도총부부총관, 훈련도감 중군 등 군의 요직을 맡다가 좌포도대장에 임명되었다.

신명순이 포도대장으로 있을 때 병인박해의 피바람이 불었다.

'사학은 국법을 위반하는 것이다.'

신명순은 천주교 신자들을 잡아들여 사형에 처했다. 한양에서의 사형은 새남터와 서소문에서 주로 이루어졌다. 병인박해는 조선에서 천주교 신자들에 대한 마지막 박해나 다를 바 없었다. 1866년부터 1871년까지 전국에서 약 8천여 명이 살해되었다. 그러나 포도대장들은 임무를 수행할 수밖에 없었다. 조선은 무너져 가고 있었고 사대부들은 조선을 지탱해온 유학을 지키기 위해 안간힘을 쓰고 있었다. 당시 천주교 신자에 대한 가혹한 사형을 살펴본다.

승지를 지낸 남종삼(1817~1866)은 병인년 1월 15일 고양高陽에서 의금부 나졸들에게 체포되어 조사를 받은 뒤 1월 21일 홍봉주와 함께 서소문 밖에서 참수되었다.

남종삼은 우거牛車를 타고 서소문 밖 형장으로 끌려가게 되었다. 형리들은 우거 위에 십자가를 세우고, 그 위에는 명패를 매달았으며, 아래쪽을 나무토막으로 막았다. 그들은 십자가 형틀에 남종삼의 손발을

남종삼의 흉상(가운데). 남종삼은 병인박해 당시 참수형을 받고 50세에 서소문에서 순교하였다. 서울 마포구 합정동 절두산 소재.

묶어 매단 뒤 서소문 언덕까지 달리게 하였다. 마침내 우거가 서소문 언덕에 이르자 형리들은 남종삼의 발밑에 받쳤던 나무토막을 빼내고, 우거를 끄는 소에게 사정없이 채찍질을 하여 남종삼이 십자가에 매달린 채 맨발로 비탈길을 내리달리게 하였다. 그리하여 남종삼이 형장에 이르렀을 때는 정신을 잃게 되었다.

형리들은 정신을 잃은 남종삼을 땅에 떨어트려 옷을 벗기고 두 팔을 결박한 다음, 나무토막으로 목을 괴고 군졸 하나가 머리카락을 맨 밧줄을 잡고 회자수로 하여금 목을 베게 하였다.

천주교인들에 대한 가혹한 고문과 처형은 시대적으로 어쩔 수 없는 일이었다.

신명순은 포도대장을 여러 차례 역임하면서 명성을 떨쳐 그와 친근한 선비들이 송축시頌祝詩를 지어주었다. 그는 가벼운 갑옷 차림으로 띠를 느슨하게 차 유유자적하게 다녔지만 의기가 격발하면 전광석화처럼 몸이 빠르고 결단력이 있었다.

한양의 동서쪽 교외와 남산, 북한산 기슭에는 사찰이 많았다. 무뢰배들은 이를 이용하여 머리를 깎고 승복을 입고 다녀 겉으로 보기에는 스님 같았지만 실은 동굴을 마련해놓고 부녀자들을 끌어들여 음욕을 채우곤 하였다. 그들은 액정서掖庭署(왕과 왕족의 명령 전달, 알현 안내, 문방구 관리 등을 관장하던 관서)의 관리들과 친분을 맺고 혹은 강도와 내통하여 백성들을 약탈하다가 종종 체포되기도 했다. 그러나 대궐에서 교지를 내려 석방했기 때문에 절도 금지령을 아무리 엄중하게 내려도 결국 도적들이 줄어들지 않았다.

"남산에서 무뢰배들이 불상을 차려놓고 부녀자들을 음간하고 있습니다."

한 백성이 포도청에 와서 고발했다.

"무뢰배가 어찌 그와 같은 짓을 하느냐? 포도부장은 즉시 그자들을 잡아오라."

신명순이 대노하여 영을 내렸다.

"안 됩니다. 그자들은 액정서 관리들이 뒷배를 봐주고 있습니다."

"닥쳐라. 액정서가 두려우면 내가 책임질 것이다."

신명순은 포도청 군사를 거느리고 달려가 일제히 잡아들여 엄중하게 처벌했다. 남산은 이미 도적들의 소굴이 되어 있었다. 동굴에 불상을 모셔놓고 기도하면서 어리석은 백성들을 유인하여 재물을 바치게 하고 말을 듣지 않으면 몰매를 때려죽였다. 생불이라고 자처하면서 부녀자들을 음간하고 재산을 바치게 하는 자들도 있었다. 신명순은 남산 일대를 샅샅이 수색하여 무뢰배들을 잡아들여 처형했다.

하루는 도적 13명을 체포했는데 고종이 석방하라는 명을 내렸다. 그러나 신명순은 고종의 명도 듣지 않고 그들을 모두 처형했다.

"도적의 소굴을 헐어버리지 않으면 이들은 다시 도적질을 한다."

신명순은 포졸들을 시켜 그 암자들을 불 지르고 불상도 묶어 오게 하였다. 불상 네다섯 개가 새끼줄에 묶여서 종가鍾街(종로)를 통과하자 구경꾼들이 길을 메웠다.

"신이 교지대로 봉행하지 못하여 그 죄가 만 번 죽어 마땅합니다."

신명순은 장부將符(포도대장의 인)를 풀어 어전에 바쳤다. 그러나 고종은 아무 말도 하지 않고 그를 물러가게 했다. 이렇듯 신명순은 강기가 있는 인물이었다.

하루는 영의정 이경재의 친척 아들이 이경재의 하인에게 모욕을 당했다. 하인이 양반에게 모욕을 주면 중죄로 처벌받는다. 그는 이경재에게 하인을 처벌해달라고 호소했다.

"네가 좀 조심하면 어찌 그런 일이 있겠느냐?"

이경재는 그를 보고 웃으며 하인을 단속할 생각을 하지 않았다.

"이 세상에서 이 일을 처리해줄 만한 사람은 신명순뿐이다, 만일 신명순 역시 그 하인을 치죄하지 않는다면 그때 죽여도 늦지 않다."

이경재의 친척 아들은 포도청으로 달려가 신명순에게 호소했다.

"이 일은 자네 집안일인데 왜 나를 번거롭게 하는가? 속히 가서 글공부나 하게."

신명순은 웃으면서 말했다.

"이것이 천명이로구나."

그는 문을 나서면서 탄식했다. 하지만 집에 가보니 그 하인이 이미 체포되어 처형되었다는 기별이 와 있었다. 이경재의 친척 아들은 비로소 신명순이 강기가 있다는 사실을 알고 탄복했다.

하지만 신명순은 강기가 지나쳐 좌포도청에서 금위영 군사에게 남형을 가하여 파직되고 중화부 유배가 결정되었다. 1867년 다시 우포도대장이 되었다. 그러나 그는 2년 후 병으로 죽었다.

12장

천주교인들이 염라대왕으로
부른 포도대장

# 이경하

"나라의 법은 서슬처럼 퍼렇게 살아 있어야 하는 것이므로,
도끼와 작두를 가지고 다스릴 방도가 없는 것은 아니다.
그러나 새 임금이 등극하였으니 모두 함께 과거를 버리고
쇄신하자는 뜻에서 문무대신들과 흉금을 털어놓고 말하는 것이다."

포도청은 범죄자들을 잡아들이는 것이 중요 임무였으나 왕권을 보호하는 일도 해야 했다. 왕권의 보호는 당쟁으로부터, 혹은 왕권에 대립하는 신하들로부터도 지켜야 했다. 왕권을 지키고, 왕권을 강화하는 수단으로 가장 유리한 것은 반대파를 숙청하는 일이었다. 그러나 반대파를 숙청할 때는 명분이 있어야 했다. 조선 후기 이들에게 쉽사리 명분을 줄 수 있는 것이 서학, 즉 천주교였다. 조선은 유학을 정학으로 삼았기 때문에 다른 학문이나 종교는 사학으로 규정하고 탄압했다. 1700년대부터 조선에 들어온 천주교는 수차례의 옥사로 신부들이 순교하고 신자들이 무리 죽음을 당하는 등 무수한 탄압을 받았다. 그러나 가혹한 탄압에도 몇 년이 지나면 신자들이 요원의 불길처럼 **빠르게** 증가했다.

이는 조선 사회가 후기에 이를수록 민중이 고통스러운 삶을 살게 되었기 때문이다. 민중은 현실에서 구원을 받지 못하게 되자 내세에서 구원을 받으려고 했다. 조선 후기에 동학과 서학이 민중 속으로 무섭게 파고들 수 있었던 것은 현세에서 희망이 없었기 때문이다. 그러나 수백 년 동안 오로지 유학만 정학으로 생각하고 있는 조선의 선비들에게 동학이나 서학은 혹세무민하는 사교의 무리에 지나지 않았다.

천주학은 바로 이치에 어긋난 이단으로서 세상을 현혹시키고 백성을 속이는 것 가운데 가장 심합니다. 연전에 조정에서 엄히 금지시킨 뒤에 그 뿌리가 영원히 끊어질 줄 알았으나 민간에는 남몰래 숭배하는 자들이 간혹 있다고 합니다.

정조 때 사헌부에서 올린 보고다. 천주교는 이승훈, 이벽 등에 의해 자생적으로 조선에 들어왔으나 교리를 교조적으로 해석하여 제사를 지내지 않았다. 조선에서 제사를 지내지 않으면 윤리를 저버린 것이고 십악대죄에 해당된다.

이번에 동학東學이라고 일컫는 것은 서양의 사술邪術을 전부 답습하고 특별히 명목만 바꿔서 어리석은 사람들을 현혹하게 하는 것뿐입니다. 만약 조기에 천토天討를 행하여 나라의 법으로 처결하지 않는다면 결국에 중국의 황건적이나 백련교라는 도적들처럼 될지 어떻게 알겠습니까?

조선의 권력자들은 정적을 숙청할 때 천주교를 이용했다. 정적에게 천주교 신자라는 누명을 씌우면 숙청하기가 쉬웠다.

정조가 죽은 후 남인들을 대대적으로 숙청할 때도 이 방법이 동원되었다. 정순왕후를 비롯한 노론은 남인들을 상대로 해서 천주교 박해 바람을 일으켰다. 신유옥사를 일으켜 남인의 대표주자인 정약용을 강진으로 유배 보내고 천주교 신자들을 대대적으로 숙청했다.

## 도끼와 작두로 다스리겠다

1863년 조선시대 가장 무능한 임금 중 하나인 철종이 죽고 고종이 즉위했다. 고종은 나이가 어렸기 때문에 대왕대비 조씨가 수렴청정을 하고 대원군 이하응이 실질적으로 권력을 휘둘렀다. 대왕대비 조씨는 60년 동안 세도를 휘두른 안동 김씨를 몰아내기 위해 강력한 공포정치를 실현하려고 했다.

"나라의 법은 서슬처럼 퍼렇게 살아 있어야 하는 것이므로, 도끼와 작두를 가지고 다스릴 방도가 없는 것은 아니다. 그러나 새 임금이 등극하였으니 모두 함께 과거를 버리고 쇄신하자는 뜻에서 문무대신들과 흉금을 털어놓고 말하는 것이다. 백관들은 정신을 똑바로 차려 맡은 임무가 있는 자는 임무를 다해야 할 것이며 바른 말을 할 책임이 있는 자는 그 책임을 다해야 할 것이다. 끝내 정신을 차리지 못하여 다른 날 죄를 뉘우쳐야 할 때를 당하더라도 임금이 진즉에 타이르지 않았다고 원망하지 말라."

대왕대비 조씨는 강경한 내용의 언문 교지를 발표했다. 대신들은 목을 움츠리고 식은땀을 흘리면서 조씨를 쳐다보았다. 대왕대비 조씨는 발 뒤에 오연하게 앉아 있었다.

포도대장 이경하(1811~1891)는 순조 11년에 태어났다. 1863년 고종이 즉위하면서 훈련대장 겸 좌포도대장이 되었다. 대원군은 오랫동안 야인생활을 한 뒤에 집권했다. 대대적인 개혁을 단행했지만, 왕실의 위엄을 높이기 위해 경복궁을 중건하고 6조 관청을 수리하는 등 대규모의 토목공사를 벌여 백성의 원성도 높았다. 대원군은 이에 그치지 않고 안동 김씨가 60년 동안 세도를 부리는 동안 조정에 진출하지 못한 남인들을 등용하고 백성들을 착취하고 균역을 납부하지 않는 전국의 서원에 대해 단속에 들어갔다.

고종 2년(1865) 3월에 충북 괴산군 청천면 화양리 만동묘 안에 있는 화양서원을 철폐하라는 영을 내렸다.

서원은 원래 학문이 높은 명현을 제사지내고 청년들에게 학문을 가르치는 곳이었다. 조선에 최초의 서원이 생긴 것은 중종 때에 성리학 학자인 주세붕에 의해서였다. 주세붕은 후학을 양성하기 위하여 풍기 군수로 있으면서 백운동서원을 설립했는데, 명종은 이 백운동서원에 소수서원이라는 액額을 하사하고 서책과 노비, 토지를 내려주었다.

임금이 하사했다고 하여 사액서원賜額書院이라고 불리는 이러한 서원은 그 후 우후죽순처럼 늘어나 선조 때에 전국에 1백 24개가 되었고, 숙종 때는 한 도에 80~90개에 이를 정도가 되어 《구운몽》, 《사씨남정기》 등의 소설을 남긴 김만중은 상소로서 서원의 폐단을 통박하였다. 영조 때 전국의 서원은 6백 50개에 이르렀다.

서원은 당초의 설립 목적과 달리 많은 폐단을 낳았다. 서원에 소속된 토지에는 세금이 부과되지 않고, 서원에 소속된 사람들에게는 군역이 면제되어 많은 양민들이 스스로 서원의 원노院奴가 되었다.

서원 중에도 가장 세력이 크고 횡포가 심한 곳이 화양서원이었다. 화양서원은 임진왜란 때 조선을 도와준 명나라의 신종과 익종 황제를 추모하기 위해 건립된 만동묘 안에 있었다. 거유 송시열의 유지로 세워진 서원이었다. 이 화양서원에서는 백성들의 원성이 자자한 화양묵패華陽墨牌를 발행하고 있었다. 화양묵패는 "우리 서원에 모모의 제사를 지

고종의 아버지 흥선대원군 이하응
영정.

낼 때 수전이 필요하니 모월 모일까지 얼마를 봉납하라" 하는 식의 고
지서를 보내는데 끝에 화양서원의 묵인墨印이 찍혔다고 하여 화양묵패
라고 부르고 있었다. 일단 이러한 종류의 고지서를 받으면 그 대상자
는 어떤 일이 있어도 봉납에 응해야 했다. 봉납에 응하지 않으면 서원
에 끌려가 곤장을 맞고 죽기까지 하였다.

대원군이 서원을 철폐하기 시작하자 유림이 일제히 반발했다.

"유림을 몽둥이로 두들겨서 한강 남쪽으로 내쫓아라."

대원군이 영을 내렸다.

"서원을 철폐하고 선비들을 몽둥이로 두들겨서 내쫓으면 원성이 높아집니다."

대신들이 일제히 반대했다.

"유림이 이 나라를 위해 한 일이 무엇인가? 공자왈맹자왈 하면서 조정의 일에 사사건건 반대하고 백성들을 노비로 거느려 착취하고 있지 않은가? 왕명에 항거하는 자는 대역죄로 다스릴 것이다."

대원군의 영은 살벌하기까지 했다. 서원 철폐에 반대하는 선비들은 한양으로 몰려와 대궐 앞에서 상소를 올렸다.

'선비들과 적이 되어야 하니 어찌한단 말인가?'

포도대장 이경하는 난감했다. 조선에서 가장 무서운 사람들이 선비들이었다. 그러나 왕명을 따르지 않을 수 없었다.

"선비들을 한강 밖으로 내쫓아라. 말을 듣지 않으면 몽둥이로 응징하라."

이경하는 마침내 진압 명령을 내렸다. 포졸들이 선비들에게 일제히 달려들어 몽둥이로 두들겨 패기 시작했다. 선비들은 포졸들의 몽둥이에 얻어맞아 피투성이가 되었다. 여기저기서 비명이 난무하고 선비들이 이리 뛰고 저리 뛰었다. 선비들의 머리가 깨지고 팔다리가 부러졌다. 선비들은 마침내 한강 이남으로 도망갔다. 선비들을 가혹하게 다룬 포도대장 이경하에게 온갖 비난이 쏟아졌다.

## 낙동의 염라대왕

고종이 즉위했을 때 조선에는 개화의 물결이 도도하게 밀려오고 있었다. 조선이 종주국으로 믿고 있던 청나라는 영국과 프랑스 연합군에 패해 황제가 열하로 달아나 굴욕적인 강화조약을 맺었다. 이러한 때에 두만강 일대에 러시아인들이 나타나 통상을 요구했다. 한양은 러시아가 조선을 침략하여 한양이 불바다가 된다는 근거 없는 소문이 나돌아 사람들이 피난을 가는 등 어수선했다.

대원군은 천주교 주교의 도움을 받아 조선, 프랑스, 중국이 연합하여 러시아를 막으려는 계책을 세웠다. 그리하여 주교를 만나려고 했으나 뜻대로 이루어지지 않자 대왕대비 조씨의 뜻을 받들어 천주교를 박해하라는 영을 내리고 주교를 비롯해 외국 신부를 잡아들이라는 영을 내려 병인박해의 피바람이 불게 되었다.

마침내 천주교 학살의 피바람이 불기 시작했다.

병인박해는 불란서인 선교사 장경일(베르뇌) 주교의 순교로 시작되어 장장 6년 동안 계속되었다. 박은식은 《한국통사》에서 '교도를 잡아 남녀노소를 가리지 않고 죽이니 그 수가 1만여 명이었다'라고 기록하였다. 또 파리 외방전교회의 보고서 〈조선에 있어서의 천주교〉에는 '1868년 9월에 이르기까지 이미 2천 명의 교우가 박해자의 검날에 쓰러지게 되었다. 1870년대에 이르러서는 죽음의 괴로움을 당한 교우가 8천여 명이라 하는데 이중에는 박해를 피해 도망 다니다가 굶주림과 질병으로 죽은 교우는 포함되어 있지 않다'라고 기록되어 있다.

병인박해는 한성부에서 천주교 신자 이선이와 최형, 그리고 전장운을 잡아들이면서 본격적인 막이 올랐다. 이선이는 홍봉주의 하인으로 불란서인 장베르뇌 주교가 그 집에 머물고 있었다.

　이선이는 주인의 영향을 받아 천주교에 입교하여 신자가 되었으나 신앙심이 깊지 못해 포도청에서 혹독한 문초를 받게 되자 나흘 만에 배교하여 홍봉주와 장베르뇌 주교를 밀고하고 말았다.

　이선이가 한성부에 체포된 것은 1866년 음력 1월 5일, 홍봉주와 장베르뇌 주교가 체포된 것은 1월 9일의 일이었다. 또 1월 11일에는 이선이의 밀고로 중림동에서 정의배, 불란서 신부 백白브르띠니에르, 우세영이 체포되었다. 광주廣州 둔토리에서는 이틀 후에 서徐볼류, 김金도리 신부

김대건 신부 동상. 우리나라 최초의 천주교 신부이자 순교자. 서울 마포구 합정동 절두산 소재.

병인박해 때 흥선대원군의 지시로 천주교 신자들에게 교수형을 집행하기 위하여 고안된 잔혹한 형구. 서울 마포구 합정동 절두산 소재.

가 체포되었다.

음력 1월 21일에 남종삼, 홍봉주를 서소문 밖 형장에서 목을 베고 장베르뇌 주교, 백브르띠니에르 신부, 서볼류 신부, 김도리 신부를 새남터 형장에서 목을 베었다. 1월 22일엔 제천 배론에서 박<sub>朴</sub>쁘띠니꼴라 신부가 체포되고 1월 23일엔 전장운과 최형이 서소문 밖 형장에서 목이 잘렸다.

박쁘띠니꼴라 신부, 정의배, 우세영은 1월 25일 새남터에서 회자수의 칼 아래 목이 베어졌다. 같은 날 충청도 내포에서는 안다블뤼 주교, 황석두가 체포되고 민<sub>閔</sub>유앙 신부, 오<sub>吳</sub>오메드로 신부는 스스로 자수하여 순교의 길을 걷게 되었다.

음력 2월 6일 제천현감 유남규는 남종삼의 아내 이소사와 두 딸, 그리고 어린 아들을 체포하여 경상도 창령현의 노비로 보냈다는 장계를 의정부에 보내왔다.

2월 7일엔 안다블뤼 주교, 오오메드로 신부, 민유앙 신부, 황석두를 보령으로 압송하게 하여 백성들에게 양이 오랑캐를 전국적으로 구경시키려 했으나 안다블뤼 주교가 2월 14일에 처형시켜 달라고 강력하게 청원하였으므로 그대로 시행했다. 음력 2월 14일(양력 3월 30일)은 예수 수난일로 안다블뤼 주교는 예수가 십자가에 못 박혀 죽은 그날 순교하기를 원했던 것이다. 천주교에서는 이날(예수가 죽은)을 성聖금요일이라고 하여 거룩히 지내고 있었다.

다음은 안다블뤼 주교 등이 순교하던 장면을 기록해놓은 유홍렬의 《한국천주교회사》 하권에서 인용, 발췌한 것이다.

드디어 안 주교들은 그들의 뜻대로 1866년 양력 3월 30일, 즉 예수 수난 첨례날에 충청도 수영水營이 있는 보령의 바닷가에서 거룩한 피를 흘리게 되었는데 그때의 광경은 다음과 같았다. 수영 바닷가의 모래사장에 자리를 잡고 앉은 충청도 수사水使 앞에 형틀을 벌려놓고, 만일을 염려하여 포수군으로 하여금 총을 재워 가지고 수사 앞에 서 있게 하고 그 밖의 구경꾼들을 막기 위하여 2백 명의 군인으로 하여금 그 주위를 에워싸게 하였다. 이러한 사형장으로 안 주교들이 끌려나오게 되었는데, 그 광경을 구경하던 사람들 중에 몇 교우가 있게 되어 다음과 같은 말을 전하게 되었다.

즉 군인들이 주교에게 조선의 법대로 관장에게 절을 하라고 하니, 주

324

교는 '서양의 법에 없는 일은 못하겠다'라고 대답하였다.

이에 관장은 크게 노하여 군인에게 명하여 억지로 절을 시키게 한 후, 주교로 하여금 먼저 칼을 받게 하였는데, 주교는 구세주 예수와 함께 통하기 위하여 고난을 길게 받게 되었다. 즉, 군인이 첫 번째 칼로 주교의 목을 찍은 후, 그가 사람을 죽임으로써 받게 될 품값을 정하지 않은 것을 생각하고 칼질을 멈추고 관장에게 그 뜻을 아뢰었다. 관장은 적은 값을 주겠다고 하니 망나니는 더 받겠다고 하여 양편 사이에 있어서 인색한 자와 탐내는 마귀가 각각 욕심을 채우려고 승강이를 거듭하여, 순교하는 주교의 사정을 생각하지 않았다. 그러므로 목이 반쯤 베인 주교의 온몸이 오랫동안을 두고 부르르 떨게 되었는데, 그 사이에 품값이 정해져서 망나니가 다시 칼을 두 번 휘둘러 치게 되니 안 주교는 조선에 나온 지 21년 만에 48세로 천당의 진복을 얻게 되었다.

안 주교의 뒤를 이어 오오메드로 신부는 두 번 내려친 칼날에 피를 흘리고, 민유앙 신부와 황석두, 장낙소는 각각 첫 번째 칼날에 순교하게 되었다.

이러한 사실이 이ㅊ리텔 신부의 조선 탈출로 동년 9월에 파리 외방전교회 소속의 신학교에 전해졌는데 때마침 소풍을 다녀온 파리 신학생들은 조선에서 9명의 신부가 박해를 받고 피를 흘렸다는 소식을 듣고 감격에 넘쳐 성당으로 달려가 촛불을 환하게 켜놓고 성가를 부르며 아홉 차례에 걸쳐 울며 기도했다.


이경하는 한양의 포도대장이었다. 그는 자신의 집인 낙동에서 천주교도들을 취조하고 많은 신도들을 살해하여 낙동염라駱洞閻羅라는 별명을 얻었다. 그는 철저하게 자신의 임무에 충실했다. 그러나 그것은 수많은 민중의 피를 담보로 하는 임무수행이었다.

병인박해가 일어나자 프랑스는 분개했다. 프랑스는 1866년 로즈제독이 이끄는 함대로 강화도를 침략했다. 이경하는 프랑스 함대가 침입해오자 기보연해순무사가 되어 작전을 지휘했다. 프랑스군은 양헌수 장군에게 패했으나 강화도에 있는 외규장각에서 귀중한 도서와 보물들을 약탈해갔다.

1882년 이경하가 무위대장으로 있을 때 임오군란이 일어났다. 조선은 군대를 현대화하기 위해 신식군대인 별기군을 창설하고 소속 군인들에겐 많은 혜택을 주었으나 구식군대인 무위소武衛所(조선 말기에 궁궐 수호를 위해 설치한 관청)나 훈련대에는 요식조차 지급하지 않았다. 구식군대인 경영군京營軍들이 크게 소요를 일으킬 움직임이 보이자 조정에서는 우선 한 달치의 요식이라도 지급하기로 결정하자, 경영군들이 그 알량한 요식이라도 지급받기 위하여 선혜청 도봉소로 몰려들었다.

위세가 당당한 고직庫直(관아의 창고를 지키던 사람)들이 줄을 서라거나 호패를 내보이라거나 하면서 거드름을 피우면서 쌀을 배급하기 시작했다.

"쌀이 뭐 이래?"

그때 앞줄에 있던 군사들이 웅성거리기 시작했다.

"쌀에 겨가 섞이는 것이 당연하지, 웬 투정이야? 배급받기 싫으면 줄에서 물러나, 다른 사람이나 받게."

경영군과 고직들 사이에 실랑이가 벌어졌다. 호남에서 올라온 쌀이 누렇게 변색이 되고 겨와 모래가 반이나 섞인 것은 그들의 탓이 아니었다. 호남에서 올라오는 쌀은 곧잘 중간에서 농간이 일어났다. 먼저 호남의 수령들이 세미 운반선이 바다에 침몰했다고 하고서 빼돌리고, 세미를 운반하는 뱃군들이 또 이러저러한 핑계를 대고 빼돌려 실지로 경창에 들어오는 쌀들은 수량도 적었고 내용물도 부실했다. 국고의 대부분이 세미로 충당되는 현실에서 세미가 이 지경이니 국고가 고갈될 수밖에 없었다.

"야. 이 자식아, 호판댁 당나귀는 약식도 안 먹는다는데 우리에게 모래 섞은 쌀을 줘?"

무위소 군인 김춘영이 고직에게 달려들어 가슴팍을 내질렀다. 고직도 김춘영에게 주먹질을 했다. 그러자 경영군들이 저놈들을 죽여라, 하고 소리치며 고직들에게 달려들었다. 뜻밖의 사태에 혼비백산한 고직들이 도봉소의 문을 닫으려고 했으나 이미 때가 늦었다. 경영군들은 분풀이라도 하듯이 고직들을 흠씬 두들겨 팼다. 도봉소는 순식간에 아수라장이 되었다. 사직단에서 기우제를 지내던 선혜청 당상堂上 민겸호가 포졸들을 이끌고 허겁지겁 도봉소로 달려왔을 때는 도봉소가 난장판으로 변해 있었다.

"선혜청은 나라의 재용을 관장하는 곳간이다. 이를 침범하고 야료를 부린 것은 폭도들이나 다름없으니 냉큼 잡아들여서 포도청에 하옥해라!"

민겸호의 지시를 받은 포졸들은 곧장 무위영으로 달려갔다. 무위영에는 도봉소에서 폭동을 일으킨 군사들이 모여서 근심에 잠겨 있었다. 분노와 혈기로 도봉소 고직들을 두들겨 팼으나 앞으로 닥칠 일들이 두려웠다. 포졸들은 무위영에서 김춘영, 유복만, 강명준, 정의길을 육모방망이로 곤죽이 되도록 두들겨 패고 포도청으로 끌고 갔다. 무위영은 왕십리에 있고 장어영은 이태원에 있었다. 강명준, 정의길, 김춘영, 유복만이 무위영 군영에서 군사들이 지켜보는 가운데 포도청으로 끌려가자 경영군은 크게 술렁거렸다.

"대감마님, 우리 처지를 살펴주십시오. 대감마님께서는 우리 군사들이 13개월이나 요식을 받고 있지 못하는 것을 잘 알고 계시지 않았습니까?"

김춘영의 아버지인 김장손이 무위대장 이경하를 찾아가 억울한 처지를 하소연했다. 이경하는 당황했다. 자신의 수하 군사들은 눈빛이 흉흉했다.

"내가 빈청에 들어가 너희들의 처지를 알릴 것이다."

빈청이란 시원임대신들이 모이는 곳이다. 이경하는 빈청에 들어가 영의정 홍순목에게 경영군이 요식 문제로 크게 술렁거리고 있다고 보고했다. 그러나 조정은 대수롭지 않게 생각했다. 이 소식은 무위대장 이경하를 통해 무위영 군사들에게 전달되었다.

무위영의 군사들은 흥분해서 날뛰었다. 이래 죽으나 저래 죽으나 마찬가지라는 생각이 들자 무서운 것이 없어졌다. 그들은 곧장 민겸호의 집으로 달려가 닥치는 대로 때려부순 뒤 불을 질렀다. 민겸호의 호장한 집이 순식간에 불길에 휩싸였다. 고래등같은 기와집이었다. 불길이 치솟자 화광이 충천했다.

"포도청으로 갑시다. 억울하게 갇혀 있는 동지들을 구출합시다!"

난군들은 곧바로 종로의 포도청으로 내달려서 김춘영, 유복만, 정의길, 강명준 등을 구출했다. 이어서 그들은 의금부로 달려가 백낙관을 구출하고 경기 감영을 습격하여 무기를 탈취했다. 그들은 두려운 것이 없었다. 난군들이 포도청과 의금부를 습격하고 경기 감영에서 무기를 탈취하는 동안 군중들까지 합세하여 도성은 난군의 천지가 되었다. 난군들은 이미 친일파 대신들과 민씨 일족의 집을 차례차례 습격하고 있었다. 동생인 대원군과 반목하다 국왕 편에 붙어서 세도를 누리던 사동寺洞의 흥인군 이최응도 난군의 습격을 받아 비참한 최후를 맞이했다. 흥분한 난군은 파괴와 방화를 일삼았고, 집안에서 또 노상에서 난군들의 습격을 받아 살해된 자가 헤아릴 수 없이 많았다. 난군은 대궐에 침범하여 명성황후를 죽이려고도 했다.

결국 이경하는 이 임오군란으로 파직되어 전라도 고금도에 유배되었다. 1884년 유배가 해제되어 다시 좌포도대장이 되고 후영사後營使를 지냈다. 김옥균이 갑신정변을 일으키자 대왕대비 조씨, 명성황후 민비, 세자 등을 아들 이범진의 집에 피신시키기도 한 철저한 근왕주의자였다. 이경하는 무너져가는 조선의 마지막 포도대장이었으나 천주교인 학살로 악명을 얻었다.

"경하가 많은 인명을 살해하는 것이 아니라 사학도와 도주자들이 처형을 당한 것이다."

이경하가 법에 따라 어쩔 수 없이 천주교인들과 불법으로 화폐를 제조한 도주자를 처벌한 것이라고 말하는 사람들도 있었다.

이경하는 이범진과 이범윤 등의 아들을 두었는데 이들은 조선이 망하자 모두 간도에서 독립운동을 했다. 그러나 황현의 《매천야록》에는 이범진을 음학淫虐한 인물로 기록하고 있다. 이범진은 이경하가 진주병사로 있을 때 한 기생과 정을 통하여 낳은 아들이었다.

이범진은 용맹이 있어 담장과 집을 훨훨 뛰어넘었다. 그는 방탕한 무뢰배로 지내다가 약관의 나이에 진사가 되었다.

"40세가 되면 병조판서가 될 것입니다."

이때 점쟁이는 이범진의 운명을 점치고 말했다.

"망령스러운 말은 하지도 마십시오. 내 처지에 무슨 병판이 될 수 있겠습니까?"

이범진은 감탄하여 말했다. 그 후 얼마 안 되어 그는 대과에 급제했으나 높은 벼슬에 오르지 못해 우울한 날을 보내고 있다가, 갑신정변 때 대궐에서 당직하고 있던 중 중궁을 업고 피신하였다. 그 후 1년이 지나 그는 성천부사로 제수되고, 성천에서 순천부사로 임명되었다. 그는 가는 곳마다 음욕을 채우고 포학을 일삼아 백성들의 재산을 마구 긁어 쓰므로 그를 젖 먹는 호랑이라고 불렀다.

이범진은 순천에 있을 때 여러 기생들을 발가벗겨 놓고 말馬이 간내를 내는 놀이를 하였고, 부자들에게 형벌을 가할 때는 곤장이나 매로 치지 않고 다만 칼을 씌워 뜨락에 세워놓고 있다가 무릎을 조금만 구부려도 발가벗겨 마구 매질을 하였다. 이렇게 수일 동안 세워두면 다리가 퉁퉁 부어오르지 않는 사람이 없어 차라리 죽여달라고 애걸하는 사람이 많았다. 그러나 그들은 재산을 다 바치지 않으면 풀려나지 못했다.

"소란을 피우는 자가 있으면 이 칼로 쳐 죽이겠다."

이범진은 언제나 긴 칼을 좌우에 세워 놓고 주먹을 불끈 쥐고 소리를 질렀다. 그러므로 관리와 백성들은 그를 모두 원망하여 들것에 실어 쫓아내려고 하였지만, 그의 용맹이 두려워 감히 이행하지 못했다.

이경하는 아들의 비행 때문에 괴로웠다. 그러나 조선이 망하자 그의 두 아들 이범진과 이범윤은 간도에서 독립운동을 하여 애국지사가 되었다.

대중역사서를 쓰면서 즐거운 것은 자료를 수집하고 집필하는 동안 그 시대 인물들을 생생하게 만날 수 있다는 점이다. 《조선을 뒤흔든 16인의 기생들》을 쓸 때는 수많은 기생의 흔적을 찾아다니면서 그녀들이 속삭이는 사랑 이야기를 듣고, 그녀들이 부르는 노래를 듣고, 꽃처럼 화려하게 피어났다가 스러진 여인들을 만날 수 있었다. 《조선의 방외지사》를 쓸 때는 신분의 벽 때문에 고통스러워하는 천민들을 만났다.

마찬가지로 포도대장 이야기를 쓰면서 내가 생각하지도 못했던 다양한 무인들을 만날 수 있었다. 최초의 포도대장이라고 할 수 있는 이양생이나, 범죄와의 전쟁을 선포한 장붕익 같은 인물은 역사적으로 그렇게 많이 알려지지 않았다.

장붕익은 검계라 불리는, 오늘날로 말하면 이른바 조직폭력배들을 대대적으로 소탕했다. 박지원의 소설 〈광문자전〉에서, 표철주는 지옥에서 장붕익을 만날까 봐 죽고 싶어도 죽지도 못한다는 이야기를 한다. 이로 볼 때 당대에 장붕익의 명성이 얼마나 높았는지 알 수 있다. 그에 반해 장지항은 부패한 포도대장이라는 누명을 쓰고 곤장을 맞다가 죽었다. 이괄은 인조반정으로 공신이 되었으나 김류와 이귀의 배신으로 반란을 일으키게 되었다. 뛰어난 무인이 반역자가 된 것이다. 이들에 대해 자료를 수집하고 행적을 찾아다니면서 그 인물들을 다시 만날 수 있었다. 포도대장으로, 한 인간으로 매우 매력적인 캐릭터들이어서 소설이나 드라마로 다루어도 훌륭한 작품이 될 것이다.

조선의 포도대장 이야기를 쓰면서 우리의 경찰에 대해서도 생각했다. 법이나 제도에 따라 경찰상은 변할 수 있지만 가장 중요한 것은 사람이라는 생각이 들었다. 조선의 포도대장들도 오늘날의 경찰들처럼 임무에 충실한 사람과 비리와 부패에 능한 사람으로 나누어진다. 일평생 청렴한 길을 걷고자 했던 포도대장 이양생과 권력을 잡자 부패한 포도대장이 된 한희길이 있는 것처럼 말이다.

포도청은 범죄를 예방하고 도적을 검거한다. 《조선왕조실록》을 쓴 사관은 이미 몇 백 년 전에 이렇게 갈파했다. "모이면 도적이고 흩어지면 백성이다." 권력자나 토호들이 백성을 수탈하지 않으면 도적이 되지 않는다. 우리 사회에 흉악범죄가 만연한 것은 국민의 삶이 어렵다는 반증이다. 황금만능주의가 사회를 범죄에 물들게 하고 궁핍한 사회가 흉악범죄를 유발한다.

포도대장은 권력의 핵심이기 때문에 백성에게 위압적으로 군림했다. 이들은 권력자의 지시에 따라 백성들을 죽음으로 이끌었다. 조선 후기에 이르면 천주교 탄압으로 피가 내를 이루고 시체가 산을 이루기도 했다. 이 모든 중심에 포도대장이 있었다.

독자들은 《조선의 포도대장》을 통해 조선의 뒷골목을 살펴보기를 바란다.

| 참고문헌 |

《조선왕조실록》, http://sillok.history.go.kr/main/main.jsp

박동량, 《기재잡기寄齋雜記》, 고전번역문화원

박일원, 《추관지秋官志》, 법제처

서정주 외, 《한국 인물사》, 양우당

성대중, 《청성잡기靑城雜記》, 고전번역문화원

유홍렬, 《증보 한국천주교회사》, 가톨릭출판사

이규상, 《일몽고一夢稿》, 고전번역문화원

이긍익, 《연려실기술燃藜室記述》, 고전번역문화원

정약용, 《흠흠신서欽欽新書》, 법제처

정조, 《존현각일기尊賢閣日記》, 고전번역문화원

포도청, 《포도청등록捕盜廳謄錄》, 보경문화사

홍인호 외, 《심리록審理錄》, 고전번역문화원

# 조선의 포도대장

1판 1쇄 인쇄 | 2013년 4월 24일
1판 1쇄 발행 | 2013년 4월 30일

**지은이** 이수광
**펴낸이** 김기옥

**프로젝트 디렉터 기획3팀** 최한중
**영업** 이봉주
**커뮤니케이션 플래너** 박진모
**경영지원** 고광현, 김형식, 임민진

**본문 디자인** 성인기획 | **인쇄** 스크린그래픽 | **제본** 정문바인텍

**펴낸곳** 한얼미디어 · 한즈미디어(주)
**주소** 121-839 서울시 마포구 서교동 392-34 강원빌딩 5층
**전화** 02-707-0337 | **팩스** 02-707-0198 | **홈페이지** www.hansmedia.com
**출판신고번호** 제2004 1-3호 | **신고일자** 2005년 3월 24일

ISBN 978-89-91087-61-3 03900

이 책에 실린 사진 일부는 경찰박물관의 협찬을 얻어 사용했으며,
일부는 저작권자를 찾지 못한 채 쓰였습니다. 연락주시면 합당한 사용료를 드리겠습니다.